3D

3D

发布机构
中国仿真学会 3D 教育与装备专业委员会
联合发布
中国电子学会现代教育技术专业委员会

3D 教育蓝皮书

2016 年 3D 与 VR 技术教育应用新进展

梁森山 / 编著

人民邮电出版社
北京

图书在版编目（CIP）数据

3D教育蓝皮书 ：2016年3D与VR技术教育应用新进展 / 梁森山编著. -- 北京 ：人民邮电出版社，2016.12
（创客教育）
ISBN 978-7-115-44043-3

Ⅰ. ①3… Ⅱ. ①梁… Ⅲ. ①数字技术－应用－教育－研究报告－2016②虚拟现实－应用－教育－研究报告－2016 Ⅳ. ①G43

中国版本图书馆CIP数据核字(2016)第264696号

内容提要

本书概要性地介绍了3D技术在教育领域的应用现状和发展趋势，并对目前3D与VR（Virtual Reality，虚拟现实）技术在教育领域应用的新进展进行了分析。

全书主要内容包括两部分。首先，通过对相关文献的查阅，本书梳理了3D技术在教育领域的研究及应用现状，并通过对文献的数量与主题的分析研究了应用热点的转移，描述出了3D技术与教育整合的发展历史及趋势。其次，基于现阶段的3D技术设备供应环节，本书整合了相关硬件方案和软件方案，并介绍了对3D技术厂商和用户的问卷调研情况。

本书适合从事3D技术与教育领域结合应用的研发人士，或者希望在教育领域引入3D技术的教育装备工作者阅读。

◆ 编　　著　梁森山
责任编辑　房　桦
责任印制　周昇亮

◆ 人民邮电出版社出版发行　　北京市丰台区成寿寺路 11 号
邮编　100164　　电子邮件　315@ptpress.com.cn
网址　http://www.ptpress.com.cn
北京缤索印刷有限公司印刷

◆ 开本：690×970　1/16
印张：12.75　　2016 年 12 月第 1 版
字数：255 千字　　2016 年 12 月北京第 1 次印刷

定价：69.80 元

读者服务热线：(010)81055339　印装质量热线：(010)81055316
反盗版热线：(010)81055315
广告经营许可证：京东工商广字第 8052 号

编委会

顾　问：韩呼生　刘　越　冯俊华

主　编：梁森山

编　委：马　钦　翁冬冬　谢作如　徐　州

序言

3D教学作为一种崭新的教育形式，具有更加形象、更容易引发学生关注并激发学生兴趣等优势。这一新兴的教学形式，已经在欧美发达国家引起了教育工作者的重视。英国将3D技术应用于教育教学的研究起步比较早，水平比较高；印度3D相关的公司也有较高的水平；匈牙利、西班牙等国家的3D公司也有跟进；美国公司（以Cyber Science和Z-space两家公司为代表）结合好莱坞3D电影产业，在3D人机交互和用户体验等方面大胆创新，大有后来者居上之势。

3D教育是教育信息化的明珠，是教育教学未来的发展趋势，也是未来教育的直观体现。

国内也有相关公司跟进3D教育前沿，但由于3D教育产业在人力、物力和财务上投入巨大，相关公司大都在小规模尝试，目前3D相关产品无法形成有效应用和资源共享，企业在市场上也难以获得回报。

3D教育资源是3D教育的基础，是3D教育最核心的要素之一。3D教育的发展离不开3D教育资源的配合与支持。长期以来，国内3D教育相关公司与单位在3D教育资源建设方面可以用“杂”“乱”“差”3个字来概括：“杂”是指学科出处多，主要是科研院所的科研结题成果展示；“乱”是指没能和现有的教材体系结合到一起，都是零碎的知识点，不成系统，缺乏规范，不利于共建共享；“差”是指3D教育资源的品质和质量不如国外，3D教育资源与建模水平整体需要提升。

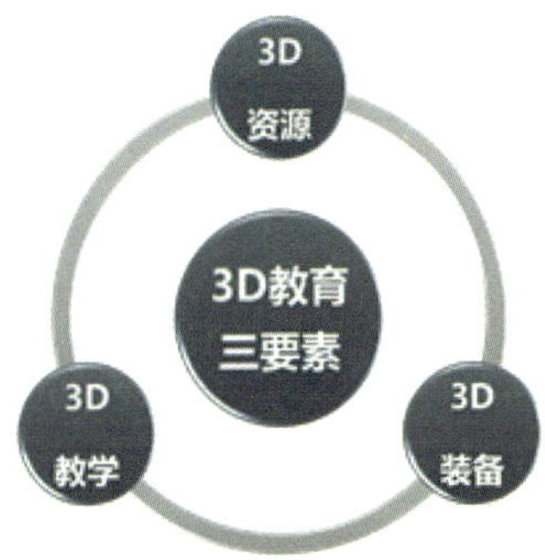

3D教育三要素

3D教育装备为3D教育提供物质保障，为3D教学的开展提供底层支持。在3D教育装备方面，国内的相关公司虽然具有产品优势（3D投影、裸眼3D、3D眼镜和大型环幕），产品线也比较齐全，但是3D硬件企业仍普遍存在缺乏3D软件和3D资源支持的困境，各硬件企业之间也缺乏有效的整合，缺乏装备化思想和实践，难以形成具有优势的3D系统应用。

3D教学活动的开展是3D教育的灵魂。3D教学的水平直接决定3D教育的发展水平。

3D教育资源、3D教育装备和3D教学共同构成了3D教育的三要素。

3D教育是一个庞大的系统工程，企业单打独斗是没有发展前景的。零星琐碎的3D片段和资源建设也难成气候，无法有效推动3D教育快速进校园、进教室和进课堂。3D教育行业要发展，就需要做好统筹工作，3D硬件企业、3D资源供应商、平台方案商和3D系统集成商要紧密合作，广泛联系3D教育相关方搭建一个交流、沟通和合作的开放平台，同时为学生提供自主学习的空间和渠道，为教师提供快速的搭建、组织和实施3D教学的手段和方法，营建一个良性的3D教育生态圈。

解决国内3D教育与装备的发展问题，需要一个有效的公共沟通交流的平台。这里就需要相关教育主管部门来牵这个头，做好3D教育行业的组织工作，有效推进3D教育行业的发展。

中国系统仿真学会3D教育与装备专业委员会的成立就是这种尝试，就是要建设一个能够涵盖上述各方的公共3D教育平台，营造一个3D教育生态圈，做好相关的统筹工作，做好3D教育行业的规划和组织协调工作，制定相关政策和标准，共谋发展，有效推进3D教育的健康发展，为我国的教育教学改革提供有益的技术支撑。

3D教学作为一种崭新的教育信息化形式，是视听教育的未来发展方向，它将开创一个全新教学模式，无论是国内还是国外都投入了大量的人力、物力和财力进行这方面的前期准备。

国内3D教育要紧跟国际步伐，需要早作准备。

目　录

第1章 3D教育概述

媒介大师麦克·卢汉曾说过:“任何技术都倾向于创造一个全新的人类环境”。20世纪40年代，信息论创立后，被很快地应用于社会生活，其影响力之大以至于人们用这一技术来命名一个时代——信息时代。3D和VR（Virtual Reality，虚拟现实）作为20世纪后期继计算机技术、人工智能技术和多媒体技术之后，与社交网络并行交叉而兴起的新型信息技术，同样必将对人类的生存环境产生重大的影响。

1.1 3D文化与教育

人类历史上曾有过无数革命性的技术，并对人类日常生活的方方面面产生了深远的影响，但能够直接为教育服务的技术却是凤毛麟角。电子信息技术，特别是互联网技术，则是自印刷术发明以来对教育最具革命性影响的技术。基于互联网技术的移动学习或泛在学习，使得学生们可以在任何地点、任何时间通过虚拟的方式获得所需要的教育信息，学生和教师也在经历各种全新的教育体验。教育信息化无疑是当今世界各国教育工作和主管部门的主要工作对象。

3D教育离不开大的3D社会文化背景和教育信息化背景。在互联网和教育信息化的大背景下，3D技术和VR技术正在改变传统的教育教学形态。因此，探讨以3D技术和VR技术为代表的新技术与教育结合的理论依据，无论是对教育信息化的发展，还是对3D技术和VR技术自身的发展都是必要的，也有其现实需求。

在当今全球教育创新的改革中，3D和VR教学已成为一个不容忽视的发展趋势。3D和VR教学作为一种崭新的教育信息化形式，是视听教育的未来发展方向，将开创一个全新的教学模式，无论国内还是国外都投入了大量的人力、物力和财力进行着前期储备。

1.1.1 3D文化

3D技术在电影、游戏、博物馆、展览馆和科技馆等文化娱乐行业的广泛应用为3D教育做了良好的科学普及工作，为3D教学活动进校园、进班级和进课堂打下了良好的基础，为师生应用3D技术树立了信心。

1.1.1.1 3D电影

1. 起点·2008

3D电影在国内大范围上映实际上始于2008年初的《地心历险记》，近在咫尺的细微生物、呼啸而过的珍奇异兽、过山车般身临其境的美妙感觉，让该片在当时全国仅有80块3D银幕的情况下，放映了27周，票房达6700万元，平均每块银幕票房80万元。而同期上映的《赤壁（上）》每块银幕票房只有8万多元，3D电影平均银幕票房收益是2D影片的10倍。

随后一系列引进的3D大片掀起了3D热潮，国内众多影院纷纷扩建、更新放映设备，力推3D电影。到2008年暑期《冰河世纪3》上映之时，中国的3D银幕数量已经迅速地发展到了350块。《阿凡达》上映之时，中国的3D银幕数量突破了600块，成为紧随美国之后的全球第二大3D电影市场。

2. 3D元年·2009

2009年上映的《阿凡达》，把3D电影事业带入了“3D元年”，点燃了全球影迷对3D影片的热情，3D成了电影的标准配置，3D电影的制作及观影方式时成为了主流，就像有声电影取代无声电影、彩色电影取代黑白电影一样。在《阿凡达》巨大成功的影响下，国内导演也纷纷开始积极尝试3D立体电影这种新的创作方式。

3D电影给我们带来了前所未有的视觉震撼，同时也让我们对电影的本质多了一些思考。难道仅仅依靠3D技术就能拯救电影业吗？好莱坞“编剧教父”罗伯特·麦基的一句话或许能给出答案——“没有故事，再好的3D也只是技术”。

3. 大圣归来·2015

2015年夏天，《西游记之大圣归来》（以下简称《大圣归来》）还未上映，预告片就已经在弹幕视频网站上引发大量关注，并且将火热势头蔓延至微博、QQ空间等网络社交平台；正式上映后，微信朋友圈里不断涌现出大批“自来水”军刷屏力推。

《大圣归来》快散场时，一个孩子问他的妈妈：“妈妈，为什么大人也来看动画片哪？”妈妈说：“因为在那些大人还是孩子的时候就在等大圣回来啊！”

图1.1 《西游记之大圣归来》海报

《大圣归来》为国产3D动画创下了全新的票房纪录——9.56亿元，给予了国产3D动画一个巨大的想象空间，同时也给无数3D动画电影人带来了信心。

4. 片源为王

在《阿凡达》之后，3D电影不管是在质量方面，还是在数量方面，都一时难以赶上观众挑剔眼光的发展。在缺失了片源这一内容支持的情况下，3D电影确实难有作为。但是到了2014年，这一情况已经大有改观，中国已经成为了3D电影增长最快的市场，2014年一季度，总票房为67.23亿元，其中3D影片的票房贡献超过50%，成为影院吸金大户。

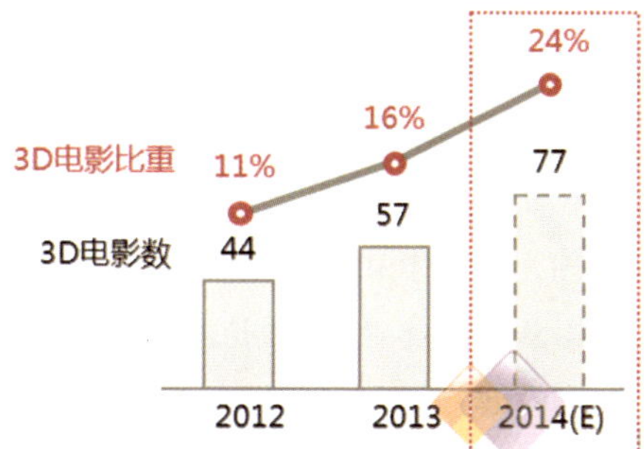

图1.2 中国3D电影上映情况（本图引自万维家电网）

随着3D电影市场的快速发展，中国观众也逐渐养成了“非3D，无大片”的观影标准。片源内容已经不再是3D电视在消费者客厅里大展拳脚的拦路虎。

1.1.1.2 3D网游

3D网游是指在3D影像基础上而开发的网络互动游戏，通过人与人之间的互动达到交流、娱乐和休闲的目的。相比2D游戏，因其采用了3D空间的概念，所以画面更显真实，而且玩家在3D空间操作的随意性也较强，因为在游戏中人物的视角可以随意变动，比如，能近距离看以往2D游戏无法看到的自建角色正面。

表1.1 2D、3D、2.5D定义

画面	定义
2D	游戏内的人物、背景等所有图像元素均为平面，用户无法转动视角
3D	游戏内的人物、背景等所有图像元素均为立体，物体有空间距离，用户可以任意移动、改变视角
2.5D	游戏内的图像元素为2D和3D的结合，用户可以转动视角，但有限制

1. 第Ⅰ代3D网游

第Ⅰ代3D网游又称“2.5D网游”，或“假3D网游”，从游戏体验上来说，它并不比2D即时制网游强多少。仅仅是在2D即时制网游的基础上对于场景贴图使用了3D效果，部分网游有游戏人物和动物模型的翻转效果。对体验者而言，第Ⅰ代3D网游跟2D网游几乎无差别，但从其技术上来说，第Ⅰ代3D网游已经说明其开发实力进入3D时代了。可以这样认为，第Ⅰ代3D网游属于网游开发商在进入3D时代的垫脚石。

2. 第Ⅱ代3D网游

从体验效果上来说，第Ⅱ代3D网游已经算是正式步入了3D时代。玩家可以自由翻转视角，技能效果出现了“面向错误”的判断，出现了真实的、可供攀爬的山坡，甚至因为设计的原因，玩家能被“卡”在地洞里面。而因为第Ⅴ代3D网游依然采用2D点对点的算法模式，所以在动作表现上依然不尽如人意。

3. 第Ⅲ代3D网游

第Ⅲ代网游现在可以被称为“动作3D网游”，又称“真3D网游”，现阶段的第Ⅲ代网游基本是动作网游，如《RUSH冲锋》。它比第Ⅱ代3D网游有了更好的体验效果，带入了载体理论，让网游的战斗效果更加具有真实感。玩家放出的远程技能不再是必中目标，也不再会无视性地穿过第三者的身体，甚至近身战斗也变成因为动作轨迹造成群体命中判定。

4. 镀金时代

2003年，网络游戏进入中国后，中国游戏产业进入了长达10年的经济快速增长的“镀金时代”。据中国产业调研网发布的《2015年版中国网络游戏行业深度调研及市场前景分析报告》显示，2014年，中国网络游戏市场规模同比增长24.3%，首次突破千亿大关，达到1108.1亿元，网络游戏规模扩大主要得益于移动游戏的高速增长。游戏已经成为中国人民最普遍的文化娱乐方式之一。

5. 严肃游戏

教育游戏是严肃游戏的一种，是专门针对特定教育目的而开发的游戏，具有教育性和娱乐性并重的特点，是以游戏作为教育的手段，设计游戏的时候，以成熟的教育理论作为理论支撑，取得教育性和游戏性的平衡，从而通过游戏的方式来完成教育过程的产品实现。

3D教育游戏既是3D技术在教学领域重要的应用方向之一，也为VR技术的快速发展起到了巨大的需求牵引作用。尽管存在众多的技术难题，VR技术在竞争激烈的游戏市场中还是得到了越来越多的重视和应用。从最初的文字游戏，到2D游戏、3D游戏，再到3D网络游戏，游戏在保持其实时性和交互性的同时，逼真度和沉浸感正在一步步地提高和加强。我们相信，随着3D技术的快速发展和软、硬件技术的不断进步，在不远的将来，真正意义上的实时交互式3D游戏必将为人们文化、娱乐、教育和经济发展做出新的贡献。

图1.3 2011—2018年中国网络游戏市场规模

1.1.1.3 数字博物馆

数字博物馆是运用3D显示技术、VR技术、互联网、3D显示系统、互动娱乐技术和特种视效等技术，将现实存在的实体博物馆以3D的方式完整呈现于网络上的博物馆。数字博物馆就是将整个博物馆环境制成3D模型，参观者能在虚拟的博物馆中随意游览，观看馆内各种藏品的3D仿真展示，查看各种藏品的相关信息、资料。通过数据库可以查阅馆内各类藏品的统计信息。

与实体博物馆相比较，“数字博物馆具有信息实体虚拟化、信息资源数字化、信息传递网络化、信息利用共享化、信息提供智能化、信息展示多样化等特点”。在这里，最为关键的特点是实体虚拟化，即数字博物馆的一切活动，都是对实体博物馆工作职能的虚拟体现，都是以实体博物馆为依托，同时又反过来作用于实体博物馆，是对实体博物馆职能的拓展和延伸。

数字博物馆提高了参观者和学习者掌握知识和技能的效率和积极性，达到优化参观过程、个性化参观、针对性讲解，提高参观质量的目的，从而解决传统博物馆无法解决的问题。随着3D和VR技术的飞速发展，数字博物馆系统具有广泛的应用前景，它将成为21世纪博物馆参观必不可少的补充。

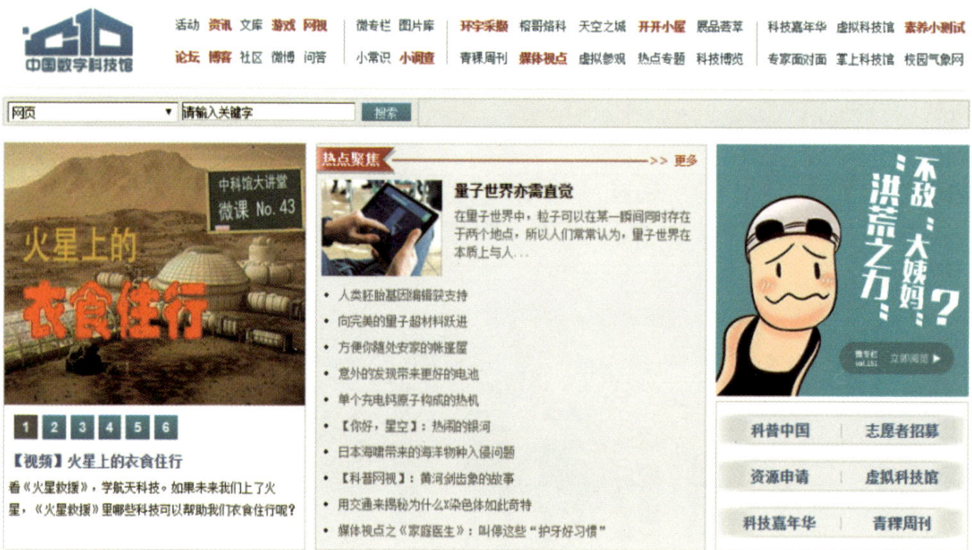

图1.4　数字博物馆

1.1.2　教育信息化

自20世纪90年代以来，国际教育界出现了以信息技术的广泛应用为特征的发展趋向，国内学者称之为“教育信息化现象”。我们将教育信息化看作一个过程，其结果是达到一种新的教育形态——信息化教育。

当前，我国教育改革和发展正面临着前所未有的机遇和挑战。以教育信息化带动教育现代化，破解制约我国教育发展的难题，促进教育的创新与变革，是加快从教育大国向教育强国迈进的重大战略抉择。

2012年初，教育部组织编制并印发的《教育信息化十年发展规划（2011—2020年）》（以下简称《规划》）倡导启发式、探究式、讨论式、参与式教学，帮助学生学会学习。激发学生好奇心，培养学生的多种爱好，营造独立思考、自由探索、勇于创新的良好环境。《规划》还指出：适应经济社会发展和科技进步的要求，推进课程改革，充分发挥现代信息技术的作用，促进优质教学资源共享。当今改革需要各种优质的教学资源，需要各种灵活的教学手段，需要教师提供学生喜欢的、合适的教学媒体，各种新技术手段引入教学中将为教学环境注入新鲜血液，也增加了优质教学资源。

当前的教育信息化已经步入加快推进的黄金期，也是关键期。在教育教学领域，3D和VR技术的应用可以创设自然、直观的学习情景，有效提高教育教学质量，具有美好的前景。这种学习方式激发了学生的求知欲和好奇心，有助于培养学生的想象力和深度思考的学习能力，使3D学科教室和3D综合教室成为学校调整教学装备和改变教学方式的优先方案之一。

1.1.2.1 全民科学素质纲要

2016年2月25日，国务院办公厅印发了《全民科学素质行动计划纲要实施方案（2016—2020年）的通知》（国办发〔2016〕10号）：

科学素质决定公民的思维方式和行为方式，是实现美好生活的前提，是实施创新驱动发展战略的基础，是国家综合国力的体现。进一步加强公民科学素质建设，不断提升人力资源质量，对于增强自主创新能力，推动大众创业、万众创新，引领经济社会发展新常态，注入发展新动能，助力创新型国家建设和全面建成小康社会具有重要的战略意义。

实施科普基础设施工程。

……创新完善现代科技馆体系。突出信息化、时代化、体验化、标准化、体系化、普惠化、社会化，推动由数量与规模增长的外延式发展模式向提升科普能力与水平的内涵式发展模式转变，进一步建立完善以实体科技馆为龙头和基础，流动科技馆、科普大篷车、虚拟现实科技馆、农村中学科技馆、数字科技馆为拓展和延伸，辐射基层科普设施的中国特色现代科技馆体系。发挥自然博物馆和专业行业类科技馆等场馆以及中国数字科技馆的科普资源集散与服务平台的作用。大力推动虚拟现实等技术在科技馆展览教育中的应用，以“超现实体验、多感知互动、跨时空创想”为核心理念，研发可复制、可推广的虚拟现实科技馆，生动展现科技前沿。推动中西部地市级科技馆、专题行业科技馆建设。推动建立科普标准化组织，完善科技馆行业国家标准体系以及相关标准规范，开展科技馆评级与分级评估。建立健全科技馆免费开放制度，提高科技馆公共服务质量和水平。

1.1.2.2 教育信息化“十三五”规划

2016年6月7日，教育部发布了关于印发《教育信息化“十三五”规划》的通知（教技〔2016〕2号）：

发展目标：

到2020年，基本建成“人人皆学、处处能学、时时可学”、与国家教育现代化发展目标相适应的教育信息化体系；基本实现教育信息化对学生全面发展的促进作用、对深化教育领域综合改革的支撑作用和对教育创新发展、均衡发展、优质发展的提升作用；基本形成具有国际先进水平、信息技术与教育融合创新发展的中国特色教育信息化发展道路。

深化信息技术与教育教学的融合发展，从服务教育教学拓展为服务育人全过程。

要依托信息技术营造信息化教学环境，促进教学理念、教学模式和教学内容改革，推进信息技术在日常教学中的深入、广泛应用，适应信息时代对培养高素质人才的需求。有条件的地区要积极探索信息技术在“众创空间”、跨学科学习（STEAM教育）、创客教育等新的教育模式中的应用，着力提升学生的信息素养、创新意识和创新能力，养成数字化学习习惯，促进学生的全面发展，发挥信息化面向未来培养高素质人才的支撑引领作用。面向未来培养高素质人才，教师能力是关键。要建立健全教师信息技术应用能力标准，将信息化教学能力培养纳入师范生培养课程体系，列入高校和中小学办学水平评估、校长考评的指标体系，将教师信息技术应用能力纳入教师培训必修学时（学分），将能力提升与学科教学培训紧密结合，有针对性地开展以深度融合信息技术为特点的课例和教学法的培训，培养教师利用信息技术开展学情分析与个性化教学的能力，增强教师在信息化环境下创新教育教学的能力，使信息化教学真正成为教师教学活动的常态。

1.1.2.3　教育部关于做好装备工作的意见

2016年7月13日，教育部印发《教育部关于新形势下进一步做好普通中小学装备工作的意见》（教基一〔2016〕3号）：

为深入贯彻党的十八大和十八届三中、四中、五中全会精神，落实“四个全面”战略布局，明确“十三五”期间中小学装备改革发展任务，提升基础教育质量，加快推进实现教育现代化，现就新形势下加强普通中小学装备（以下简称“装备”）工作提出如下意见：

当前，我国已进入全面建成小康社会的决定性阶段。以“互联网+”和“中国制造2025”战略为引领的新型城镇化、工业化、信息化建设进入关键时期，为装备工作改革发展提供了新的机遇、新挑战。迅猛发展的信息技术，丰富了装备的品种，优化了装备的结构，极大地提升了装备的品质。以云计算、物联网、虚拟现实及大数据等为代表的新兴信息技术在教育中广泛应用，促进了教育模式、教学方法和办学方式的转变。

1.1.2.4　教育部教育装备研究与发展中心2016年工作要点

2016年3月3日，教育部教育装备研究与发展中心印发《教育部教育装备与发展中心2016年工作要点》的函（装备中心〔2016〕7号）：

探索“未来学校”建设研究。结合“互联网+”、云计算、物联网、虚拟技术及大数据发展，以培养学生核心素养为出发点和落脚点，深入研究“未来学校”发展趋势，适时打造未来学校试点，不断完善相关教育装备技术标准和装备规范。

深化移动学习终端研究。制定移动学习终端的硬件、软件、资源和服务相关标准，探索规范移动学习终端的研发、生产、销售、使用、服务等各环节。深化基于移动学习终端的教学资源、课堂教学模式和教学效果研究。

加强创新创造教育研究。贯彻国家“双创”要求，为创客教育、“STEAM课程”提供教育装备支撑，探索将新的教育装备融入课堂，培养学生的创新能力、综合设计能力和动手实践能力。

1.2 概念

3D是英文“3 Dimensions”的缩写，中文语义可以指：立体、立体的，三维、三维的，3D空间、3D空间的，或3D坐标。3D即指长、宽、高或者X、Y、Z坐标轴，换句话说，3D就是立体。3D是一个相对概念，相对于只有长和宽的2D平面而言。

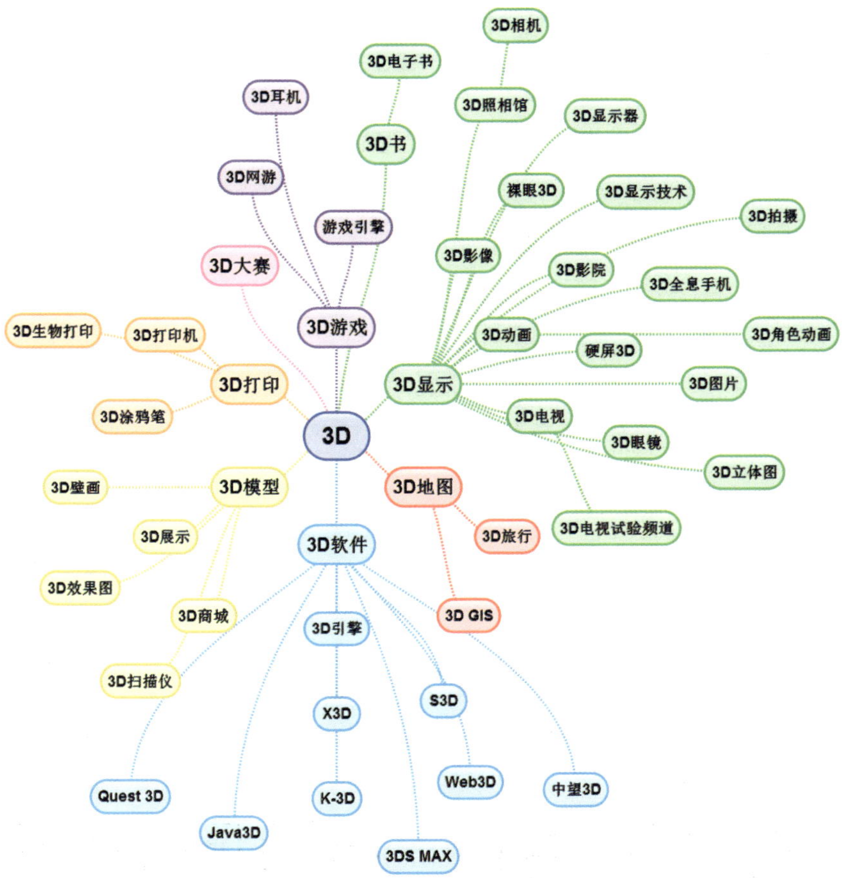

图1.5 3D概念图

在百度词条中检索“3D”，会给出以下检索结果：

表1.2 在百度词条中检索“3D”给出的检索结果

3D地图	3D旅行	3D GIS	3D打印	3D打印机	3D涂鸦笔
3D生物打印	3D模型	3D展示	3D壁画	3D商城	3D效果图
3D扫描仪	3D显示	3D动画	3D角色动画	3D电视	3D电视试验频道

续表

3D影像	硬屏3D	3D影院	3D眼镜	裸眼3D	3D图片
3D全息手机	3D显示技术	3D照相馆	3D相机	3D立体图	3D显示器
3D拍摄	3D软件	3D引擎	X3D	S3D	K-3D
Web3D	Java3D	3DS MAX	Quest 3D	中望3D	3D游戏
游戏引擎	3D网游	3D耳机	3D大赛	3D书	3D电子书

教育相关的3D技术是未来值得关注的新技术，将带来教学、学习和研究领域的创新。3D在教育教学上的应用具有美好的前景，如何有效地将其应用到学习领域，为用户提供学习支持，还有待深入研究。

1.2.1 3D教育

3D教育是以可视化的3D建模为基础，通过项目学习的方式，综合应用3D影像、AR、MR、VR、3D打印等3D技术，实现“从创意到实现”完整的学习与认知过程，鼓励“手脑并用”，培养学生的跨学科学习能力、团队协作能力和数字表达能力的一种创新教育。

3D建模是3D教育的基础和精髓。3D教育是3D建模、3D影像、AR、MR、VR、3D打印等3D技术、方法和思想应用于教育教学领域的总和，是3D建模、3D影像、AR、MR、VR、3D打印等3D技术在教育行业的具体应用。这是3D教育的一个方向，这个方向是站在3D技术的角度看教育需求，看行业应用。

只有把3D教育下沉到建模和建模思维的训练，才能体现3D教育的创造力，纷繁芜杂的3D技术才能找到共同的根基。

把3D教育下沉到3D建模之后，3D教学的内容和目标也会更加清晰，建模思维的培养才是3D教育的目标和方向。

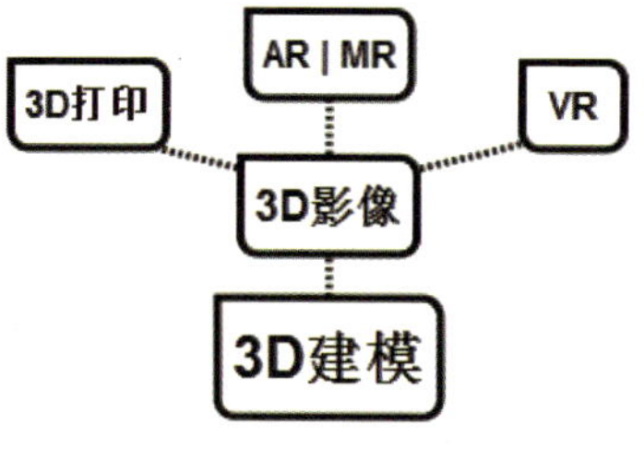

图1.6

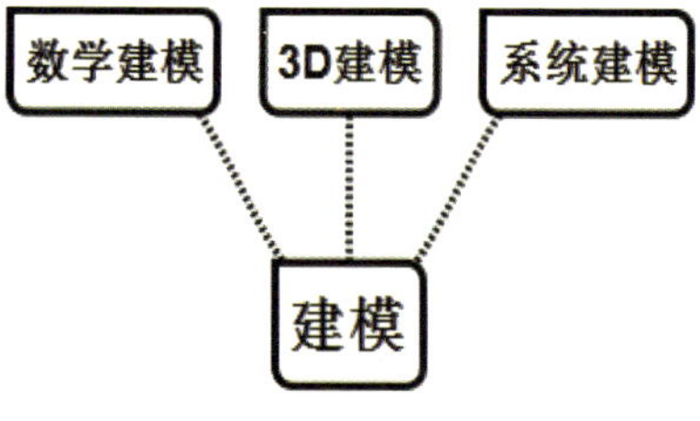

图1.7

简单来说，3D教育就是3D技术在教育中的应用。3D教育主要研究内容之一就是如何让3D技术成为教育信息化的助推器。

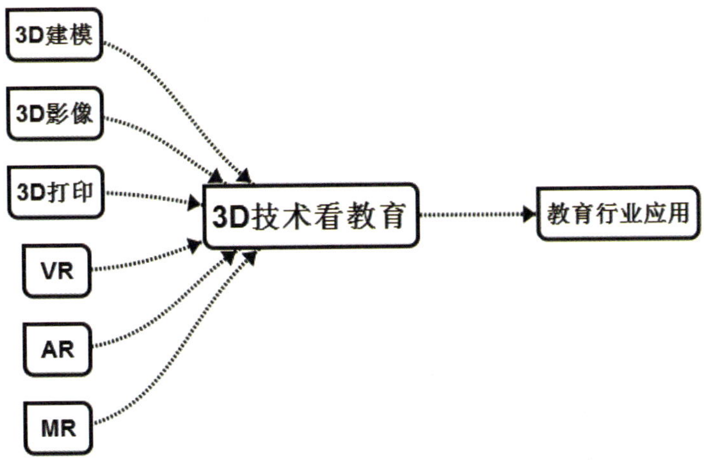

图1.8　3D技术看教育

3D教育的另一个方向是从教育需求看3D技术（3D建模、3D影像、AR、MR、VR、3D打印等），基于教育教学中实际需求向3D技术寻求解决问题的思路和方法。

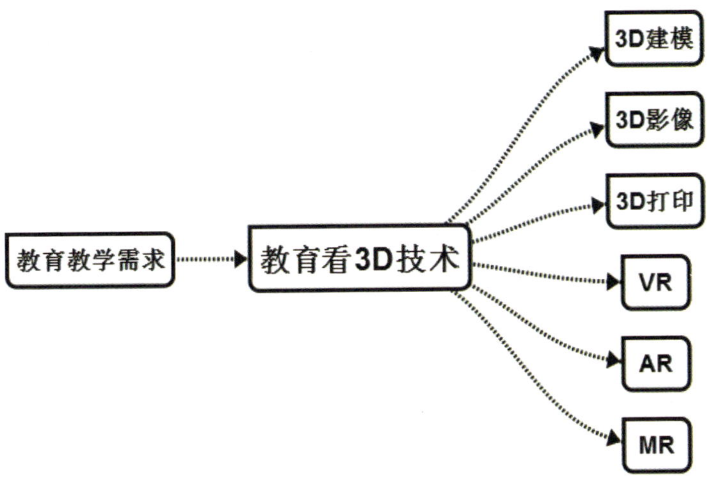

图1.9　教育寻求3D技术支持

3D教学就是利用3D技术模拟难以讲解的教学场景，把在现实生活中无法观察到的自然现象或事物的变化过程，以及一些不可能出现的场景（如金字塔是如何建成的、晶体的内部结构、天体形成等）在3D教室呈现，为学生创设一个情景化的学习环境，多维度呈现学习内容，调动学生视觉、听觉、动觉等多感官参与，让学生们感受到极强的逼真感，使抽象的概念和理论更加直观化、形象化。并且在3D教室中，学生可以放心地进行各种学习中（如物理、化学等）的实验（如爆炸、化学反应、青蛙解剖等），不必担心操作的失误所带来的各种危险。

按照时间和空间的维度，从宏观和微观的角度，可以把3D教育需求分为：

（1）时间尺度上的宏观教育需求；（2）时间尺度上的微观教育需求；（3）空间尺度上的宏观教育需求；（4）空间尺度上的微观教育需求。

图1.10

3D教育可以解决传统教育教学中的难点部分，这些难点可以分为以下几个方面：

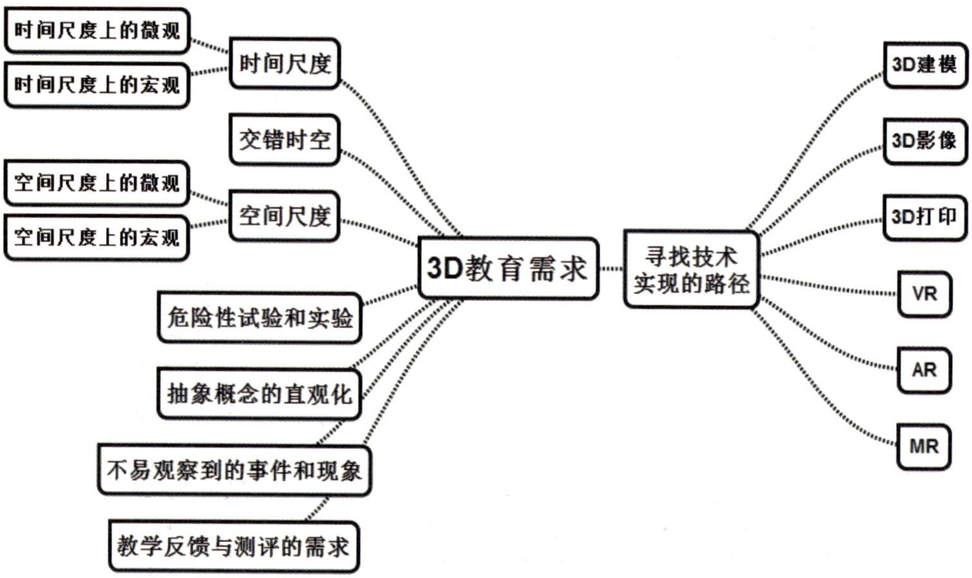

图1.11　3D教育需求

（1）从时间尺度看，有时间跨度极大的宇宙演化过程，也存在极短时间内发生的不易观察的光电效应等；

（2）从空间角度看，有宏观上星云形成过程，也有微观上原子、分子的构成和蛋白质四级结构等知识；

（3）一些抽象的概念，超出了日常生活经验的范畴，很难通过想象认识清楚，只靠教师单纯的讲授，效果欠佳，学生理解困难；

（4）对于一直强调的高效的课堂目标，依靠传统教学手段已到天花板，教学效率难以进一步提高；

（5）传统教育教学难以突破以知识为导向，以分数论英雄的局限，迫切需要评价的新手段、新思路。

解决以上这些传统教育的难点正是3D教育的优势所在，3D教育形象、直观、可交互性强、评价多元化等特点能够满足上述教育需求。3D教育以3D建模和3D影像为内核，再以VR技术、AR技术、MR技术和3D打印为外延，构成了教育难题在技术上的具体实现路径。

图1.12 3D技术的内涵与外延

3D教育的实施不可或缺的要素：3D资源、3D装备和3D教学，简称“3D教育三要素”。3D资源是3D教育的“精神食粮”，没有3D资源，3D教育就难为“无米之炊”；3D装备是3D教育的基础，为3D教育提供物质保障；3D教学是3D教育的灵魂，3D教学的水平直接决定3D教育水平的高低。

3D教育作为一种新兴的教育形式，其核心内容就是3D显示技术、VR技术和仿真等技术在教育教学领域的应用，这是3D教育的内涵。而其他相关技术应用则构成了3D教育的外延部分。

1.2.2 3D技术

与3D教育相关的技术统称为“3D教育技术”，包括3D建模和3D影像，这两者构成了3D教育技术的核心，为3D教育提供基础性和特征性支撑，决定了3D教育的主要形态，是3D教育技术的内涵部分。

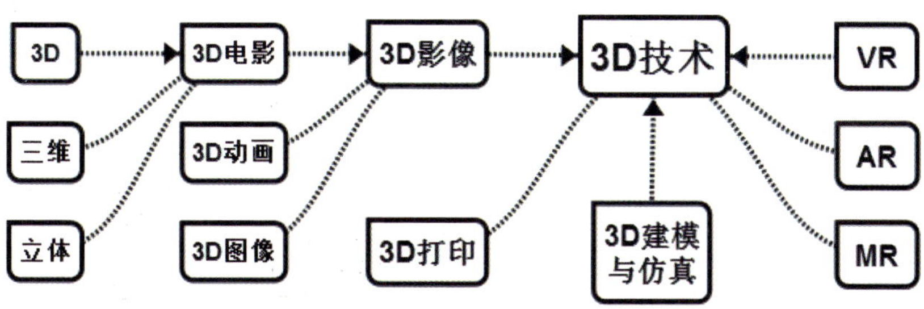

图1.13 3D技术图解

同时3D教育技术又不仅限于上述两种特征技术，VR技术、AR技术、MR技术和3D打印技术是对3D教育技术必不可少的补充，构成了3D教育技术的外延。

3D教育技术的内涵和外延靠3D建模实现有效连接。3D打印和3D影像只是3D建模的不同输出和呈现方式，3D打印以实物的方式呈现3D建模的结果，而3D影像则是计算机3D视觉表达。此外，还有其他的呈现方式和显示方式，如3D全息显示等。

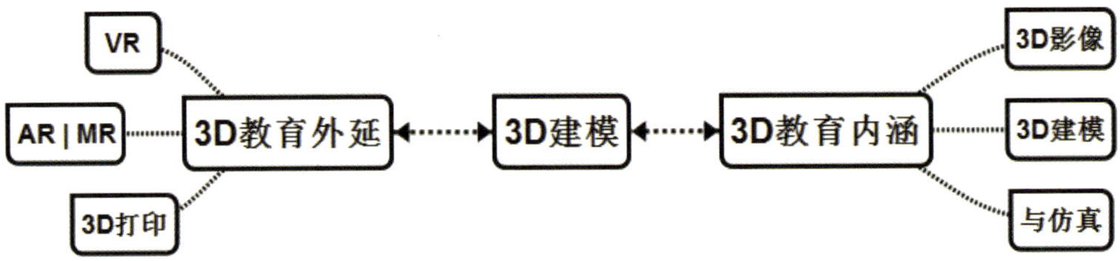

图1.14　3D教育外延与内涵的联系

3D打印、VR技术、AR技术和MR技术目前与教育的关系最为密切，研究最多、影响最大的也当属这几大技术，它们构成了3D教育技术的内涵。AR技术把虚拟世界套在现实世界并进行互动，又与VR技术相关。3D打印在教育应用中，突出要求学生建模能力、空间想象力，也是3D教育技术的重要方向。

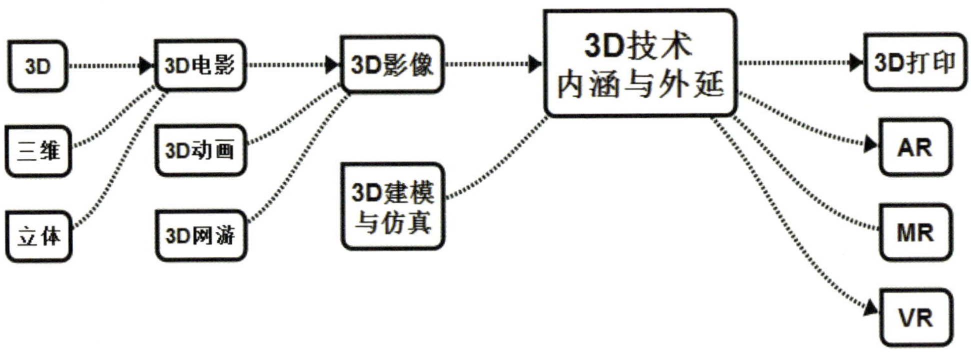

图1.15　3D教育的技术支撑

3D打印、3D影像、VR、AR、MR和3D建模之间有没有关系？直观上的感觉是有关系、有关联的。那么它们之间到底是什么关系？是大小关系？VR比3D的范畴大？还是3D比VR的范畴大？如果不是大小关系，那是什么关系？对这个问题的探讨还会持续一段时间，但目前来看，有个关系是确定的——不管是3D打印、3D影像、VR、AR、MR，还是3D建模都有一个共同的上

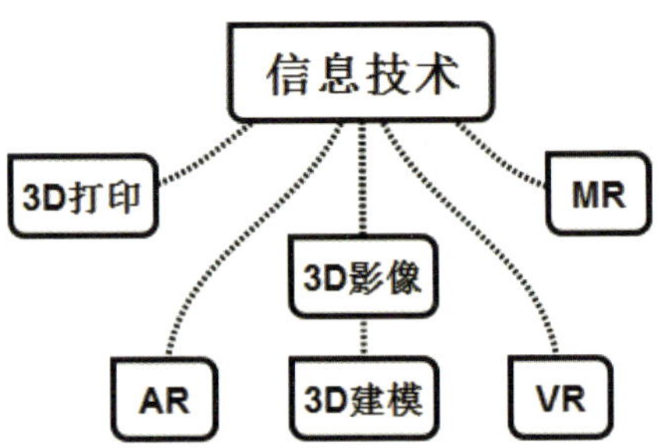

图1.16　信息技术

位词：信息技术（Information Technology，简称“IT”）。

1.3 内涵

3D建模和3D影像在教育行业的具体应用构成了3D教育的内涵。

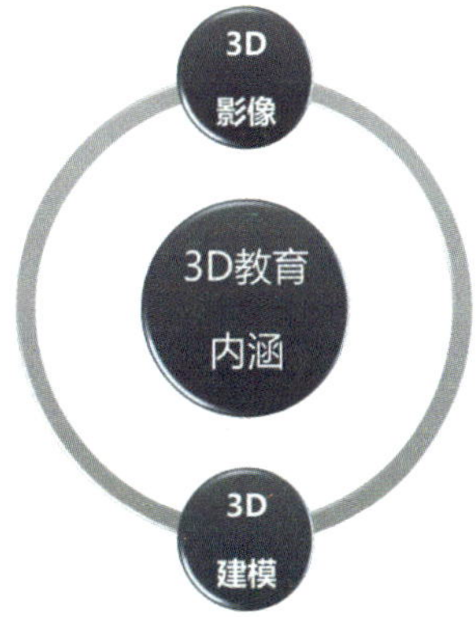

图1.17 3D教育内涵

1.3.1 3D建模

建模就是建立模型，就是为了理解事物而对事物做出的一种抽象描述，是对事物的一种无歧义的书面描述。建立模型的过程，又称“模型化”。建模是研究系统的重要手段和前提。凡是用模型描述系统的因果关系或相互关系的过程都属于建模。

1.3.1.1 为什么要建模

为了对复杂系统事物进行深入的分析和研究，并得到直观而有说服力的结果，需要利用模型，即建立模型。

为什么在构建某些事物之前首先要建模？或许不需要。比如简单的事物就不需要建模：做一份西红柿炒鸡蛋、给小狗搭一间小屋。这样的项目具有下列全部或大部分特点：

问题域很清楚，相对来说易于构建解决方案；

需要很少的人进行协作来构建或使用该解决方案（通常只有一个人）；

该解决方案需要最少量的持续维护，未来需要的范围不会有实质性的扩大。

但是如果假设这些特点都不具备呢？为什么一些专业人员要费心去创建模型呢？为什么他们不直接构建具体事物呢？答案在于复杂性和风险，并且最初的专业人员并不是一直适合开发任务，甚至根本不能完成任务。

建模能够可视化整个系统，评估不同选择，并且更清晰地交流设计，从而避免了技术风险、财务风险或实际的构建风险。如果不先创建一项设计、一个蓝图或者另一个抽象表示，就直接构建某种复杂系统，在技术上是不明智的，在经济上也是行不通的。尽管专业建筑师无需设计图就可以建造一间犬舍，但是如果他们不首先开发一批计划方案、图和某种可视化实物模型，那么就不能建造一幢15层的办公大楼。

1.3.1.2 数学建模

数学是自然科学的基础，是一切科技发明的基本工具。而数学学习与研究的核心问题是数学的建模与用模问题。2003年，教育部颁布的《普通高中数学课程标准（实验）》突出强调了数学探究、数学建模、数学文化的价值。数学建模作为一种数学学习方式，是培养学生应用数学的意识，培养学生数学素养的一种形式。积极有效地开展数学建模工作对学生掌握数学知识，形成应用数学的意识有很好的作用。学生的数学学习活动不应只限于接受、记忆、模仿和练习，数学课程还应倡导自主探索、动手实践、合作交流、阅读自学等学习数学的方式，这些方式有助于发挥学生学习的主动性，使学生的学习过程成为在教师引导下的“再创造”过程，同时数学课程设计、数学探究、数学建模等学习活动，为学生形成积极主动的、多样的学习方式进一步创造了条件，能够激发学生的数学学习兴趣，鼓励学生在学习过程中，培养独立思考、积极探索的习惯。

目前，对数学模型还没有一个统一的、准确的定义，因为站在不同的角度可以有不同的定义。不过我们可以给出如下说明：“数学模型是关于部分现实世界和为一种特殊目的而做的一个抽象的、简化的结构。”具体来说，数学模型就是为了某种目的，用字母、数学及其他数学符号建立起来的等式或不等式以及图表、图像、框图等描述客观事物的特征及其内在联系的数学结构表达式。

数学建模属于一门应用数学，是CAD制图和参数化3D建模的基础，学习数学建模要求我们学会如何将实际问题经过分析、简化转化为一个数学问题，然后用适当的数学方法去解决。

1.3.1.3 建模思想

数学建模是一种数学的思考方法，是运用数学的语言和方法，通过抽象、简化建立能近似刻画并解决实际问题的一种强有力的数学手段。数学建模思想，本质上是要培养学生灵活运用数学知识解决实际中的问题的能力。在这一过程中，可以培养学生的抽象思维、简化思维、批判性思维等数学能力。

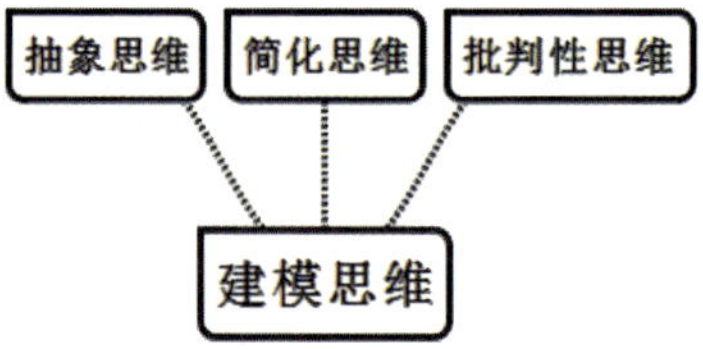

图1.18 建模思维

1. 抽象思维

分析模型的建立与求解过程，我们可以发现，解决问题时，离不开抽象思维，离不开对数学基本概念的深入理解和透彻分析。

把纷繁芜杂的实际问题，归结到数学的相关概念和定义之中，利用定义找到计算公式，从而建立数学模型。在这种层层分析的过程中，抽象思维起到了关键性作用。正是这种层层分析，才使得复杂问题得以解决。所以说，数学建模需要抽象思维。

2. 简化思维

所谓简化思维，就是把复杂问题进行简化，进而使本质凸显。就像进行X光透视一样，祛除血肉，只剩骨架。只有迅速抓住主要矛盾，舍弃次要因素，找到问题的本质，才能看透问题的本质。

这种简化思维具有深刻性的特点，它并不是天生就具有的，但可以经过精心培养而形成，经过刻苦锻炼而强化。在数学的教学过程中，需要培养学生的这种深层次的洞察能力。

3. 批判性思维

在数学模型建立、求解完成后，需要对所得的结果进行分析，还需要对所建立的数学模型进行评价，并及时对模型进行改进，以取得最佳结果。同时，我们还要指出所建模型的实际意义，并努力加以推广。这些环节，都需要良好的批判性思维。

在数学的教学过程中，我们需要培养学生的批判性思维。在每道题解完后，我们都要进行这种解后反思的训练，不断地提问：结果对吗？符合实际吗？该解法的优、缺点在哪里？还有更好的解法吗？如何改进？能够推广吗？……在这种训练的过程中，学生的批判性思维将得到强化和提高。

1.3.1.4 3D建模

3D建模通俗来讲就是用3D制作软件通过虚拟3D空间构建出具有3D数据的模型。3D建模是3D技术的核心，也是3D教育的核心内容。

3D建模离不开数学建模，必须以必要的数学建模和几何建模为基础。目前物体的建模方法，大体上有3种：第一种是利用3D软件建模，第二种是通过仪器设备测量建模，第三种是利用图像或者视频来建模。

1. 软件建模

目前，在市场上可以看到许多优秀建模软件，比较知名的有3DMAX、SoftImage、SolidWorks、Maya、3DS Max、Pro/E、UG、Blender、SketchUp、Tinkercad、Inventor、中望3Done以及AutoCAD等。它们的共同特点是利用一些基本的几何元素，如立方体、球体等，通过一系列几何操作，如平移、旋转、拉伸以及布尔运算等来构建复杂的几何场景。利用建模构建3D模型主要包括几何建模（Geometric Modeling）、行为建模（Kinematic Modeling）、物理建模（Physical Modeling）、对象特性建模（Object Behavior）以及模型切分（Model Segmentation）等。其中，几何建模的创建与描述是虚拟场景造型的重点。

2. 扫描建模

3D扫描仪（3D Scanner）又称为3D数字化仪（3D Digitizer）。它是当前使用的对实际物体3D建模的重要工具之一。它能快速方便地将真实世界的立体彩色信息转换为计算机能直接处理的数字信号，为实物数字化提供了有效的手段。它与传统的平面扫描仪、摄像机、图形采集卡相比有很大不同：首先，其扫描对象不是平面图案，而是立体的实物。其次，通过扫描，可以获得物体表面每个采样点的3D空间坐标，彩色扫描还可以获得每个采样点的色彩。某些扫描设备甚至可以获得物体内部的结构数据。而摄像机只能拍摄物体的某一个侧面，且会丢失大量的深度信息。最后，它输出的不是2D图像，而是包含物体表面每个采样点的3D空间坐标和色彩的数字模型文件。

3. IBMR

基于图像的建模和绘制（Image-Based Modeling and Rendering，IBMR）是当前计算机图形学界一个极其活跃的研究领域。同传统的基于几何的建模和绘制相比，IBMR技术具有许多独特的优点。基于图像的建模和绘制技术给我们提供了获得照片真实感的一种最自然的方式，采用IBMR技术，建模变得更快、更方便，可以获得很高的绘制速度和高度的真实感。IBMR的最新研究进展已经取得了许多丰硕的成果，并有可能从根本上改变我们对计算机图形学的认识和理念。由于图像本身包含着丰富的场景信息，自然容易从图像中获得照片般逼真的场景模型。基于图像的建模主要目的是由2D图像恢复景物的3D几何结构。由2D图像恢复景物的3D形体原先属于计算机图形学和计算机视觉方面的内容。由于它的应用前景广阔，如今计算机图形学和计算机视觉方面的研究人员都对这一领域充满兴趣。与传统的利用建模软件或者3D扫描仪得到立体模型的方法相比，基于图像建模的方法成本低廉、真实感强、自动化程度高，因而具有广泛的应用前景。

1.3.1.5 建模与仿真

人类在科学和工程技术上所做的研究就是努力理解真实世界，并掌握与真实世界发生联系的形式。而建模与仿真则是认识世界和改造世界的重要手段，已成为现代科学技术研究的重要内容。建模和仿真技术已渗透到各个学科和工程技术领域，如生物领域、航空航天领域、社会经济领域等。

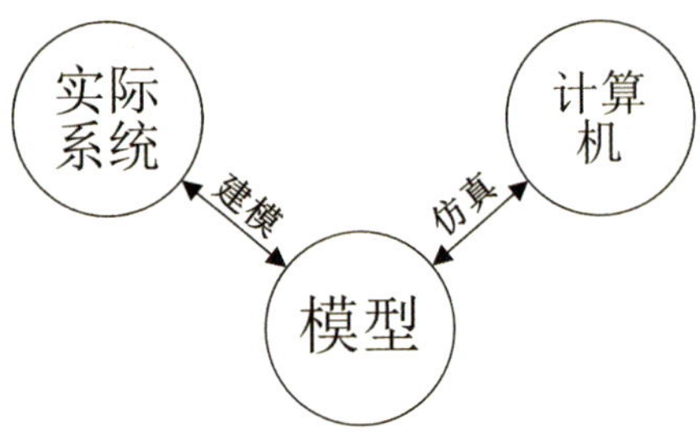

图1.19

系统、模型、仿真三者之间的关系：系统是研究的对象，模型是系统的抽象，仿真是对模型的实验。

在建模方面，除了传统的基于物理学、化学、生物学、社会学等的基本定律及系统辨识的方法外，现代仿真技术提出了用仿真的方法建立系统的数学模型。例如，根据某系统在实验中得到的输入/输出数据，在计算机上进行仿真实验，确定模型的结构参数。

1.3.1.6 教育应用

培养学生的创新精神和解决问题的能力是当前教育的重点，而在当前基础教育STEM

教学过程中，学生却不能灵活运用所学的知识解决问题。究其原因，是建模能力有欠缺，STEM学科学习离不开模型，基础教育STEM学科学得好坏在一定程度上取决于对模型的掌握情况以及建模能力的大小，教师在教学中要有意识地培养学生建模能力。

建模与仿真在教育行业的应用包括：理论教学、实验、实训等，特别是职业技能鉴定实训，是展示仿真技术的最佳平台，根据不同时间、需求，我们寻找仿真实训与实操实训时间比，以达到最佳效果，实现教学目标。

建模与仿真技术应用于教学，为教育带来新的活力：

1. 激发学习热情

仿真系统在功能上有些是现场实验和生产实习无法实现的。如：对操作过程的主要工艺参数进行修改；学生的操作情况可以自动跟踪、记录，并作出评判，打出分数，学生从得到的分数可以主动去找原因，积极动手反复修正，使自己的操作结果得到满意的成绩；学生的操作结果还可汇总成表打印出来，客观、公正地反映其操作情况。智能系统还可以帮助学生分析原因，学生既可以自己动手，又能看到操作结果，更不能敷衍了事，大大地提高了学生的学习兴趣，激发了学习的主动性和积极性。

2. 提高教学质量

仿真操作得人手一机，人人亲自动手，熟悉正常的开、停车操作，改变某些主要的工艺参数，了解其对过程的影响。教师还可以设定一些事故，让学生通过现场的现象进行分析、判断、找出原因，并加以处理。训练过程中，学生还可自行设计事故、观察现象、进行处理，摆脱对教师的依赖，增强他们的独立性，大大地提高了教学质量。

3. 相对成本优势

相对于动则上百万的实际生产装置或设备的建设投资，建立一套相应的仿真教学系统的投资要小得多，通常仿真教学系统的投资是实际系统投资的几十分之一；仿真系统通常是以软件的形式在计算机上运行，其使用的材料、能耗都很低，而且几乎不用维修。

4. 提高教学效率

仿真教学软件运行在普通台式计算机上，可以多台同时运行，网络化运行，让每一个学生都能亲自动手进行操作。这种模式非常适合学校的集中教学方式，适合我国的国情。应用仿真系统进行教学与技能训练要比采用实际装置或设备教学效率更高，特别是在职业教育实习初期。

5. 内容教学丰富

仿真教学系统通常具有记录和追忆功能，使得教学可以在某一个中间过程或局部重复多次进行，有利于解决教学中的重点和难点问题。仿真技术与多媒体的有机结合使得仿真系统更形象、生动，比实际系统更逼真。其丰富生动的界面对学生具有极强的吸引力，学生的学习兴趣和主动性更高。

6. 自动智能测评

仿真教学系统具有对学生每一步操作的跟踪记录功能，并能依据操作要求科学地自动评价学生的操作过程。这也使得教学的组织与管理更加方便、容易。仿真教学系统也更加适合个体教学与集中教学的有机结合。

7. 教学应用广泛

从高度危险或制造难度很大的系统到一般的流程都可以进行仿真，学生可以自主学习或辅助教学，许多操作现象是在现实中是无法实现的，而利用仿真软件可以得心应手。目前在我国的电力和石油化工等行业已经将仿真技术产品用于在岗工人的技术等级鉴定（技能鉴定）中，仿真技术已经成为其实际操作技能的主要考核手段。

1.3.2 3D影像

如果3D是人类与生俱来感知世界的能力，为什么我们不能回归到以最原始、最自然的方式去看这个世界的人、事和物呢？我们的世界不是平面的。

——许培桢

从最早人类学会在岩壁的洞穴中以绘画记录事物开始，人们对立体、真实的画面的追求就从未停止过。今天，我们从“成像”的角度梳理一下，从2D成像、3D成像到裸眼3D，人们都经历了哪些过程。

1.3.2.1 2D成像

15世纪，“暗箱”投射技术开启成像启蒙。绘画在相当长的一段时间内，作为重要的记录工具存在着。风景、静物、人像，尤其是文艺复兴时期，绘画创作达到了顶峰。当时，所有画家都需要用暗箱来辅助绘画创作，光线通过暗箱的小孔，在墙面投射成像，这种技术后来成为了相机的前身，与成像启蒙有着密切的关系。

图1.20

1826年，暗箱拍摄出世界第一张照片；1837年，银版摄影法让静物照片更富立体感。最早用银版摄影法拍摄的静物照片，由法国巴黎著名剧院首席布景画家达盖尔拍摄于1837年，窗口的自然光，令照片画面更富立体感。这种摄影法在世界各地广为流传，更一度成为主流摄影方法。

图1.21

图1.22

图1.23

1861年，第一张彩色照片诞生。1861年，物理学家麦克斯韦在皇家研究所做的有关色彩理论的讲座中，展示了经由三色叠加原理所拍摄的世界上第一张彩色照片。照片中是带有花呢格纹的缎带。

柯达于1975年开发了世界第一部数码相机，胶片冲印的照片从此逐步被数码照片所替代。人们可以在计算上查看电子版照片。

2D成像发展至此已经奠定了日后影像技术的基调。但这并不是成像的终结，真实、立体，一直是人们追求的目标。

图1.24

1.3.2.2 3D成像

3D成像是靠人两眼的视觉差产生的。人的两眼之间一般会有8cm左右的距离。要让人看到3D影像，就必须让左眼和右眼看到不同的影像，使两幅画面产生一定差距，也就是模拟实际人眼观看时的情况。3D的立体感觉就是如此由来的。3D立体画在20世纪90年代曾风靡一时。

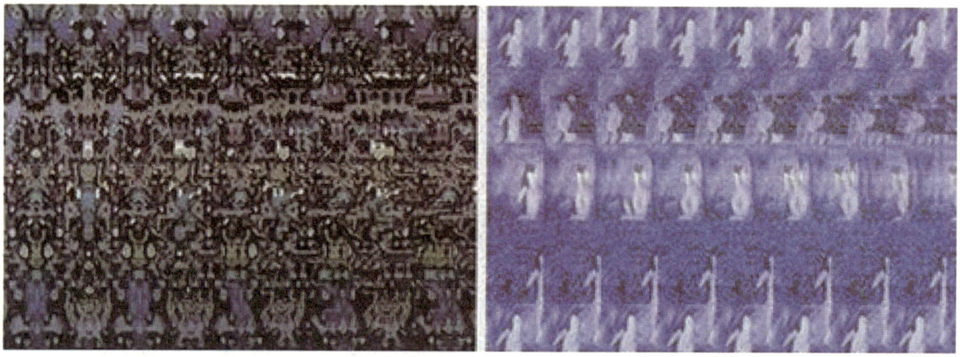

图1.25 3D立体画

实际上，早在1903年，科学家就发现了“视差创造立体”的原理，碍于种种限制，3D成像仍然没有进展。直到1924年，电视发明出来，占据了人们大部分的闲暇时间，科学家开始不吝于尝试将当时所有的3D技术都应用到影视上面。

1.3.2.3 3D电影

1839年，英国科学家查理·惠斯顿爵士根据“人类两只眼睛的成像是不同的”发明了一种立体眼镜，让人们的左眼和右眼在看同样图像时产生不同效果，这就是今天3D眼镜的原理。

1922年，世界上第一部3D电影是《爱情的力量》，遗憾的是，影片很早之前就已经遗失了。早期的3D电影都是以“炫技”——展示3D效果为主，片中常以指向观众的枪、扔向观众的物体为噱头。

1952年，讲述非洲探险的《非洲历险记》被认定为是史上第一部真正的3D影片。该片的口号是“狮子在你腿上，爱人在你怀里”。尽管《生活》杂志在当时称该片“廉价、荒谬”，但观众们仍然争先恐后地挤进电影院去体验片中的“自然视角”。

1.3.2.4 3D眼镜

20世纪80年代，彩色立体3D技术开始流行，这种技术的原理简单，通过物理学原理，使用不同颜色的滤光片进行画面滤光，使得一个图片能产生两幅图像。这种技术的成本非常低廉，同时效果也非常差，仅需要一副带有滤光片的眼镜就可以实现。由此开启了3D眼镜时代。

1. 色差式3D眼镜

色差式眼镜差不多是与3D画同步出现的，当时在街头书摊、报刊亭中出现了一种印着恐龙图片的神秘书籍，读者只需要戴上附赠的红蓝眼镜就可看到书中生动的恐龙世界。后来，又有人对这种技术进行了改进，让观看效果大为改观，直到现在，很多人仍然在使用这种技术。

图1.26

色差式3D眼镜技术原理简单，自己就可制作，因而观看成本低。但观看时画面颜色丢失严重，观看时间不宜过长。

2. 主动快门式3D眼镜

为了进一步改善3D观看效果，主动快门式3D技术应运而生。这种技术的原理是利用画面在屏幕上交错显示时的刷新速率来实现3D效果，一般需要达到120Hz。以三星、海尔、松下等为代表的电视厂商，其推出的3D电视大多采用这种技术。

图1.27

用主动快门式3D眼镜，画面的每一个像素都能完整显示，画面分辨率高，且能高清显示。但眼镜需要充电，较重，价格普遍较高。且由于快门高速切换开、闭，可能会使人感到画面闪烁，长时间观看会对眼睛造成不适。

表1.3

优点	不用贴附3D偏光膜，杜绝2D画面损失和3D画面损失
	不用增加背光亮度，低碳、低功耗
	可视角度不受限制，任何角度都能随意观看。换角度观看3D效果损失较少
缺点	戴上眼镜之后，会存在亮度衰减
	快门3D眼镜在正视电灯等光源观看时因为快门技术开合原因会产生轻微的闪烁，但是在观看3D影像时不会有任何闪烁感
	快门式3D眼镜因为利用控制芯片和液晶片的支持来实现3D效果，所以售价相对较贵，并且需要电源供电

3. 被动偏光式3D眼镜

有没有不闪烁的技术呢？人们开始研究利用光线有“振动方向”的原理来把原始图像分解成左右或上下两组画面，然后配套的眼镜左右两边镜片分别采用不同偏振方向的偏光镜片，这样人的左右眼就能接收两组画面，再经过大脑合成立体影像，被动偏光式3D眼镜由此诞生。它的最大特点是观看3D画面时不会感觉到闪烁，所以又俗称“不闪式3D技术”。目前，此技术主要在电影院或3D电视中见得较多。

图1.28

被动偏光式3D眼镜虽然有可视角度广、画面无闪烁感、且价格较合理的优势，但被动偏光式3D眼镜对显示设备的亮度要求较多，不能全部高清显示，画面清晰度不高。

表1.4

优点	易佩戴，眼镜成本低
缺点	贴附偏光膜，需要更高的背光亮度才能保证3D画面鲜明
	2D画质有损失
	3D画面隔行显示，分辨率减半，播放3D 1080P电影只有540P
	观看距离有严格限制。前后距离低于2m时，画面有重影，上下角度低于10°时，画面有重影，左右角度超过70°时，3D效果锐减

4. 头戴式3D显示器

在2006年的CES展会上，eMagin发布了世界上第一款支持3D功能的头戴显示器“eMagin Z800 3D Visor”，这款产品通过左右眼分别显示的方式“制造”出立体的画面，由于左右画面分开不会相互影响，也不需要画面遮挡，所以可以营建出近乎完美的3D立体视觉效果。随后，索尼也发布了重量级产品HMZ-T1，可以提供极其逼真且无闪烁的3D显示画面，视觉效果令人震撼，这款产品也因此被喻为“专属个人的3D IMAX影院”。

实际上，早在1968年，美国ARPA信息处理技术办公室发明了“达摩克里斯之剑”头盔显示器，被认为是“世界上第一个头盔显示器”，能显现2D图像，没有浸沉感，用户只能看到的线框图叠加在真实环境之上。到了1975年，J • H • Clark在此基础上改进了一个曲面设计的交互环境。由于当时的相关技术还不成熟，并没有产生广泛的影响，但这已是3D交互技术的雏形，是进入VR应用的前奏。

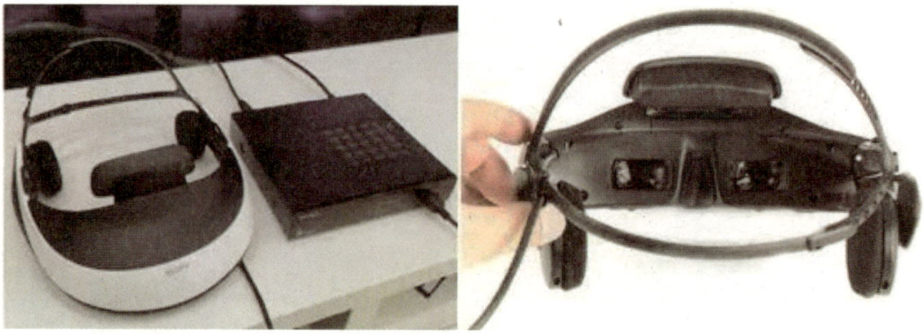

图1.29

眼镜毕竟带来诸多不便，而且也影像观瞻，相信大家早就深有体会。偷懒和爱美向来是科技进步的推动力，人们开始思考如何将眼镜摘掉。裸眼3D技术开始兴起。

1.3.2.5 裸眼3D

裸眼立体显示的基本原理仍然是双眼视差，通过作为分光器件的光栅把对应左眼图像的光线导入左眼，对应右眼图像的光线导入右眼，两个图像由于存在视差，因此在大脑中形成立体感觉。但早期的裸眼3D观看区域受限，偏离位置就会造成反视、重影、失真。同时，也会出现摩尔纹、串扰等，影响观看效果。

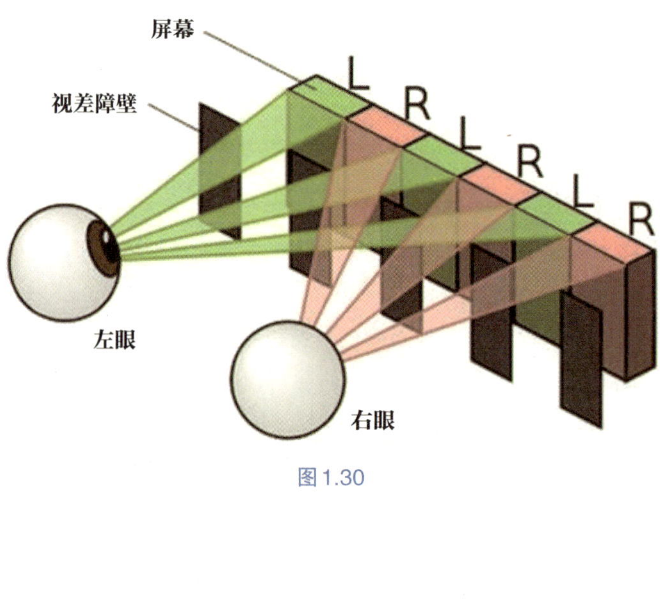

图1.30

当前主流的裸眼3D技术有3种：光屏障式技术、柱状透镜技术以及指向光源3D技术。

裸眼式3D技术最大的优势便是摆脱了眼镜的束缚，但是分辨率、可视角度和可视距离等方面还存在很多不足，主要用于公用商务场合，将来也可能应用到手机等便携式设备上，但教学应用还有待于技术的进步与发展。

1.4　外延

3D教育的内涵构成3D教育的主体，是3D教育的主要研究方向，反映了教育对技术的主体需求。3D教育的外延是对3D教育的内涵的有益补充和扩展，特征更明显，反映了教育需求更具个性化，更有针对性。

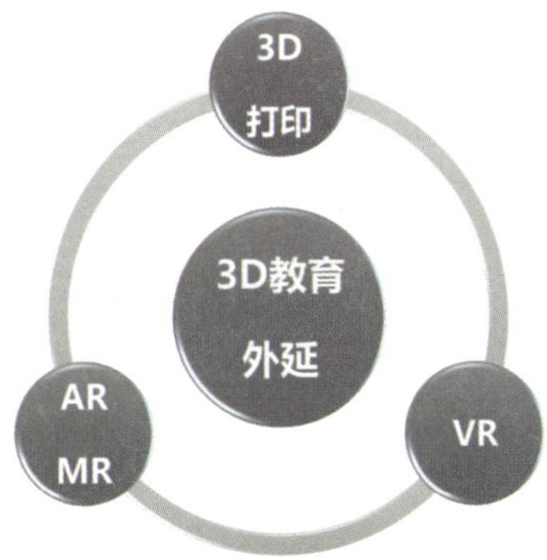

图1.31　3D教育的外延

1.4.1　VR技术·虚

人们对传统的2D图形交互手段的真实性的进一步需求产生了VR技术。因此尽管VR被冠以“先进的感知技术集成”的定义，它仍以“出色的人机交互技术”这个概念上得到最大范围的认同。

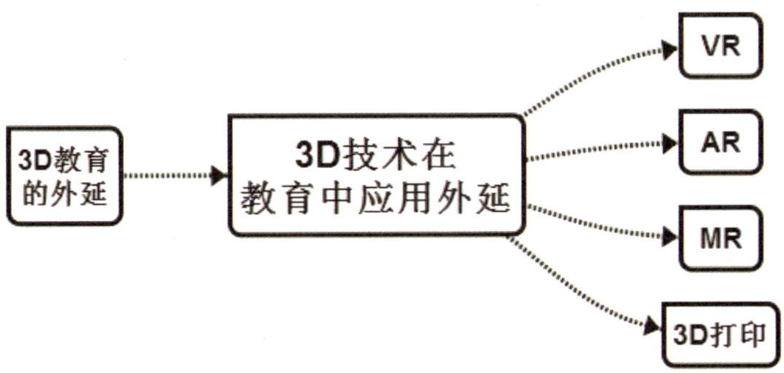

图1.32　3D技术在教育中应用外延

1.4.1.1　什么是VR

VR（Virtual Reality）一词，目前在我国的译法尚未统一，除译作“虚拟现实”外，较流行的翻译有：灵境（钱学森译）、虚拟实在（金吾伦译）、临境（朱照宜等人译）、虚拟真实（康敏译）、虚拟境象（钱玉趾译）等。（康敏，《关于Virtual Reality概念问题的研究综述》）。

2004年，李伯虎院士等人在《虚拟现实综述》一文中全面引述并辨析VR前期研究者的观点：

“Fuchs等人认为VR是“实时与3D模型交互的图形显示技术，同时为用户的现实沉浸以及直接操纵提供支持”。其中，他提出了VR的关键技术包括实时性、3D模型显示、图形交互、对虚拟世界的沉浸感和直接操纵。

“Cigante则归纳为：不是在外界观察而是能够参与在合成的环境里，同时依赖于3D模型、立体空间头部跟踪显示、手和身体动作的跟踪、双声道语音等技术。完成一个沉浸式和多感观上的经历。把VR的概念与真实的实现手段联系在一起，而且突出了用户的交互手段和多感知方式的并存。

“Jargon站在仿真角度上解释了VR，是“使用3D图形和硬件设备来完成与计算机仿真进行交互的手段”。Cruz等人提出了VR“依赖于沉浸、交互、多感知方式、以观察者为中心的3D计算机生成环境，以及构建这些环境所需的各种技术的集合”。他将VR系统视为一个虚拟环境的构建和特殊模式下应用的合成，强调了用户在VR系统中的统治中心地位。”

李伯虎等人在综合前人研究的基础上提出：VR是一门综合了计算机图形、人机接口、多媒体、传感器、并行计算、机器视觉以及人工智能等多方面技术的研究领域。它允许用户通过视觉、听觉、触觉、嗅觉等多信息通道来感受3D模拟的虚拟世界，是一种创新的高级人机交互形式。同时，VR也可以看作一门集成了人对信息交互的科学，其核心是由计算机生成的3D交互式虚拟环境。这些环境尽可能接近真实的物理世界。但也可能是完全抽象的虚拟世界。前者目的是通过人工合成的经历来表示信息。其本质是运用计算机对现实或虚构的世界进行全面的仿真，从而生成一个逼真的融合了3D视觉、听觉、触觉，甚至嗅觉的感觉世界。让用户可以从自己的视点出发，利用自然的技能，通过某些设备对这一生成的虚拟世界客体进行浏览和交互考察。后者则满足人们创造新事物、新环境、新世界的欲望，提供了充分发挥想象力的空间。VR技术的出现，使得复杂或抽象的概念以一种虚拟的形式呈现在人们的感觉空间中成为可能。

2006年，赵沁平院士同样在《虚拟现实综述》一文中，对VR给出以下定义：VR是以计算机技术为核心，结合相关科学技术，生成与一定范围真实环境在视、听、触感等方面高度近似的数字化环境，用户借助必要的装备与数字化环境中的对象进行交互作用、相互影响，可以产生亲临对应真实环境的感受和体验。并从学科和科学角度对VR进行提升：VR是人类在探索自然、认识自然过程中创造产生，逐步形成的一种用于认识自然、模拟自然，进而更好地适应和利用自然的科学方法和科学技术。

1.4.1.2 三个“现实”

虚拟现实系统中的“现实”（即所虚拟的环境）大致可分为3种情况：

第一种情况是模仿真实世界中的环境；

第二种情况是人类主观构造的环境。例如，用于影视制作或电子游戏的3D动画。环境是虚构的，几何模型和物理模型可以完全虚构；

第三种情况是模仿真实世界中的人类不可见的环境。例如，分子的结构，空气中速度、温度、压力的分布等。

图1.33

1.4.1.3 VR特征

VR可以创建和体验虚拟世界，使用户沉浸到该环境中。通过实时3D影像与仿真技术相结合生成一种逼真地模拟人在自然环境中的视觉、听觉、触觉和运动等行为一体化的虚拟环境，使人们以自然的方式与虚拟环境中的客体进行体验和人机交互。

VR技术有3个特征：沉浸、交互、构想。

沉浸是从用户的角度说，用户有种身临其境的感觉。

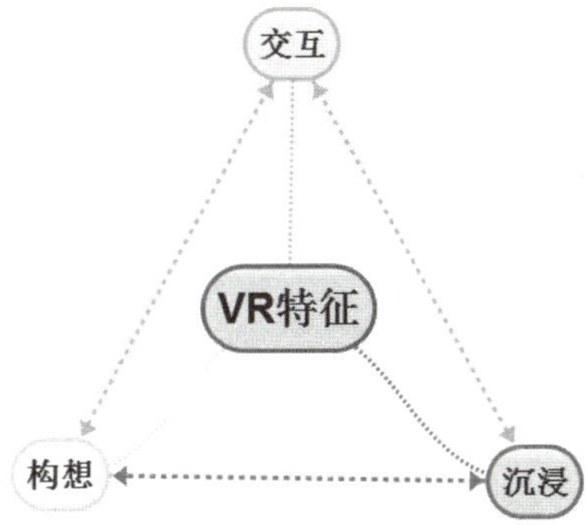

图1.34 VR特征

交互是从人和机器的交流来说，VR技术有很强的交互性。

构想是指它能使用户感知新的知识和体验新的发现。VR技术充分利用计算机硬件与软件资源的集成技术，提供了实时、3D的虚拟环境，用户可根据自身感受，通过多种传感设备，对虚拟环境中的物体进行考察或操作，参与其中的事件。

VR技术大大推进了计算机技术的应用发展，由于它生成的视觉环境和音响效果是立体的，复杂图形的显示是实时的，从而实现了虚拟场景中良好的人机交互，VR技术改变了人机交互的被动方式，对传统的教学模式、教学手段和教学方法产生深刻影响，提供更为理想的教学环境。

VR技术主要包括模拟环境、感知、自然技能和传感设备等方面技术：

模拟环境是由计算机生成的、实时动态的3D影像。

感知是指理想的VR应该具有一切人所具有的感知。除计算机图形技术所生成的视觉感知外，还有听觉、触觉、力觉、运动等感知，甚至还包括嗅觉和味觉等，也称为多感知。

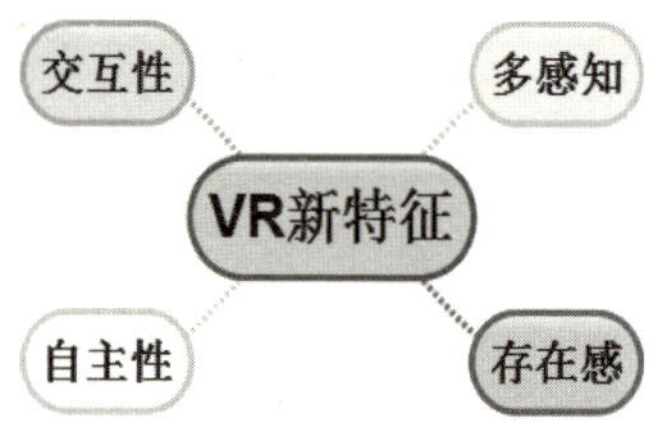

图1.35　VR新特征

自然技能是指人的头部转动，眼睛、手势，或其他人体行为动作，由计算机来处理与参与者的动作相适应的数据，并对用户的输入作出实时响应，并分别反馈到用户的五官。

传感设备是指3D交互设备。

表1.5　VR新特征

多感知	指除一般计算机所具有的视觉感知外，还有听觉感知、触觉感知、运动感知，甚至还包括味觉、嗅觉、感知等。理想的VR应该具有一切人所具有的感知功能
存在感	指用户感到作为主角存在于模拟环境中的真实程度。理想的模拟环境应该达到使用户难辨真假的程度
交互性	指用户对模拟环境内物体的可操作程度和从环境得到反馈的自然程度
自主性	指虚拟环境中的物体依据现实世界物理运动定律动作的程度

1.4.1.4　VR简史

回顾VR发展的简史，认清VR发展的关键期和关键事件，剖析VR发展过程中的得失利弊，有助于理解今天的VR事业，有助于我们更加清楚地认识VR的本质，以及VR在具体行业应用中的困惑和难点。

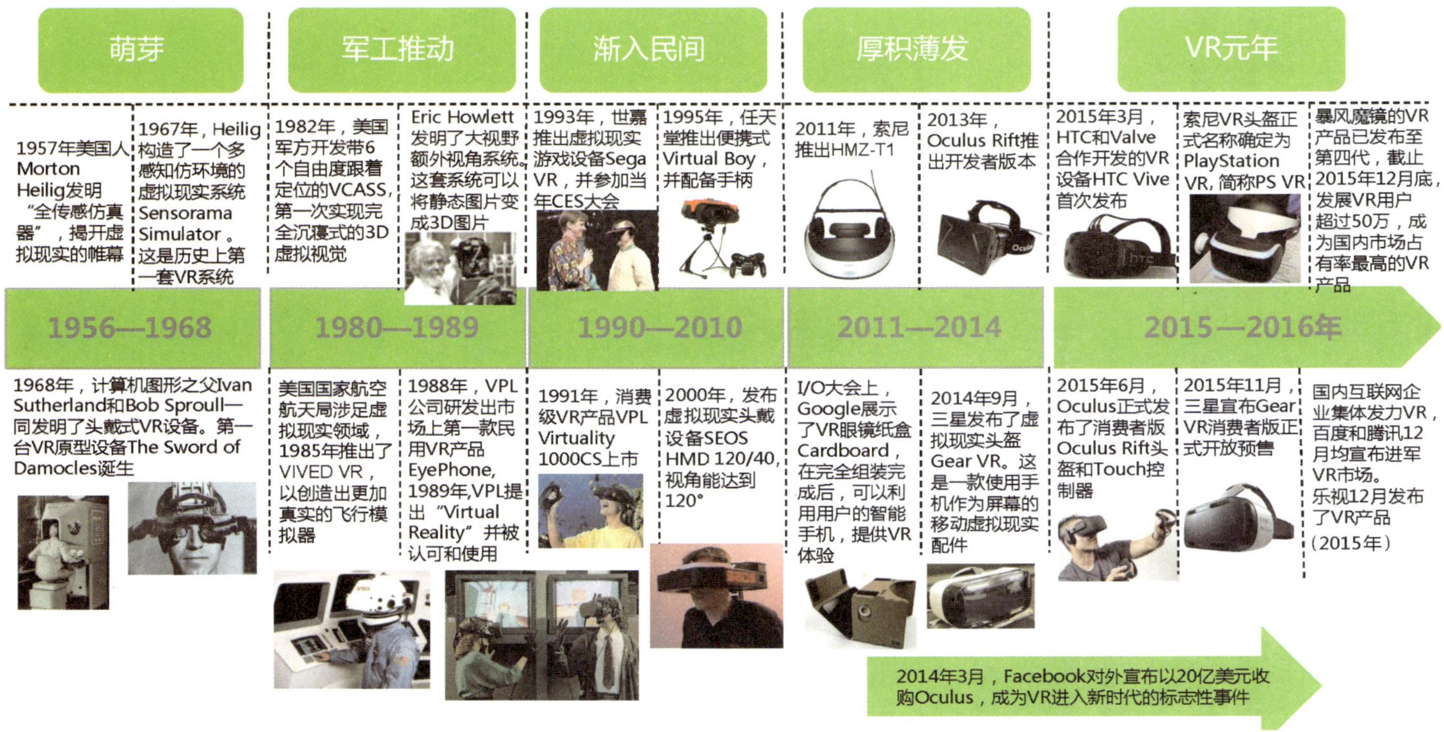

图1.36 VR（引自《中国VR用户行为研究报告》

如果对VR的未来有疑惑，就让历史照亮未来吧。

1. 萌芽

1929年，Edwin A.Link发明了飞行模拟器，使乘坐者的感觉和坐在真的飞机上是一样的。可以说，这是人类模拟仿真物理现实的初次尝试，其后随着控制技术的不断发展，各种仿真模拟器陆续问世。

1956年，美国电影摄影师Morton Heileg开发了一个叫作“Sensorama”的摩托车仿真器，具有3D显示及立体声效果，并能产生振动感觉，他在1962年的“全传感仿真器，Sensorama Simulator”专利已具有一定的VR技术的思想。

1965年，计算机图形学的重要奠基人Ivan Sutherland博士在名为《the Ultimate Display》(《终极的显示》)的论文中首次提出了包括具有交互图形显示、力反馈设备以及声音提示的虚拟现实系统的基本思想，以其敏锐的洞察力和丰富的想象力描绘了一种新的显示技术。他设想在这种显示技术支持下，观察者可以直接沉浸在计算机控制的虚拟环境之中，就如同日常生活在真实世界一样。同时，观察者还能以自然的方式与虚拟环境中的对象进行交互，如触摸感知和控制虚拟对象等。Sutherland的文章从计算机显示和人机交互的角度提出了模拟现实世界的思想，推动了计算机图形图像技术的发展，并启发了头盔显示器、数据手套等新型人机交互设备的研究。

1966年，美国MIT林肯实验室研制出了第一个头盔式显示器（Helmet Mounted Display，HMD），随后又将模拟力和触觉的反馈装置加入到系统中。

1968年，Sutherland在哈佛大学的组织下开发了头盔式立体显示器及一个虚拟系统，可称得上是“第一个虚拟现实系统”。

2. 军工推动

基于从20世纪60年代以来所取得的一系列成就，美国的Jaron Lanier在20世纪80年代正式提出了“Virtual Reality”一词。1986年，Fisher等发表了VR系统方面的论文。1987年，Foley在具有影响力的《Scientific American Magazine》上发表了《Interfaces for advanced computing》，该杂志还发表了报导数据手套的文章，引起人们的关注。1989年，美国VPL公司的创立者lanier J.提出“Virtual Reality”一词，这一词语很快被研究人员普遍接受，成为这一科学技术领域的专用名称。

绝大多数概念式科技产品最先都会登陆代表人类最高精尖的航天领域，虚拟现实设备也不例外，NASA总是有着超多的黑科技。

20世纪70年代和20世纪80年代早期，美国军方开展“飞行头盔”和军事现代仿真器的研究。1983年，美国DARPA（Defense Advenced Research Projects Agency）和美国陆军共同为坦克编队作战训练开发了一个实用的虚拟战场系统SIMNET。

图1.37

1984年，NASA（美国宇航局）研制成功具有现代虚拟现实系统雏形的VIVED系统。1985年，VIVED投入为美国宇航局服务，其作用是通过VIVED训练增强宇航员的临场感，使其在太空中能够更好地工作。

图1.38

3. 渐入民间

20世纪90年代以后，随着计算机技术与高性能计算、人机交互技术与设备、计算机网络与通信等科学技术领域的突破和高速发展，以及军事演练、航空航天、复杂设备研制等重要应用领域的巨大需求，VR技术进入了快速发展时期。

1990年，在美国Dallas召开的SIGGRAPH会议上，对VR技术进行了讨论，提出VR技术研究的主要内容是实时3D图形生成技术、多传感器交互技术，以及高分辨率显示技术等。

1993年，Heim提出“VR是一种在效应上而不是事实上真实的事件或实体”，同时刻画了VR的7个特征：模拟性、交互作用、人工现实、沉浸性、遥在、全身沉浸和网络通信。1994年，Burdea等出版了《Virtual Reality Technology》一书，在书中，他们用3I（Immersion，Interactive，Imagination）概括了VR的基本特征。1994年3月，在日内瓦召开的第一届WWW大会上，首次提出了VRML，开始了相关国际标准的制定。

1995年，任天堂推出便携式Virtual Boy，并配备手柄。2000年，发布虚拟现实头戴设备SEOS HMD 120/40，视角能达到120°。

4. 厚积薄发

2011年，索尼掏出HMZ-T1。Google I/O大会上，展示了VR眼镜纸盒Cardboard，在完全组装完成后，可以利用用户的智能手机，提供VR体验。

2012年，随着Oculus Rift开发项目开始众筹，虚拟现实迎来一个新的阶段，即2C端的VR消费电子设备将登上历史舞台。此后，索尼和三星先后发布自己的VR消费电子产品Morpheus和Gear系列，虚拟现实技术彻底商用且进入面向个人的普及化阶段。

2013年，Oculus Rift推出了开发者版本。2014年9月，三星发布了虚拟现实头盔 Gear VR。这是一款使用手机作为屏幕的移动虚拟现实配件。

2014年3月，Facebook对外宣布以20亿美元收购Oculus，成为VR进入新时代的标志性事件，标志着互联网巨头开始抢滩VR市场。

1.4.1.5 VR元年

目前，业内都认为，2016年是“VR元年”。随之而来的是一连串辉煌的数字：VR会成为颠覆下一代的技术；2016年全球VR软硬件的产值将达67亿美元，而VR的产值在2020年之前将能达到1000亿美元——四五年时间产值从67亿美元“将”增长至1000亿美元。请注意“将”字，少年，你可知道，这是VR历史上的第几次“元年”？

1. 第Ⅰ次VR元年

1957年，有一位叫Morton Heilig的摄影师，发明了一台名叫Sensorama Simulator的

机器，而这台机器“有风，有味，有振动”，这样的体验设计，在今天看来都很超前。但是很遗憾，这款机器失败了，更多的是商业上的原因——为配合放映机，他又发明了3D摄影机和投影仪并拍摄了5部电影展示效果，尽管最后一部电影有关惊艳的纽约肚皮舞的电影大受欢迎，观众只要在摄像机前就能闻到Sensorama带来的廉价香水味、听到演员指尖铜钹发出的声音，也为Heilig带来了一笔收入，但这仍然无法弥补3D影片制作的成本的不足。

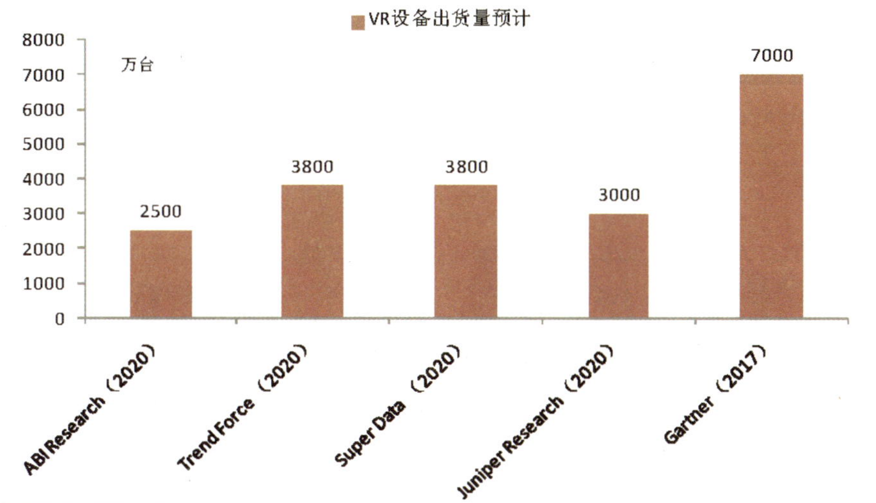

资料来源：ABI, Trend Force, Super Data, Juniper, Gartner，招商证券

图1.39　各机构对VR设备出货量的预计

2. 第Ⅱ次VR元年

30年前，在湾区帕罗奥图，Jaron Lanier和他的好友一起创立了VPL公司。今天，有很多人把拉尼尔称为“VR之父”。VPL的成功之处在于，它把军方的那套VR设备从数百万美元价格砍到了原来的1/10——也就是数十万美元。更令VR热潮爆发的，是VPL公司的一款手套，这个手套能追踪人的动作，这样，你动动手，就可以操控显示屏上的东西，把人机交互体验拉升了一大截。

值得一提的是，在这个阶段中，出现了游戏鼻祖任天堂，是第一个真的做出来商用VR头盔的公司，加上其本身所在的游戏行业，被高盛认为是“VR应用最适合的行业者之一”。1995年7月21日，Virual Boy于日本上市，然而，由于营销仓促而在功能设计上做出了妥协，导致游戏体验不佳，Virtual Boy最后并未能成为一款成功的任天堂游戏机。VR的第二个元年，也随之消沉了下去。

3. 第Ⅲ次VR元年

Facebook收购Oculus后激起了科技界和投资界的高潮。大家都想象着，“黑客帝国”即将变成为现实。但是，喊了这么久的元年，VR设备仍未能普及开来，也似乎还没有谁能够在VR中赚到钱。

在任天堂Virtual Boy之后，VR商业化也陷入了一个低谷，在近20年的时间内，已经没有公司敢涉足VR商业领域，直到2012年Kickstarter的众筹模式成就了Palmer Luckey和他的Oculus Rift。

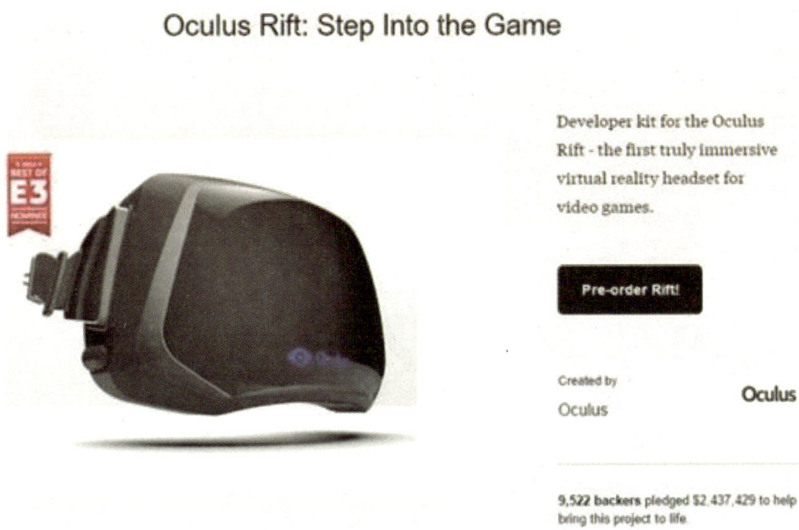

图1.40　Oculus Rift

4. 下次VR元年见

被誉为VR之父的Jaron Lanier在1989年预测VR成为主流只需5年，2015年他接受采访时表示：“Magic Leap像智能手机一样普及需要15~20年。”

各种预测基本都需要往后5年说，5年不够，幅度更是夸大至5~20年。20年，足够沧海桑田了，然而——蝴蝶能飞得过沧海吗？3次元年还不够用的话，少年，等你老了，是否期待下次VR元年？

是的，历史在重演。

VR技术的研究从20世纪七八十年代开始经其三起三落的曲折历程，每一次，大家都认为VR改变世界的时代即将来临，但是，每一次都在热忱中消沉下去。

2016年，对于VR的那些辉煌的预测，业内有人士表示：这些预测是基于一些可能性的因素得出来的，业内对VR、AR抱有的兴奋将推动新一代的用户、消费者和研究者，他们反过来会推动VR、AR的进步。另一方面是，这些预测性增长的依据是成功的技术研发和流行的应用、新内容，而不只根据硬件和软件来推测，应该是所有能够运行于VR、AR的应用和新的服务。此外，VR医疗和治疗领域或将产生巨大的推动作用，对用户的数量和医疗服务价值都将产生潜在的影响。

我们现在的乐观是否在透支未来的乐观？憧憬"VR是高投入、高回报"，进入VR领域的创业者首先要面对的问题是：能活过5年吗？

1.4.1.6 VR的本质

VR的本质是什么？这个问题超越"2016何以成为VR元年？"它关系到"真"与"假"和"实"与"虚"等哲学思辨。

李伯虎院士2004年剖析VR的本质，认为：

"VR就是一种先进的计算机用户接口，它利用计算机创造一个逼真的虚拟环境，给用户提供视觉、听觉、触觉等各种直观而又自然的实时感知交互手段，使用户能够和虚拟环境产生自然的交互，达到身临其境的效果。

"VR的发展目标在于如何利用各种先进的硬件技术以及软件工具，设计合理的硬件、软件及交互手段，使参与者能交互地观察和操纵系统生成的虚拟世界。进一步指出，根据VR系统开发和应用流程，可以将VR系统分为虚拟场景建模、虚拟场景绘制、人机交互接口和系统集成优化4个部分。其中虚拟场景建模必须支持VR系统对3D模型的直接要求。"

赵沁平院士对VR本质的认识更加精短：VR的本质作用就是"以虚代实""以科学计算代实际实验"。

"VR的目的是利用计算机技术及其他相关技术复制、仿真现实世界（假想世界），构造近似现实世界的虚拟世界，用户通过与虚拟世界的交互，体验相对应的现实世界，甚至影响现实世界。"

黄禧祯通过对VR技术的梳理，从哲学层面探索VR的本质：VR从技术层面看，是指用计算机和先进的传感设备构造出来并可以使人与之产生交互作用的人工环境，简言之，是指人通过"机"生成"境"，并与"境"交互作用的技术和状态。进入哲学层面，就不得不思考，VR的本质是什么？人造的虚拟环境，与客观存在的真实事件、实体和状态，有何区别？这些问题，又反过来使人们审视传统哲学框架中的现实、实在等范畴。对此，美国哲学家迈克尔·海姆曾感叹道："如果西方文化被实在的意义困惑了2000年，那么我们不能指望我们在2min，甚至在20年弄清楚VR的意义"。

1.4.1.7 教学意义

VR应用于教育是教育技术发展的一个飞跃。它营造了"自主学习"的环境，由传统的“以教促学”的学习方式代之为学习者通过自身与信息环境的相互作用来得到知识、技能的新型学习方式。

VR技术能够为学生提供生动、逼真的学习环境，学生能够成为虚拟环境的一名参与者，在虚拟环境中扮演一个角色，这对调动学生的学习积极性，突破教学的重点、难点，培养学生的技能都将起到积极的作用。

行为主义理论认为，学习就是刺激与反应之间的联合。根据这个理论，运用VR技术可以让学习者在运动训练真实环境的模拟中不断接受环境的刺激，不断地尝试与错误，最终达到由感性认识上升到理性认识的目的，并且比起真实环境，虚拟现实打破了时间与空间的限制。建构主义学习理论认为“情境”“协作”“会话”和“意义建构”是学习环境中的四大要素或四大属性。虚拟现实技术为建构主义理论提供了其要求的学习环境，使得学习者能够主动利用VR系统进行自主学习，自主选择学习内容和时间等，因此它符合建构主义理论“以学生为中心”的思想。

VR对教育的影响，主要有以下几个方面：

1. 影响教学模式

改变传统的教师主宰课堂的模式，改变学生被动接受知识，缺乏创新思维和创新能力。多媒体、网络，加上VR技术的迅猛发展。这些技术能提供界面友好、形象直观的交互式学习环境，能提供图文、声像并茂的多种感官综合刺激等。

2. 影响教学手段

启发式教学：通过身临其境的、自主控制的人机交互，由视觉、听觉、触觉获取，提供生动、活泼的直观形象思维材料、展现学生不能直接观察到的事物等，形成知识点。学生从思维、情感和行为多面地参与教学活动。

探究式教学：这是一种以解决问题为中心的教学形式，VR在实训教学中可以让学生进入问题存在的环境，有针对性地建构虚拟情境，引导学生进行探究。能提供良好的人机交互，还允许学生出错，自行了解错误的根由及后果，发现解决问题的方法。

3. 影响学习方式

VR系统可以虚拟历史人物、伟人、名人、教师、学生、医生等各种人物形象，创设一个人性化的虚拟学习环境，使教学的气氛更加活跃、自然、亲切。例如，英语学习，让学生与人交谈，达到训练学生口语的目的。在虚拟的课堂学习气氛中，参与远程教学的学生可以与虚拟的教师、学生一起交流、讨论，共同探讨学习中的各种问题，进行协作化学习。在思想品德课教学中，学生可以与虚拟的先进人物一起座谈、交流，通过先进人物的言行来感化学生，从而达到思想品德教育的目的。在外语教学中，可以通过计算机虚拟学生到国外旅游的情境，让学生与人交谈，达到训练学生口语的目的。

4. 影响角色扮演

VR的沉浸性和交互性使学生能够在虚拟的学习环境中扮演一个角色，全身心地投入到学习环境中去，这非常有利于学生的技能训练。例如，汽车模拟驾驶训练。

1.4.2 3D打印·实

3D打印技术本质是一种增量制造方式，其实已经问世将近30年，一直游离在人们的视线之外，直到最近它的价格和专利壁垒被打破才频繁地出现在公众的视野。

新媒体联盟（New Media Consortium，NMC）在《2013地平线报告（基础教育版）》中首次将3D打印技术列为教育领域未来4~5年时间内待普及的创新型技术。Stratasys的首席执行官David Reis说：也许使用3D打印机最多的领域是教育，因为教育是所有行业的开端。你需要训练学生如何掌握这个行业和领域的技能，如何使用这些工具。

英国教育部开展了一项为期一年（2012.10—2013.9）的试验项目，以21个学校为试点，将3D打印技术应用到数学、物理、计算机科学、工程和设计等课程中，探索3D打印的教学应用，推动教学创新。该项目与英国物理学会、全国数学教学创优中心（NCETM）和3D打印机厂商MakerBot合作，在“人类学习可以通过制造和分享过程产生”的理念下，为使用3D技术的学校提供良好的理论指导和技术支持。参与项目的学校定期报告学习情况，分享经验。

美国国防高级研究计划局（DARPA）制作实验和拓展（MENTOR）项目计划在美国高中推广3D打印机。MENTOR项目旨在培养高中生的工程技术能力，培养学生一系列的技能，并激发他们对工程、设计、制造和科学相关课程的兴趣，促进高中学龄的学生协作完成一系列的设计和制作方案，以帮助他们解决在未来设计和工程方面的挑战。3D打印机在动手和动脑的学习中发挥着重要作用，将有助于MENTOR计划培养目标的实现。

上海市将3D打印引入基础教育领域。静安区青少年活动中心创意梦工厂配置了3D打印机及配套的3D扫描仪，定期开设相关课程，免费供有兴趣的学生学习3D设计和计算机辅助制造，打印自己设计的产品。

基于3D打印技术的教学应用模式构建中包含了3D建模、3D打印、教学用具、问题情境模拟以及创意设计5个要素。此教学模式的构建，为新课标的实施提供强力支持。

1.4.2.1 原理

3D“打印”一个物品的过程就像用砖砌墙。其工作原理很像“打印”，但它用到的不是墨水，而是更多具有实体的材料，比如塑料、金属、橡胶等类似的材料。3D打印机可以将一些物体的3D电子模型分割成很多的切片（每一层可能是0.1mm），然后一层一层地打印，直到最后打印出一个完整的物品。因此，除了用料之外，3D打印技术与传统打印技术的另一个重要区别就是：3D打印首先需要进行数字化3D模型构建，传统打印技术并不需要构建数字化3D模型。

日常生活中使用的普通打印机可以打印电脑设计的平面物品，而所谓的3D打印机与普通打印机工作原理基本相同，只是打印材料有些不同，普通打印机的打印材料是墨水和纸张，而3D打印机内装有金属、陶瓷、塑料、砂等不同的“打印材料”，是实实在在的原材料，打印机与电脑连接后，通过电脑控制可以把“打印材料”一层层叠加起来，最终把计算机上的蓝图变成实物。通俗地说，3D打印机是可以“打印”出真实的3D物体的一种设备，比如打印机器人、玩具车及各种模型，甚至是食物等。之所以通俗地称其为“打印机”，是参照了普通打印机的技术原理，因为分层加工的过程与喷墨打印十分相似。这项打印技术称为“3D打印技术”。

3D建模的过程中的建模思维和“手脑并用”架起了3D打印通向3D教育的一座桥梁。

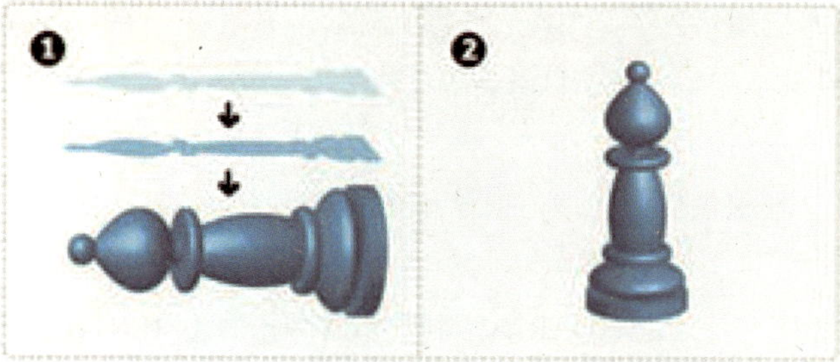

图1.41　3D打印原理：3D打印也就是常说的“增量制造”

3D打印机的精确度相当高，即便是低档、廉价的型号，也可以打印出模型中的大量细节，而且它比起铸造、冲压、蚀刻等传统方法能更快速地创建原型，特别是传统方法难以制作的特殊结构模型。如果打印一个钥匙链大小的东西，打印过程只需几分钟。若要打印更大更复杂的物品，打印过程可能会持续几个小时——因为需要将复杂的物品分解成很多器件、连接件，并分开打印，然后组装到一起。

1.4.2.2　3D模型

3D打印的模型获取可以通过3种方式：3D建模、3D扫描，或直接使用现成的模型。在建模软件方面，既有专业化的商业建模软件，如SolidWorks、Creo2.0等，也有丰富的免费建模软件，如SketchUp、Blender、3Done、TinkerCAD、123D等。此外，可以通过goSCAN之类的专业3D扫描仪，或是Kinect之类的DIY扫描设备获取对象的3D数据，并且以数字化方式生成3D模型。

目前不论哪种3D打印，基本都是用的STL格式的文件，说白了，STL文件就是用三角形表示实体的一种文件格式，这种格式是最开始发明3D打印的人定义的，现在已经成了图像处理领域的默认工业标准了。国外现在有一些人在推一种叫“AMF格式”的3D打印文件，主要是增加了模型的材质、纹理、颜色等信息，以后技术进步了，彩色打印成为主流了，可能这种文件格式会逐步取代STL。但是，暂时STL格式的文件会是主流。

那么，问题聚焦到“3D打印如何建模？”，实质是问“如何获得STL文件？”有很多种方法可以获得STL文件，主要看你的用途是什么。我自己分类的主要有以下几种：

1. CAD建模

CAD设计（参数化建模）主要针对需要参数化建模设计的机械零件一类的应用，一般的CAD软件都能胜任，另外Pro-E、Solidworks、Catia等专业软件也都可以，也可以用Google比较简单的Sketchup。下图是福特汽车公司发布出来的Solidworks六缸发动机缸体模型的打印效果。

另外还有一类适合会编程的人使用的真正“参数化”建模的设计软件：OpenScad，而且是一款开源软件，是直接用代码编辑生成模型的。缺点是不如图形化建模软件（Solidworks、UG等）使用方便，优点是生成的scad文件很小，代码可以被其他应用调用，可以建部件库，使用起来比较方便。

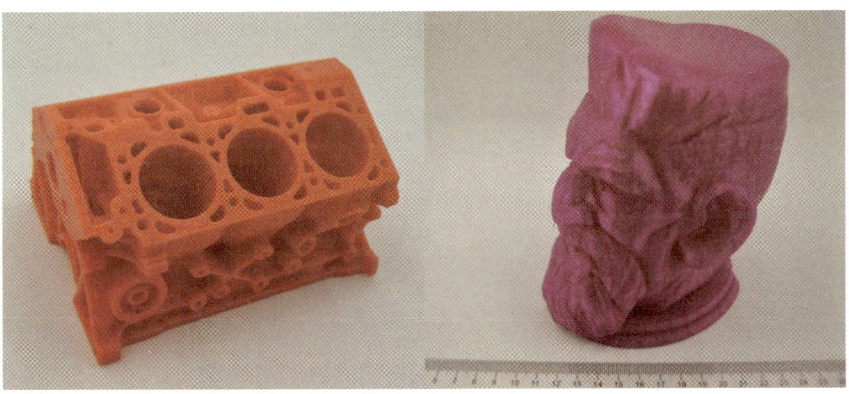

图1.42

2. CG建模

3D max、maya、Rhino、Blender都可以，还有简单一些的Zbrush，其中Blender还是一款开源的建模软件。这类软件设计出来的模型，要转换到可打印的STL文件，可能会有很多结构错误需要处理，一般会用到Meshmixer、Meshlab、netfab等软件进行修复。其中Meshmixer是一款功能丰富且免费的专门用于3D打印模型处理的软件。这个表面质量非常高的僵尸猎人头像，就是用这类软件设计出来的。

3. 开源软件

Autodesk出品的一系列3D设计软件（123D等），如Tinkercad，非常简单，就是拿一些实体简单地进行布尔运算得到简单的、可打印的模型。还有上面提到的Meshmixer软件，可以进行一些模型混搭之类的，可以做出一些很恶搞的模型来。

可以看下Autodesk的主页，感觉他们在3D打印软件领域在下一盘很大的棋，Meshmixer就是被Autodesk公司收购的，基本上你需要的建模软件，他们都做提供，不仅是免费的，而且很容易使用。

图1.43

4. 人像DIY

Autodesk出品的123D Catch，可以用大概20张不同角度的照片，合成出一个可以打印的3D模型。国外做得非常好的一款开源3D打印切片软件Cura，有导入bmp、jpg、png格式图像，生成浮雕效果的功能，现在国内有些3D打印创意店有这样的服务，打印出来的效果大概就是这样。

5. 拿来主义

Thingiverse-Digital Designs for Physical Objects，是Makerbot公司（现在已经被Stratasys收购）出品的模型分享网站，现在模型总数已经超过60万个。另外一个模型分享网站是Ultimaker公司推出的，这个网站的模型数量要少得多。这两个网站是国外3D打印模型分享最主要的两家了，这两个公司的风格相反，Makerbot是从开源走向闭源的，Ultimaker则一直坚持开源。英国有一个做得很漂亮的网站，Myminifactory，从该网站上可以直接买模型，也可以免费下载STL，不过这个网站的网速比较慢。在国内的话，目前还没有看到多少非常棒的模型分享网站，大部分都是要用积分下载的。中望3D One在做一个模型分享网站，还在发展阶段，模型数量是目前国内最多的，而且是免费下载的。

1.4.2.3 3D打印教学

目前，几乎在所有的校园创客空间建设方案中，3D打印机都是必选的工具。因为创客关注“造物”，没有比3D打印机更便于“造物”的了。自从RepRap 3D打印机项目开源后，一些动手能力较好的老师，都开始自己设计、制作3D打印机了，如山东淄博的于方军老师的团队，他们不仅自己做普通的3D打印机，还折腾出了国内首创的陶泥打印机。

从教与学的理论的角度进行分析，3D打印为教与学提供了新的媒介形式，创设了新的教学活动方式，为基于3D打印的学习活动提供了丰富的“做的经验”。学习者使用3D打印机打印物体获得了有目的的直接经验；应用建模软件制作3D打印模型可以获得设计的经验。这些具体经验对学习者的学习提供了直接的感性认识。3D打印作品通过演示和展览等方式，使学习者获得“观察的经验”，实现学习者在学习过程中的深度参与，从而改善教学效果。3D打印将抽象概念和设计引入现实世界，对教学内容中的某些抽象概念或科学过程进行可视化展现，能够更好地发挥“抽象的经验”在学习中的作用，使学习者获得更多的认知体验，提高思维能力。

因此，3D打印能够较好地体现帮助学习者获取学习经验和认知体验，促进学习者立体化地获取和理解知识，拓展创造性思维，从而提高学习效果。

如果要分析3D打印的教育价值，可以从教师和学生两个角度去观察。

其一，教师角度。3D打印技术降低了制作作品的难度，教师借助3D打印技术开发的实物模型（教具）能够让学生更加真实地感知事物。比如，在数学课上，3D打印能够帮助学生看到更为立体化的图形和数学模型，帮助学生快速建立3D空间想象性思维；在地理课上，3D打印能够帮助学生更好地理解地质构造的规模；在历史课上，3D打印出的古文物的复制品能够使学生获得更多“做中学”的体验。

其二，学生角度。学生利用3D打印技术，可以在实验室内亲历从想象到图纸再到实物的全过程。的确，3D打印对于艺术表现形式与科学概念的表达是一种新颖并且非常看好的方式，特别有助于科技与艺术相结合的学习，即STEAM。只有将图纸上的个性化创意作品真正“造”出来，创造性探究学习才得以“落地”，而不是停留在画画草图、纸上谈兵的阶段。

3D打印进教育的核心是课程建设，那么，要开设怎样的3D打印课程呢？

打印机买来了，接下来做什么？根据前面的分析，打印机要么教师用，要么学生用。让学科教师学会设计3D模型，然后打印出各种各样的教具用于教学，这几乎是不可能的任务。除非3D设计如PowerPoint一样，成为教师的必修技能。要知道，3D设计与做PPT

相比，难度不知道要高出多少个等级。所以，3D打印目前只能用于学生方面，开设相关课程，让学生学习3D设计，并且能够打印出作品。

3D打印的课程设计最终要将目光放在3D设计方面才对。据说，在新一轮的高中技术课程标准修订中，3D设计是其中一个课程模块，这是非常令人期待的事情。

3D设计的软件选择哪一款？这也是重点。在对常见的3D设计软件进行试用、对比以后，比如UG、Solidworks、Rhino（犀牛）等，本书推荐使用Sketchup。理由很简单，Sketchup是开源软件，安装包也最小，对电脑系统的要求也最低。既然是普及教育，总不能选择只有贵族学校才能使用的软件吧。现在国内已经有老师编写了基于Sketchup的教材，如常州天宁区管雪沨老师的团队。除此之外，中学生也可以尝试用OpenScad软件来研究3D建模。OpenScad也是开源软件，温州中学的3D打印课程《数学视野下的3D打印》就是基于OpenScad开发。

其实3D设计跟STEM领域结合才是最有生命力的。和数学的结合，是大家最容易理解也最为关注的。有专家分析数学和3D打印结合会经过以下几个步骤：（1）教学中，学习者可以看见具体的实物，在现实中，从3D的角度去观察物体，在概念的学习中让学习者有一个真实的、立体的认识。体现了数学是来自于生活的理念。（2）归纳总结规律的过程。这一过程，是学习者将生活中的问题归纳为数学问题的过程，借助3D模型，学生可以重新探索知识发生的过程，让缺少空间想象力的学习者有一个真实的认知过程。（3）总结规律，尝试制作。学习者在学会知识后，利用所学知识，可以制作一个3D模型，通过3D打印检验所学的知识是否正确。（4）创新过程。学会知识就有了创新的条件，学习者可以利用所学知识进行创新，通过3D打印的方式进行检验，并在创新的过程中让知识得到升华。

表1.6

实施阶段	阶段性主题	教学方法	培养目标
第一阶段	观察与模仿	用任务导向引入主题，讲授式教学配合学生实践，促使学生掌握基本建模技能以及空间想象力	3D建模能力 空间想象力
第二阶段	实例改造与设计	用讲授式教学方法介绍物件原理 探究式学习培养创造力	物件原理知识 发散性思维 实际应用的创造思维
第三阶段	想象与设计	用启发式教学方法提供想象素材 用比赛式实践激发创造激情	想象设计能力 解决实际问题能力 评判与表达能力

续表

实施阶段	阶段性主题	教学方法	培养目标
第四阶段	主题设计	用合作实践结合探究式教学	综合设计能力 合作实践能力

用3D打印教学平台重点实施结构设计知识教学，解决学生作品制作过程中的结构设计问题，同时可与Scratch教学平台、Arduino教学平台相结合。

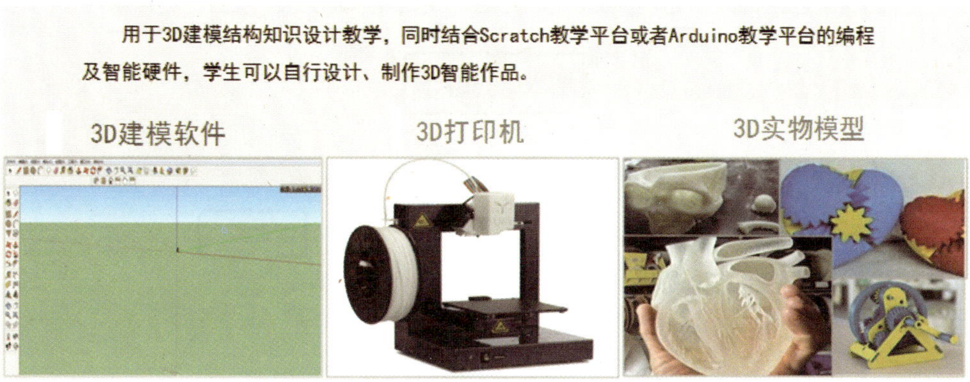

图1.44 3D打印教学平台

1.4.3 AR | MR·合

AR最早的应用可追溯至其起源“VR之父”Morton Heilig在20世纪五六十年代所发明的Sensorama Stimulator。他利用在电影拍摄上的经验设计出了Sensorama Stimulator，并在1962年获得了专利。令人遗憾的是，Heilig没有能够获得所需的资金支持让这个发明商业化。

1.4.3.1 什么是AR

AR（Augmented Reality，增强现实）是在VR技术基础上发展起来的新技术，是通过计算机系统提供的信息增加用户对现实世界感知的技术，并将计算机生成的虚拟物体、场景或系统提示信息叠加到真实场景中，从而实现对现实的“增强”或“混合”。

AR是计算设备通过对真实世界的实时感知与计算，把文字、图片、视频、3D内容等信息融汇其中的技术。AR使虚拟和现实无缝连接、互相补充，并实现人机之间的自然交互。而VR是借助计算机及先进的传感器技术创造的一种崭新的人机交互形式，包括模拟环境、多感知传导、自然技能等各方面。

1.4.3.2 AR特征

AR介于真实环境与虚拟环境之间，而AR技术更接近于真实环境一端，利用计算机生成的数据可以增强真实环境。HRL实验室的Ronald Azuma是这样定义AR的：虚实结合，实时交互，3D注册。

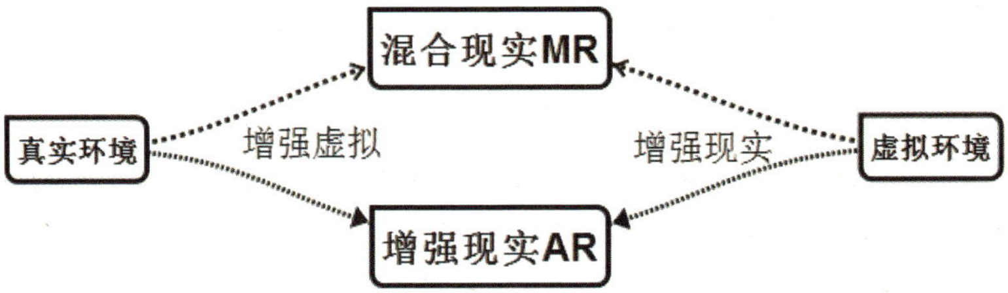

图1.45 AR

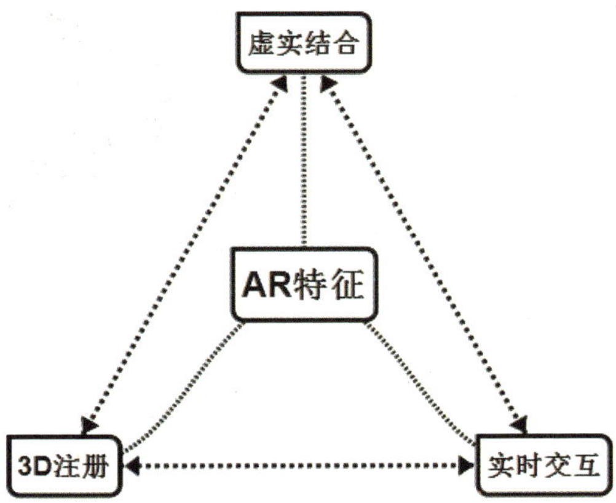

图1.46 AR特征

AR系统具有3个突出的特点：

（1）虚实结合：真实世界和虚拟世界的信息集成；

（2）实时交互：实时性保证教育领域的用户体验；

（3）3D注册：是在3D尺度空间中增添定位虚拟物体。

1.4.3.3 AR与MR

VR的主要科学问题包括建模方法、表现技术、人机交互及设备这三大类，但目前普遍存在建模工作量大，存在模拟成本高，与现实世界匹配程度不够以及可信度等方面的问题。针对这些问题，已经出现了多种VR增强技术，将虚拟环境与现实环境进行匹配、合成以实现增强，其中将3D虚拟对象叠加到真实世界显示的技术称为AR，将真实对象的信息叠加到虚拟环境绘制的技术称为MR（Mixed Reality，混合现实）。这两类技术可以形象化地分别描述为“实中有虚”和“虚中有实”。AR和MR通过真实世界和虚拟环境的合成降低了3D建模的工作量，借助真实场景及实物提高了用户体验感和可信度，促进了VR技术的进一步发展。

AR是随着VR技术的发展而产生的，因此两者间存在着不可分割的密切关系，但也有着显著的差别，AR与VR在沉浸感的要求上有明显的区别：

VR系统强调用户在虚拟环境中的视觉、听觉、触觉等感官的完全浸入，强调将用户的感官与现实世界绝缘而沉浸在一个完全由计算机所控制的信息空间之中。VR通常要借助于能够将用户视觉与环境隔离的显示设备，一般采用浸入式头盔显示器。

AR系统不是把真实世界与使用者隔离，而是利用附加的图形或文字信息，对周围真实世界的场景动态地进行增强。在AR环境中，使用者可以在看到周围真实环境的同时，看到计算机产生的增强信息。这种增强的信息可以是在真实环境中与真实环境共存的虚拟物体，也可以是关于存在的真实物体的非几何信息。在使用者眼里，真实物体和虚拟物体是共存的，是互相增强或者互为补充的。AR是以现实图像为主，而不是完全取代它。可见，AR在VR与真实世界之间架起了一座桥梁。

AR技术在儿童教育领域也将发挥其交互性、趣味性的优势。AR技术可以通过虚实结合的学习环境来促进知识的迁移，达到寓教于乐的目的。随着移动设备和AR技术的结合，移动学习和自主学习成为现实。

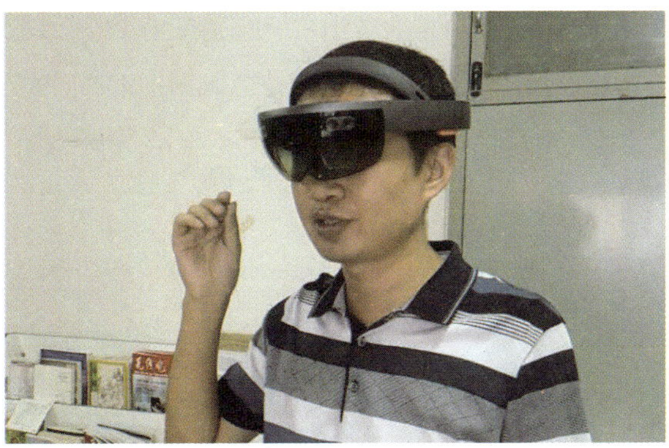

图1.47

MR实际上是VR和AR的一种结合。MR将虚拟物体置于真实世界中，并让用户可以与这些虚拟物体进行互动。利用MR技术，用户可以看到真实世界（AR的特点），同时也会看到虚拟的物体（VR的特点）。最典型的MR应用场景，就是微软在HoloLense发布会上展示的、用户可以在自家的客厅里大战入侵的外星生物。

相对于VR和AR，MR技术的成熟度最低。大家最熟悉的MR技术应该是微软的HoloLense和谷歌投资的Magic Leap。

1.4.3.4 教育应用

各种基于AR开发的应用层出不穷，来自医学、电影、教育、娱乐等各个领域的传统规则也发生质的改变。让用户不受屏幕或设备限制，随心所欲地在3D空间勾勒创意、学习知识，还有什么比这更酷炫的呢。从寓教于乐的儿童娱乐教育到英语、医学、地理等众多学科。

1.4.3.5　AR卡牌·点

AR卡牌是AR技术的应用产品，它配合摄像头或者手机软件使用，AR卡牌正面为角色图，背面为FM码图，使用软件扫描FM码则会出现正面角色的3D立体形象，该立体角色有动作、语言、特效，能与之互动。摄像头或者手机扫描的对象是一张张单一的卡片或卡牌，每张卡牌对应一个3D模型以及相应的3D动画。此类型的应用简单、直接，非常适合儿童的早教。这个时期的儿童刚开始接触并认识事物，通过这些卡牌不仅可以给他们一个对动物的立体形象的认识，同时这些活灵活现的动物对他们来说非常有趣，能极大提高他们学习与探索的热情与能力。当然，AR卡牌不仅有动物，还可以有植物、动画人物等孩子所喜欢的内容。

1. 英语：TagMe3D Lite

首先，介绍一款用来学习英语的AR应用——TagMe3D Lite。TagMe3D Lite在单词拼写、拼读上将3D和AR技术相融合，在帮助用户建立起词汇量的同时，还能让英语学习变得既简单又非常愉快，而拥有迷人的动画，以及极其友好的界面，也让TagMe3D Lite更易于使用。

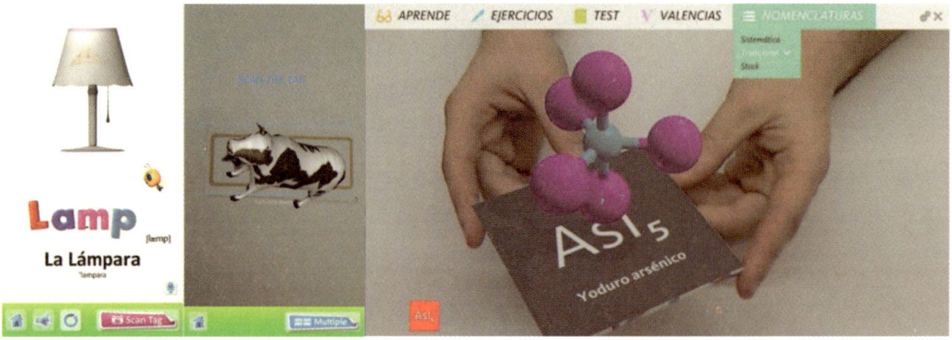

图1.48

2. 化学：Chemistry101

Chemistry101是由Zientia开发的一款专门用于化学元素周期表学习的AR应用，使用它，不仅可以查看元素排布情况，还可以查看每种元素的结构图和详细信息，更重要的是，它为用户提供了一种全新的3D虚拟学习体验，通过摄像头或AR卡（AR Card）启动AR模式，在3个不同的场景下进行化合物学习和实践。

1.4.3.6 AR书籍·串

AR书籍可以说是AR卡牌的升级，卡牌之间没有联系，扫描卡牌出现的内容也比较单调，而书籍所包含的内容就可以很丰富，比如一段奇妙的旅程、一个精彩的过程。AR书籍其实就是多张AR卡牌的一个集合，但其包含的内容多，相互之间的关系密切，有故事，有情节，它就是一部使人身临其境的小说，并且该视频中还包含了多种互动小游戏，比如趣味问答、现场挖宝等。读书不再是单纯地用眼睛去看文字，而是犹如亲身体验一般，这样的书怎么能叫孩子们不喜欢呢？

1. 龟兔赛跑：The Tortoise and the Hare

儿童读物以图片为主，辅以少量的文字解说，丰富多彩的图像能够激发起孩子们的阅读兴趣，但识字能力的欠缺却会在一定程度上阻碍他们获取有效信息。龟兔赛跑的寓言故事可以说是我们每个人的童年是必不可少的故事之一，而The Tortoise and the Hare所赋予它的则是一种全新的阅读书籍方式，运用AR技术，让孩子在完成绘画之后，只需用相机扫描一下，即可进入真正的梦想与动画世界的冒险，在手机或平板电脑上看到活灵活现的它们，并且，还可以和它们进行互动。

图1.49

2. 维修神器：AR Plumbing

再来说一款“上得了厅堂，修得了水电”，居家旅行必备的技能教学应用——AR Plumbing，该应用能够完全以一种可视化的方式来培养用户技术专长。想要使用AR Plumbing，用户需要在下载应用之后，登录WorldSkills Foundation网站，下载并打印AR卡片（Augmented Reality Marker），然后将摄像头对准卡片，围绕其移动并检查相应设备，然后根据教学资料进行组装。

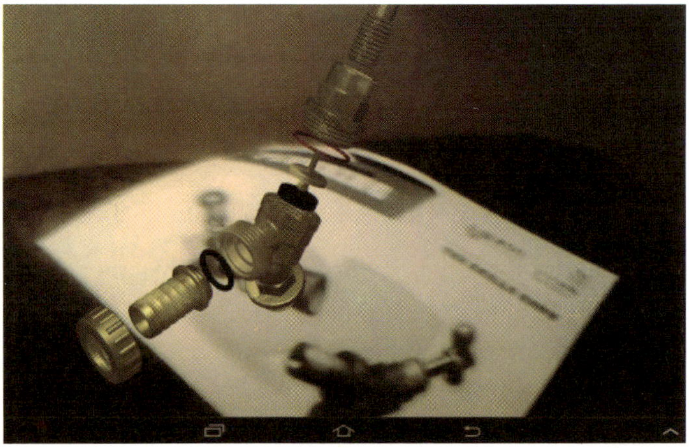

图 1.50

1.4.3.7 AR游戏·面

AR游戏现在很多，但都以娱乐为主，试想一下，如果能将游戏与教育结合起来，当你玩了一局游戏之后，同时也学到了很多知识，那何尝不是一件极好的事情呢。AR教育游戏突破了AR卡牌的局限，也不过多地受限于书本和教科书的条框，可以突破学段，方便跨学科学习，以主题开展教学活动，以项目学习的方式，组织学生自主学习和探究式学习，是AR教育应用的高级阶段，为AR教育应用打开了广阔的想象空间。

1. 医学：Human Anatomy Chart

由Popar Toys开发的这款Human Anatomy Chart同样是用于人体教学的AR应用，利用VR模式，来精准模拟人体11个主要系统的详细功能和用途，以及男性和女性解剖结构的差异。用户可以围绕人体骨架模型或肌肉系统进行虚拟移动，并抓拍图像，还可以从不同角度查看器官模型。

2. 天文：Spacecraft 3D

Spacecraft 3D是NASA喷气推进实验室（JPL）推出的，通过手机摄像头和屏幕来让用户在现实世界里体验火星车之旅的一款非常有趣的应用，运用AR技术，不仅能让用户了解和使用NASA各种先进的航空航天设备，近距离接触探测机器人，而且还能探索火星、太阳系及地球奥秘。

目前来看，AR在教育行业的应用在技术和商业模式上已经相对成熟，因此大家做出来的东西可复制性较强，相似度较高。虽然趣味性尚在，但是还有待提高。寓教于乐，通过这种方式固然是对的，但是内容泛滥之后，精品内容还需要花很大的精力去挖掘。

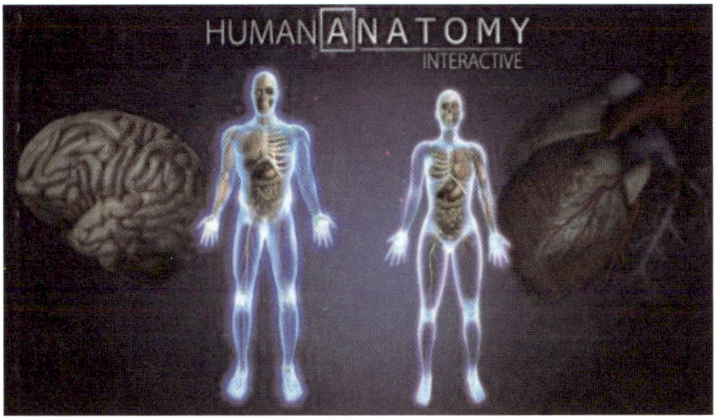

图1.51

图1.52

1.5 三要素

3D教育三要素包含:(1)3D资源,(2)3D装备,(3)3D教学活动。

3D资源是3D教育的基础,3D教育的发展离不开3D资源的配合与支持。

3D装备为3D教育提供物质保障,为3D教学的开展提供底层支持。

3D教学活动的开展是3D教育的灵魂。3D教学的水平直接决定3D教育的发展水平。

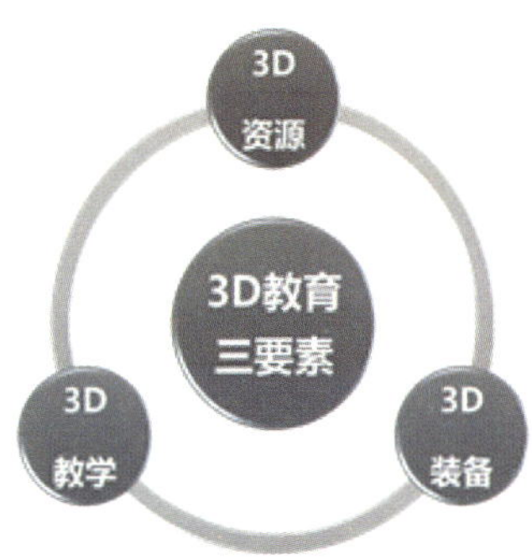

图1.53 3D教育三要素

1.5.1 资源

3D教育资源具有高度可视化和强沉浸感的特性，可最大程度地构建接近直接经验的学习环境，有力支持新课改所倡导的学生主动参与体验的教育实践，还可为学生面向未来科技生活做积极准备。

3D教育资源包括3D影像资源、3D开发软件、3D学科软件、3D课件软件、3D课件等，这些3D资源内容又都整合到3D教育平台，成为统一的整体。近年来对3D教育资源建设的呼声越来越强，3D技术提供了逼真、生动的学习资源，能有效减少学生的认知负荷。

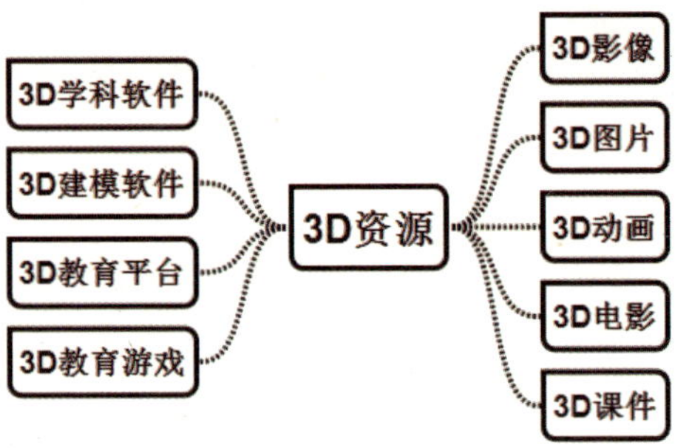

图1.54 3D资源

1.5.1.1 3D图片

3D图片（也称“3D图像”）在视觉上层次分明、色彩鲜艳，具有很强的视觉冲击力，让观看的人驻景时间长，留下深刻的印象。3D图像给人以真实、栩栩如生、人物呼之欲出、有身临其境的感觉。

1.5.1.2 3D动画

3D动画目前是活跃在屏幕上最引人注目、最直观的一种画面形式。伴随着各行各业对3D动画的普及使用与快速发展，对3D教学质量也提出了相应的要求。伴随数字化校园建设的逐渐推广和普及，教学资源库的建设已逐步引起国家和教育主管部门的高度重视，教育信息化建设的发展方向也由信息基础设施建设向信息资源建设转变。同样，3D动画教学对多媒体数字化教学资源管理的建设需求更加完善。到目前为止，3D动画在各级各类教育领域是使用最多的，也是最基本的3D媒体技术。

1.5.1.3 3D影像

3D影像力图呈现给观众一个可以身临其境的视觉环境与身心体验环境，这种体验的深度超乎想象。它可以与“真实”完全一致，也可以经过处理而成为“超现实”的“真实”，更可以是虚拟出来的“真实”。后两者的“真实”更有利于学习者的聚焦。同时，3D影像还可以兼有VR的实时操作交互，多感官输入信息的认知交互，全身心体验的情感交互。而交互是一种广泛而重要的学习方式，是心理加工或建构过程的重要“输入”。正是3D影像这种全方位的交互性，加之真实的沉浸感、所需装置的简洁性和在显示方面相对较低的成本，使得3D影像相对于3D动画和VR更具整体优势，在教育教学中也更具广泛应用的潜力。

国外已开展一系列3D教育项目来大力推广3D资源在学校的应用，国内也有所尝试。相对而言，很多学校已具备应用3D硬件环境，但还存在一些需要解决的问题，例如，缺乏适宜的3D资源和开发3D课件资源的师资等，这些问题将影响3D资源在教育领域中的普及性应用。

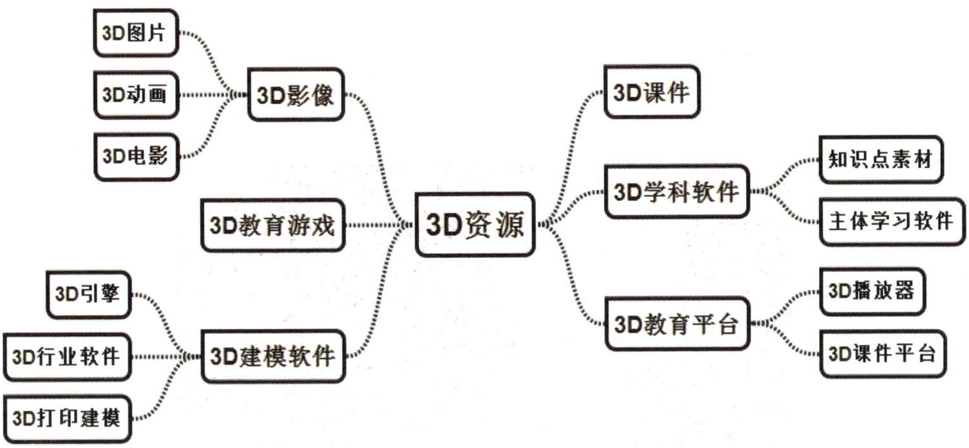

图1.55 3D资源类型

1.5.1.4 建模软件

3D建模软件根据软件功能侧重的不同，分为图形建模软件和几何建模软件两大类。

图形建模软件，如流行广泛的3DSMAX、MAYA、Rhino、cinema4D、Xara3D等，更偏重于图形图像的视觉效果设计，广泛应用于影视、动画、产品效果图等领域，这一类软件在3D教学、VR方面应用非常广泛。

几何建模软件，如CATIA、UG、Pro/Engineer、ZW3D、3DOne，更注重设计作品的精确几何特征，生成的3D数字模型主要用于输出给加工生产设备，依据设计的精确几何特征，通过CNC机床加工、3D打印机制造等方式，将3D模型精确地转化为实物产品。

1.5.1.5 3D学科软件

3D学科软件包括针对某一零散知识点的3D形式的知识点讲解软件，也有对某一主题进行整合拓展而开发出的主题学习软件。

1. 3DBody

3DBody即3D人体，是一款3D交互解剖教育软件，3DBody提供了男、女两套全3D的数字模型，每套5000多个人体结构，是目前国内外最完整全面的解剖学数据，涵盖了人体所有系统，不仅包括系统解剖，也包括局部解剖，同时提供了文字解释、骨性标志图、肌肉动作动画、肌肉起止点、针灸穴位、触发点（扳机点）、断层解剖等信息。

3DBody系列软件以人体的CT/MRI扫描数据为基础，是全面准确的立体解剖学数据库。该系列软件全面汇集了人体所有系统和器官的高精度3D数字解剖模型。

内容包括：系统解剖和局部解剖、针灸穴位、扳机点（触发点）、肌肉动作动画、肌肉起止点、断层解剖等。系统解剖包含以下模块：循环系统、消化系统、内分泌系统、皮肤系统、淋巴系统、肌肉系统、神经系统、生殖系统、呼吸系统、骨骼系统、泌尿系统。

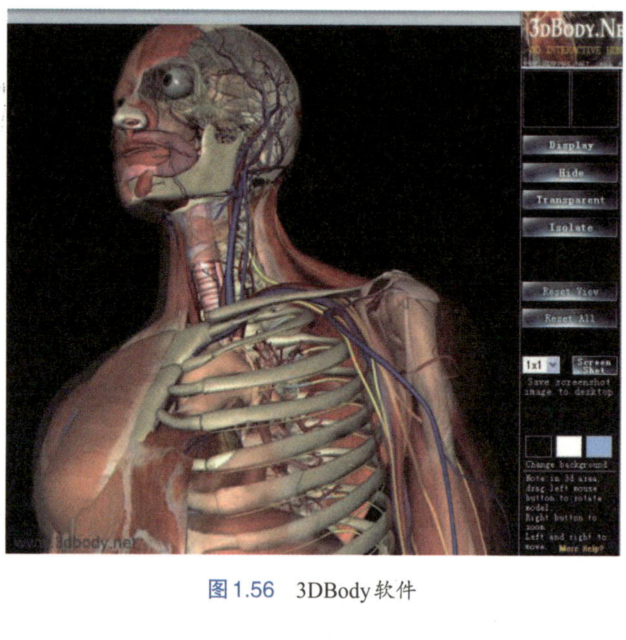

图1.56 3DBody软件

2. 玲珑画板

玲珑画板是一款好用、实用、灵活、方便的动态数学教学3D知识点小软件。动态展示几何、函数等图形。极具创新性、实用性。非常适合高中、初中、小学的数学的教与学。

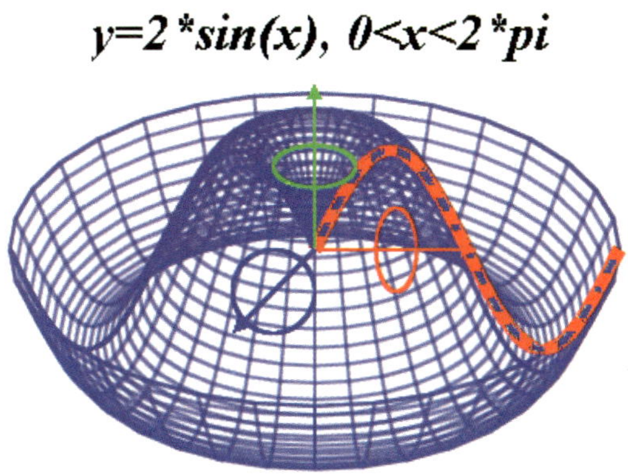

图1.57 玲珑画板

1.5.1.6 3D课件

3D课程教学结束后，学生会很热烈地讨论看过的内容，说明这种学习方式激发了学生的求知欲和好奇心，有助于开发培养学生的想象力和深度思考的学习能力，在一定程度上表明学习发生了，并且3D影像资源建设已成为学校调整教学装备和改变教学方式的方案之一。可以预见3D教育生机勃勃的应用前景，特别是以下3个方面的应用价值，不容忽视。

现有3D课件资源内容涵盖数学、物理、化学、生物、科学等学科，分辨率高，画质清晰，它能呈现不一样的教学氛围，3D立体效果出众，影像呼之欲出，触手可及。

科学类课件部分主要内容是天文、科学、自然等，包括：

地球科学：(1)地下水；(2)噪声污染；(3)化学风化作用；(4)物理风化；(5)生物风化作用；(6)森林生态系统；(7)土层；(8)土壤的性质和它的用途；(9)什么是气候？(10)影响气候的因素是什么？(11)云的形成和种类；(12)光与影；(13)太阳能；(14)月食；(15)日食；(16)彗星；(17)太阳能；(18)垃圾与丢弃物；(19)节约能源和保护环境。

生命科学：(1)生物和非生物；(2)植物；(3)种子萌发；(4)种子萌芽所需的条件；(5)什么是栖息地；(6)辨别青蛙卵；(7)身体各部位的功能；(8)骨骼和肌肉；(9)肌肉系统；(10)攻击入侵者；(11)神经元；(12)呼吸；(13)消化系统；(14)心脏——一个神奇的泵；(15)人脑——人体的计算机；(16)肾脏——身体的过滤器；(17)口腔护理；(18)牙齿；(19)消化与排泄系统；(20)呼吸和循环系统；(21)血细胞；(22)排泄系统的器官；(23)排泄系统；(24)神经系统；(25)呼吸系统；(26)不动关节和肌肉；(27)颅骨；(28)女性生殖系统；(29)男性生殖系统。

自然科学:（1）颜色和形状;（2）热导体与绝缘体;（3）利用升华分离混合物;（4）固体的分子排列;（5）气体中的分子排列;（6）轮轴;（7）声音和听觉;（8）滑轮;（9）所有酸的共同成分;（10）声音的传播;（11）化学变化伴随的现象;（12）区分物理变化和化学变化;（13）万有引力;（14）热能;（15）楔子和螺丝钉;（16）斜面;（17）杠杆;（18）力与运动;（19）灭火器;（20）声波在不同媒介中的传播;（21）滚动摩擦力和滑动摩擦力;（22）增加或减少摩擦;（23）塑料的性质和用途;（24）水的熔点与沸点;（25）力：推或拉;（26）区分混合物与化合物;（27）物理变化和化学变化;（28）原子、分子和离子;（29）淀粉的检测;（30）液体中的分子排列。

学科类课件部分主要内容是数学、物理、生物、化学，700部课件中必须涵盖如下主题内容：

数学:（1）角的识别;（2）乘法表;（3）阅读条状图;（4）图表的介绍;（5）饼状图;（6）图形的1/2和1/4;（7）解一元一次不等式;（8）三维空间内的坐标平面;（9）在三维空间上的平面;（10）根和判别式;（11）平面及其方程式;（12）矩形体的表面积;（13）直线方程式：点斜式和两点式;（14）图表的介绍;（15）对实验概率的介绍;（16）三角形的面积;（17）抛物线方程;（18）极限;（19）两个圆的公切线;（20）构建：角平分线和一个30º的角;（21）指数和对数;（22）集合的类型;（23）全集和子集;（24）等差数列的前n项和;（25）构建三角形（已知：底边、顶角和相应的中线）;（26）构建：外公切线;（27）三角形的构建（已知：底、顶角和相应的高线）;（28）构建三角形（已知：底角和周长）;（29）轨迹;（30）圆锥体体积。

物理:（1）音速;（2）声音中的多普勒效应;（3）波;（4）白光的色散;（5）平面镜成像;（6）光透过三棱镜的折射;（7）凸面镜成像;（8）曲面镜;（9）光的反射以及光的反射定律;（10）凸透镜成像;（11）投影仪;（12）透明物、半透明物和不透明物;（13）实像与虚像;（14）距离和位移;（15）视力缺陷及其矫正;（16）电镀;（17）摆轮;（18）电场;（19）电荷;（20）电荷的性质;（21）密立根油滴实验（电子的电荷）;（22）电阻的串联;（23）可变电阻器（电位计和变阻器）;（24）电阻-电感（RL）电路（增长相位）;（25）电场线;（26）匀强磁场中载流回路产生的转矩;（27）木块在斜面上的运动;（28）牛顿第三运动定律;（29）楞次定律;（30）磁场中的电荷运动（第二部分）。

生物:（1）水循环;（2）有害的微生物;（3）水藻和硅藻;（4）水绵;（5）动物细胞;（6）细胞到生物;（7）细胞（形状与功能）;（8）细胞结构（植物细胞）;（9）脸颊细胞的临时制备;（10）洋葱皮和木栓细胞的结构;（11）制作洋葱临时装片;（12）叶皮临时装片;（13）草履虫中纤毛虫的结构;（14）水的魔力;（15）裸子植物;（16）白细胞的功能;（17）细胞和脱氧核糖核酸;（18）化学渗透（ATP合成）;（19）心脏起搏器;（20）胸骨与

肋骨;(21)腹泻;(22)肌肉在骨骼运动中的作用;(23)食虫类植物;(24)阿米巴虫的二分裂生殖;(25)水生植物的支撑;(26)水污染及其影响(水体富营养化);(27)臭氧层;(28)空气污染;(29)在呼吸作用中呼出二氧化碳。

化学:(1)化合反应;(2)化学平衡;(3)化学反应及其特点;(4)化学方程式;(5)物态;(6)摩尔的概念;(7)摩尔分数;(8)原子、分子和离子;(9)分子式;(10)质量守恒定律;(11)分离混合物的成分;(12)区分混合物与化合物;(13)水的熔点与沸点;(14)物理变化和化学变化;(15)影响溶质在溶剂中溶解度的因素;(16)热值和燃料效率;(17)化学反应及其特点;(18)PCl_5的 sp^3d 杂化;(19)六氟化硫的sp^3d^2杂化;(20)甲烷;(21)EDTA 滴定法;(22)动态平衡的本质;(23)平衡过程(物理平衡);(24)摩尔分数;(25)溶解热;(26)吸附;(27)形成离子化合物的有利因素(第一部分);(28)限量反应物;(29)金属氧化物与酸的反应;(30)金属碳酸盐与酸的反应。

1.5.1.7 3D教育平台

开发3D技术支撑的工具及相关平台。3D虚拟学习环境具有3D性、时间变化的流畅性和交互性等特征,但在教学内容上需要建模、编辑、著作、展示等工具及3D教育平台的支撑。近年来,一些专业互联网服务公司及摄影机构开发了Java3D、Cult3D、Pulse3D等工具,随着智慧校园、检验检测公共服务平台日益呈现3D效果,这些工具和平台也将具有更加广阔的前景和市场。

1.5.2 装备

3D教育装备具体包括3D开发装备、3D辅助装备、3D交互装备和3D呈现装备四大方面。

图1.58 3D教育装备

1.5.2.1 3D硬件与设备

3D开发装备指专业3D资源开发设备,主要有图形工作站和渲染服务器等。

3D辅助装备也是整个系统中重要的组成部分,包括3D音效设备和3D幕布等。

3D音效就是用扬声器仿造出似乎存在但是虚构的声音。例如,用扬声器仿造头顶上有一架飞机从左至右飞过,你闭上眼睛听,就会感觉到头顶真的有一架飞机从左至右飞过。特别是在看气势宏大影片时，优质的音效完全可以把观众带入其中。

3D投影机需要配高亮度的投影幕（增益高），电影院用的都是纳米幕和金属幕，纳米幕相对比金属幕增益高，价格可能高点，金属幕相对便宜些，效果差点。

3D交互设备是交互功能实现的载体，具体有数据手套、3D鼠标和体感设备等。数据手套是VR应用的主要交互设备，它作为一只虚拟的手或控件，用于3D、VR场景的模拟交互，可进行物体抓取、移动、装配、操纵、控制，可用于多种3D、VR或视景仿真软件环境中。

3D呈现设备是重要的3D输出设备，包括3D投影仪、3D液晶一体机和3D打印机。

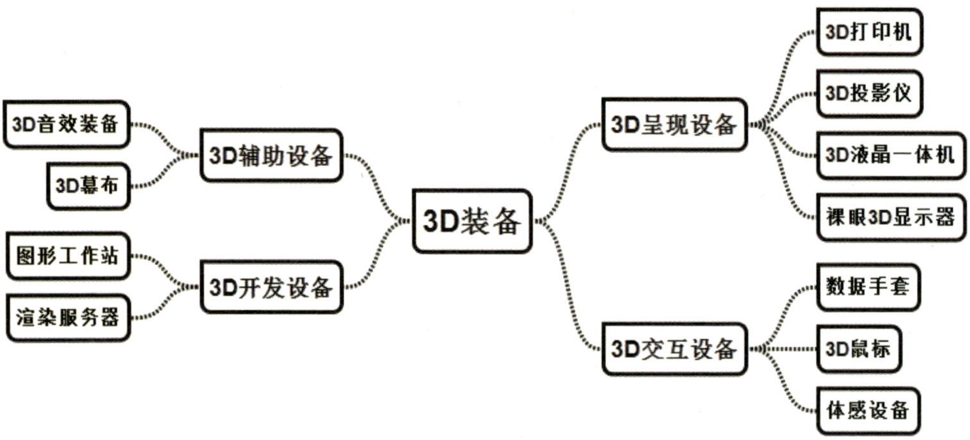

图1.59　3D教育装备

常见的教育用3D硬件设备有：

1. 3D输入设备

键盘、3D鼠标，3D相机、3D摄像头、3D摄像机、3D扫描仪、全景摄像机、位置追踪系统、动作捕捉系统、数据手套等。

2. 3D输出设备

3D眼镜、数字头盔、3D投影仪、裸眼3D显示器、液晶3D显示器、全息显示器、洞穴显示系统、3D打印机等。

3. 3D交互设备

力反馈手柄、力反馈方向盘、力反馈数据手套等。

4. 3D开发设备

图形工作站、渲染服务器等。

1.5.2.2 3D教育装备化

对教育领域而言，装备化是系统化、平台化和课程化的总称，核心是要解决大班上课的问题，服务于课堂教学和实验教学，目标是降低使用门槛、提高教学效率和提升装备投入的投入产出比。

3D教育资源目前的“杂”“差”“乱”现象，需要用平台化和系统化的方式来解决，需要3D教育平台建设。

课程是指学校学生应学习的学科总和及其进程与安排。课程化是指3D教育装备要有课程依据，为课程和教学服务。

3D教育装备不能只为几个人服务，也不能只为学校的少数人服务。3D教育装备化的任务之一就是要解决如何大班上课的问题，至少在一个班级内提供3D教学服务，按现行的教育相关行业标准，大班上课的规模一般在32人以上。

1.5.2.3 3D教育装备方案

1. 3D学科教室

以学科教室建设为基本单元，可以是以物理、化学、生物、历史和地理等学科为主题建设3D学科专用教室或3D学科专用实验室。

2. 3D综合教室

3D教育与STEAM教育一脉相承，强调学科的同时也一样重视跨学科和学科融合，对应的3D教室或实验室建设也不应该人为地制造学科壁垒，两个学科主体以上的3D教室或实验室建设方案，就可以称之为“3D综合教室”或“3D综合实验室”。

3D学科教室或3D综合教室在建设过程中，要充分吸收AR对VR的经验，处理好3D教学资源和传统教育的关系，力争做到互为补充。

学科教育以外的校内教学形态也是3D教育装备的一个重要方向，包括3D校园和数字博物馆等。

3. 3D校园

3D校园最大的优势在于它的互动性和3D技术带来的直观性，在教育教学领域，帮助学生理解所学的专业技术理论，并可以让学生通过3D技术进行一些现实中很难开展的实验，此外，3D校园可以真正再造一个数字校园，让院校“不做宣传即可展现于全球”，为各院校提供了一个打破地域限制，展现学校规模、设施、师资的全球性信息服务窗口。

4. 数字博物馆

数字博物馆不只是局限在现存的实体展馆，在应用上基本分为两大类：一是未建成的展馆，里面包含了物质（文物复原）和非物质（社科人文类）的；二是已建成的博物馆，结合互联网实现线上科普宣传，随着物联网技术的发展和应用，数字博物馆可延伸的空间更加广阔。

1.5.3 教学

3D教育是在教育信息化的大背景下未来教育的发展趋势。3D教育资源作为一种新兴教育资源，与传统多媒体教学资源相比，有着立体、生动、可交互性强等优点，无疑是一种优质教育资源。有利于促进学生综合能力的培养，拓展学生的想象空间，开发学生的发散思维，提升学生的设计能力，增强学生设计的严谨性，提高学生的动手能力。3D显示技术和3D打印技术在教学中的使用，必将会推动教学方式的变革，将对传统的教学模式进行改革。

3D教学是使用相关3D技术的教学活动，一方面指培养具备应用3D技术能力人才的教学活动，包括对教师的教育培训和相关社会培训；另一方面指应用3D教育资源开展教学活动，包括学科教育、STEAM教育、创客教育。第一个方面强调专业性，第二个方面强调普及性，二者面向的对象不同。对3D技术人才的培养处于上游位置，直接培训出掌握3D教育技术、可以教育教学的教师队伍；也可培养出专业的3D教育技术从业者，开发相关3D教育资源，为3D教育资源在课堂的应用奠定条件。

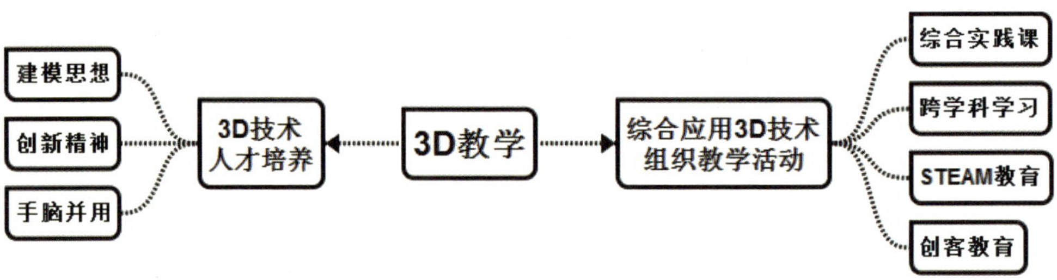

图1.60 3D教学

1.5.3.1 国外3D教学研究

将3D资源应用于教育，国外的主要研究始于2009年，由3D投影仪生产商发起，并且通过开展一系列的3D教育项目大力推广在学校的使用，有代表性的项目主要有以下几个。

Classroom3倡议行动是JTM Concept公司和Rock Island-Milan School District合作展开的教育项目，该项目率先在伊利诺斯州推出了3D模拟课程。研究表明：学生用更少的时间学习了更多的内容；有学习困难和注意力困难的学生也能完全掌握所学的材料；所有的学生的成绩都得到了提高。得益于美国政府的资助和成功的实验项目，现在伊利诺斯州成千上万的学生已经开始学习数十门使用3D影像资源的课程。

Boulder Valley学区是率先采用全套3D教学设备的学区。该学区建有54所中学，共有学生约28000人。采用的显示设备是基于DLP技术的投影仪，学生只需要佩戴3D眼镜，就可以观看3D影像资源。学区的教育技术负责人相信，3D影像即将打开一个全新的学习世界，能对课程提供最核心的支持。

另一个实验项目是Rock Island-Milan学校区的老师将九年级的地理科学教授给4个六年级班级的学生。其中两个班级的学生来自当地普通家庭，另两个班的学生来自低收入家庭，分别组成控制组和实验组。这门课程平时要用2~3个课时才能完成，但实验时只用了一个课时。据Tracey Masamoto（JTM的主管）说，测试时，来自普通家庭控制组的学生成绩只提高了9.7%，但使用了3D影像上课的实验组成绩提高了35%；来自低收入家庭的控制组和实验组的学生成绩分别提高了9.7%和23%。可见，3D技术应用于教学不仅能够明显地提高学生的成绩，而且在一定程度上保证了不同地区之间的教育平等性和公平性。

目前，美国政府和学校还在做进一步的研究，以期为更大范围地推广3D教育提供数据证明、奠定基础。

2012年，由伦敦艺术大学教授安妮·班福德博士以“未来教育的学习方式（LiFE，Learning in Future Education）”的名义在欧洲发起十多所学校试点计划，专门针对3D影视技术而进行的试点研究评估，旨在研究3D教育和传统2D教育对学习的影响，以论证在各个区域推广3D影视教学技术的可行性。研究在欧洲7个国家、15个不同类型的班级和740名10~13岁的学生进行调查，学生分为传统2D教学法和3D投影教学法两组，每个国家选定的测试班级和学生均经过一定时间的教学跟踪和测试。

通过试点学校发回的结果显示：在3D教室中，平均86%的学生提高了成绩，而2D教室中只有52%的学生提高了成绩；在3D教室中，每个学生的成绩平均提高了17%，而2D教室中这一数字仅为8%；平均92%的学生表示3D课程非常引人入胜，而非3D教室中认真听讲的学生仅为46%。

英国Abbey学校也开展了3D教学：在一项测试中结果表明，3D教学班的平均分是8.33分（十分制），传统教学班的平均分为7.00分。该校校长表示，3D教学可以帮助所有学生全神贯注地投入学习。

3D教学在国外的应用实践表明：3D教学为学生和教师提供了极为清晰可读的画面，生动逼真的学习体验将令老师和学生受益匪浅，在教学上具有很大的推进作用和明显效果。

2012年，香港的研究发现上过2D课程的同学所画的病毒缺少了细节部分。然而上过3D课程的同学能够更好地回忆起课堂上的一些深度信息。其主要原因有两个：第一，在3D课堂上，学生会比在2D课堂上更加的专注；第二，学生们发现没有被显示的部分很难去形象化，当同学接受2D影像教学时，学生们通常只能够以其展示的形式记住影像内容，因此，即使影像很容易被认为是3D物体，但是2D图像也只是2D而已。以同样的方式，当图像以3D的形式显示时，学生能够以一个3D物体的形式更形象地记住T4噬菌体病毒。

研究结果表明，分别进行2D和3D教学后，学生所记住的内容有何不同。该结果揭示了学生在3D课堂上可以比在2D课堂上具体学到了哪些更多的知识。同时，进一步证实了3D教学比2D教学更能激发学生的学习兴趣，可以使学生注意力更加集中。证明了3D教学比2D能获得更好的教学效果。

1.5.3.2 国内3D教学研究

国内的3D影像教学应用刚刚起步，处于实验试用阶段。其中有项目以“绿色班班通”3D教学项目，配置了用于3D教学的未来教室。未来教室在标配的同时配置了3D投影机和其他相应的3D设备，能呈现3D影像资源，创建出高沉浸感的学习环境。山东省为了推进信息化教学，也采用了使用3D投影仪的解决方案，试图为学生提供相应配套的沉浸式立体教学。

包括裸眼3D技术、Kinect技术、全息投影技术等3D显示技术，也开始逐渐走入课堂，并发挥其功能和作用。如兰州四中集声光电、数字投影系统等立体模型于一体的3D教室，提高了教与学的参与度；湖州职业技术学院的3D视影仿真数字学习平台，提供了一种全新的体验式、创新型、交互式、实践型教学模式；广西临桂远程教育成立了双向互动远程教育智能化3D影院，解决了党员、群众远程教育的难题；郑州二中创新班将平板电脑与四棱锥结合呈现3D全息投影动画，以达到探索、实践、创新的目的。

1.6 认知模型

人本主义学习理论认为，人类具有天生的学习愿望和潜能，当学生了解到学习内容与自身需要相关时，学习的积极性最容易激发。虚拟环境的创设，提供了一种新的教学交往模式，开放的环节、丰富的资源、真实的情境、充盈的情感以及对学生个体的重视和对写作的支持等，使学生得以摆脱说教枯燥感，参与到生动活泼的实践中来。

下面以3D打印为例，构建3D教育的学习和认知模型。3D打印是以“实物”的形式输出；VR的不同之处在于输出形式不同，VR输出“虚境”；而AR和MR介于“虚”和“实”之间。

从信息论的角度，可以把系统划分为：输入（Input）、输出（Output）和处理器（CPU）3个部分。基于3D打印的3D教育模型建构，我们借鉴这种划分方式可分为：创意对应输入、3D打印对应输出、3D建模对应处理器。

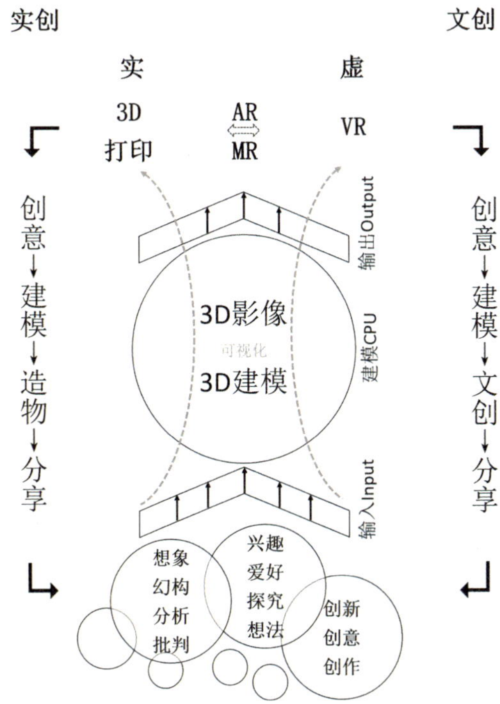

图1.61 基于3D打印的3D教育模型

1.6.1 创意·输入（Input）

想象力是人类所独有的。爱因斯坦有句名言："想象力不只是更重要的，因为知识是有限的，而想象力概括了世界上的一切，推动着进步，并且是知识进化的源泉。"

3D打印教育活动源于学生的批判精神、创新意识。以下词语都是在教学中强调并鼓励学生应具备的优秀品质：批判、探究、分析、创意、创新、想象力、理想、创想、梦想等，这些共同构成了3D打印的输入要素。

1.6.2 建模·处理器（CPU）

想象力不能只停留在头脑中，我们通过口头语言及书面文字来表达自己的想象力，把头脑中浮现的想法具体地整理出来。

3D建模就是以3D呈现的方式为我们头脑中的创意建立模型，是对我们头脑中幻构的事物做出的某种抽象，是对幻构事物的一种无歧义的书面描述。

3D建模是3D教育的大脑，是核心要素，是体现3D教育水平高低的重要因素，它是体现教学方法的实施路径，体现创造教育的时代特征，具体的3D打印只是工具的使用问题。

1.6.3 影像|打印·输出（Output）

3D打印技术之前，与3D相关的技术呈现方式大都只能通过3D可视化的方式完成。3D打印技术使得3D建模的成果输出方式多样化了，而且更直接，快速实现创意物化，提高了造物的效率，缩小了迭代时间。

1.6.4 创意当实现

创意当实现——这是信仰！为3D打印教学活动提供了源源不断的驱动力量。

从创意和幻构到3D建模，再到3D打印，直到一件实物呈现出来，这个过程体现了完整的思维和认知过程。

在这个过程中，学生的能力得以提升；实物作品的产生，经过学生之间的交流和分享，会进一步引发新一轮的创新和创意，进而形成造物迭代；而学习的兴趣得以维持，从而实现了能力提升和兴趣维持的双驱动机制，进而进入螺旋式上升的良性循环模式。

VR的技术特点为探究式学习理念提供了各种创新的可能。与传统教室相比，VR教室在学生探究学习上具有更强的指向性、实践性、参与性和开放性。学生可通过与课堂章节紧扣的虚拟现实环境，亲生经历知识点探究过程以获得理性认知和情感体验，这与在平面白板或液晶屏幕上获取图文信息的形式完全不同。VR课堂在教学资源上，注重知识的整体架构，为探究式学习的深度与广度奠定了基础；在VR交互技术上，让学生通过自身探索能够掌握解决问题的方法，最终完成探究学习“创设情境—提出问题—自主探索—协作—测试—课堂小结”的全过程。

1.6.5 反看

图1.61所示也可以反方向来看，如图1.62所示，因为3D教育的认知模型是个闭合的系统。在课堂和教学中使用3D打印、3D影像、VR、AR和MR等媒体形式，让孩子有机会近距离地体验、操作这些技术设备，进一步形成对3D模型的直观认识，可以激发学生的学习兴趣、爱好、探究的冲动和创新的欲望。

VR技术的构想性（Imagination）对于教育方面的应用意义尤为重要。由于虚拟现实系统中装有视、听、触、动觉的传感及反应装置，使用者在虚拟环境中可同时获得视觉、听觉、触觉、动觉等多种感知，可增强学习者对学习内容的感知程度、认知程度、高感性和理性认识，从而使学习者深化概念和萌发新的联想，有助于激发学生的形象思维和研究性思维，进而促进学生深化概念、建造新的构想与创意，VR可以启发学生的创造性思维。

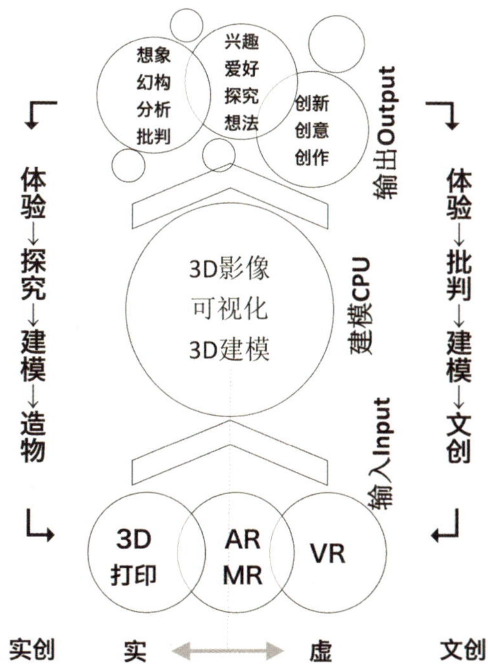

图1.62

1.6.6 虚实

VR的目标是虚拟化现实，动用一切技术手段营造虚拟的现实世界，这个虚拟的世界是虚的，但是并一定是假的，因为人脑和感官觉得它是实的、是真的。

3D打印则可看作是VR的逆过程，3D打印实现虚拟到现实，通过3D打印造物实现虚拟到实物，造物的结果是实的，看得见、摸得着，但并不一定真，3D打印的作品没有几个能够真正用于实际工程，但是3D打印的目标是求真。

3D打印“造物”的“实化”过程之前，必有虚，既创意、幻构或灵光一现，其后必有建模的过程，使得幻构更清晰化和具体化。

从幻构到建模，是人类思维的必然过程，在信息化之前，人们使用语言、文字、绘画、数学等方式建模，信息化的手段和工具加速了这个过程，降低了迭代的成本，加速了迭代的周期，促进了创新的进程和效率。

1.7 理论基础

3D教育要更好的发展，进一步跟教育紧密结合，就需要走出经验主义和朴素实用主义，不能唯技术论，必须寻求基础教育理论的支持。

2001年，单美贤在《开放教育研究》上发表论文《虚拟现实与教育结合的理论依据》，文中引述《关于VR在教育应用的理论依据》的观点，初次尝试将虚拟现实与认知主义、建构主义和模拟法则3个理论相结合。

在《虚拟现实与教育结合的理论依据》一文中，作者强调虚拟现实和教育相结合，必须从学生的认知心理出发，注重学生的具体经验和对情境的理解，使得学习者的新、旧知识之间的同化顺利完成，建构起自己的认知结构，促进认知发展。而且，虚拟现实所创设的教学虚拟环境应尽可能地为学生提供丰富的资源和大量的经验背景，以便于学生借助这一平台来建构起自己的知识，形成自己的观点和见解，促进知识和意义的建构。

2008年，史铁军的硕士毕业论文以《虚拟现实在教育中的应用》为题，概述了虚拟现实技术在教学中应用的相关理论研究、应用实践及经验总结。在此基础上，对国内外相关的虚拟现实教学应用及虚拟学习环境的构建进行了剖析，从理论的角度，分析了虚拟现实技术应用于教学的必要性和可行性。在相关理论的基础上，结合教学中的实例总结了虚拟现实在教学中的优势，建立了虚拟现实技术在教学中的应用方法和组织策略。在调研和分析的基础上，总结了虚拟现实技术在学校教育的应用形式，探讨了虚拟现实在教育中存在的问题和相应的解决对策，并对虚拟现实教学情境进行了大胆的畅想。

2009年，宋乃亮在其文章《虚拟现实技术在科普教育中的研究与实现》中提出，除了认知理论、建构主义和模拟法则外，VR与教育结合的理论基础还包括自主学习理论、行为主义和戴尔的经验之塔理论。在用虚拟现实创设的开放的学习环境中，学生可以最大程度地发挥自主性，通过自己的探究活动和与其他学习者的相互协作来建构知识。这就对学生的自我控制能力要求很高，在教学系统中要为学生提供适当的控制手段，使他们能够控制学习深度、知识表示类型和学习时间等，这有助于锻炼学生的自律能力和增强学习动机。

在《虚拟现实技术在科普教育中的研究与实现》一文中，作者还指出虽然行为主义忽视了学习者本身及周围环境的影响，其强化论对3D教育教学仍然具有指导作用。及时有效的反馈是强化的必要手段，行为主义对反馈机制的设计具有理论指导作用。此外，美国视听教育专家爱德加·戴尔将教学媒体按其所能提供的学习经验，即教学信息的抽象程度作为分类标准，排列出三大类、十个层次，即经验之塔理论。这一理论在选择和使用教学媒体方面，更明确、更形象化，得到了西方教育专家的广泛认同。

3D教育作为一种以3D技术为支撑的教育形式，在教育中的应用必然需要在一定的教育理论指导下进行。在教育的理论体系中，学习理论是处于核心地位的。对教育影响最大、最直接的学习理论是行为主义学习理论、认知主义学习理论和建构主义学习理论。本节将详细论述3D技术与教育结合的3大教育理论，阐释3D教育基于自身特征对教育产生影响的理论依据。

1.7.1　行为主义

行为主义是美国现代心理学的主要流派之一，也是对西方心理学影响最大的流派之一。按照行为主义的发展顺序，可以将其划分为早期行为主义（即经典行为主义）、新行为主义（即操作行为主义）和新的新行为主义（即社会认知行为主义）。早期行为主义的代表人物以华生为首，新行为主义的主要代表人物则为斯金纳等人，新的新行为主义则以班杜拉为代表。

行为主义的主要观点是：心理学不应该研究意识，只应该研究行为，把行为与意识完全对立起来。在研究方法上，行为主义主张采用客观的实验方法，而不使用内省法。行为主义是强调运用自然科学的实证方法，对社会政治生活的过程做系统的、经验的和因果解释的西方政治学思潮和流派。

美国心理学家约翰·华生认为人类的行为都是后天习得的，环境决定了一个人的行为模式，无论是正常的行为，还是病态的行为，都是经过学习而获得的，也可以通过学习而更改、增加或消除，查明了环境刺激与行为反应之间的规律性关系，就能根据刺激预知反应，或根据反应推断刺激，达到预测并控制动物和人的行为的目的。他认为，行为就是有机体用以适应环境刺激的各种躯体反应的组合，有的表现在外表，有的隐藏在内部，在他眼里人和动物没什么差异，都遵循同样的规律。

伯尔赫斯·弗雷德里克·斯金纳认为心理学所关心的是可以观察到的外表的行为，而不是行为的内部机制，他把学习的历程分为两种类型：应答型条件作用和操作型条件作用。经典行为主义研究的是前者，而斯金纳研究的重点是后者。操作性条件反射的形成依赖于有机体作出一定的动作反应；而经典性条件反射的形成依赖于有机体的无条件反射。同时，对待意识不像古典行为主义那样避而不谈，而是承认意识的存在，但认为意识不过是有机体皮肤之内所发生的私有事件，它不作为行为的生理中介物，而是作为行为本身的一部分，因此感觉、知觉都可把它们作为刺激控制形式来加以分析。

阿尔伯特·班杜拉是新的新行为主义的主要代表人物之一，社会学习理论的创始人。他所提出的社会学习理论是在与传统行为主义的继承与批判的历史关系中逐步形成的，并在认知心理学和人本主义心理学几乎平分心理学天下的当代独树一帜，影响波及实验心理学、社会心理学、临床心理治疗以及教育、管理、大众传播等社会生活领域。他认为来源于直接经验的一切学习现象实际上都可以依赖观察学习而发生，其中替代性强化是影响学习的一个重要因素。

行为主义学习理论对学习的解释强调可观察的行为，认为行为多次的愉快或痛苦的后果改变了个体的行为，或者说是个体模仿他人的行为。学习就是形成刺激和反应的联结。

行为主义学习理论认为，学习有4个基本的要素：内驱力（如对赞许的需要）、线索、反应和奖励（或强化），并由此总结出3种学习的基本原理，即内驱力演化为动机作用，反应演化为积极反应原理，奖励（或强化）演化为即时强化与反馈。

行为主义对3D教育的理论指导可以分为下述3个方面：

1. 对可观察行为理解的变化

传统的认知论所指的操作对象是现实中的对象，而VR技术建立的对象是虚拟的3D空间，学习者的可观察行为可以是对3D虚拟对象的操作和控制，扩展了可观察行为的含义。可观察行为理解的变化必定导致评价的方式和内容的改变。需要注意的是，对3D虚拟对象的可观察行为和对现实对象的可观察行为并不是一个对等的概念，因为对3D虚拟对象的操作最终的目的是要使学习者达到对现实对象操作的正确性。因此，建立对3D虚拟对象的可观察行为的评价时，要考虑到这一点。

2. 增强学习动机

学习动机指的是学习活动的推动力，它并不是某种单一的结构。学生的学习活动是由各种不同的动力因素组成的整个系统所引起的。学习强化动机理论认为，人的某种学习行为倾向完全取决于某种学习行为与刺激物之间因强化而建立的牢固联系，动机被看作是由外部刺激引起的一种对行为的推动力量，并用强化来解释动机的引起和作用。

如果将融合了3D技术的教学活动看作刺激物，学生的学习行为则很可能得到强化。因为将3D技术应用于教学中，往往使得教学方式更加有趣、教学方式更加灵活；同时，学生可能通过这种教学方式取得更好的学习效果，获得好成绩，并得到老师、家长的表扬。这些因素都可能使得学生的学习动机得到强化，从而助力3D技术在教学中的应用。

当然，学生的学习动机不仅受上述各种因素的强化，也可能受其内部需求的激发。如今，基于3D技术的教学方式是一种新的教学方式，其带来的新鲜元素固然会激发起学生的学习兴趣。但另一方面，这种教学方式所带来的益处，可能使得学生产生学习的强烈需求，即心理需求。心理需求又称“成长性需求”，成长性需求的强度因获得满足而增强。也就是说，在成长需求之下，个体所追求的目标是无限的，成长性需求永远也得不到满足。实际上，求知和理解世界的需要满足得越多，人们学习的动机越强。而3D技术在教学活动中的引入，使得学生学习需求得到满足的可能性大大提高了。

3. 加强操作性知识演练

在日常的教学中，常会遇到操作性知识的教学，比如，如何操作机器，如何解剖动物等。对于这一部分内容，如果经济和现实条件允许，可以让学生对着实物反复操作直至掌握。但事实上这类操作会受到经济条件、现实条件的限制，如一台贵重的仪器，有一百多名学生要实验，解剖动物实验不可能为每个学生提供一只动物实体。

采用3D技术，建立实物模型，设计操作的灵活性、自由度和及时合理的反馈和导航，可以允许学生反复操练。这样一方面可以解决同一时间内大规模的教学问题，另一方面可以加强学生操作的熟练程度，从而减少学生面对实物操作所需的熟悉、适应的时长和犯错误的概率。

1.7.2 认知主义

认知主义源于格式塔心理学派，认为学习是人们通过感觉、知觉得到的，是由人脑主体的主观组织作用而实现的，并提出学习是依靠顿悟，而不是依靠尝试与错误来实现的观点。

认知主义学习理论与行为主义学习理论相对立。认知主义的学习观点是：关于学习的心理现象，否定刺激（S）与反应（R）的联系是直接的、机械的。认为人们的行为是以有机体内部状态——意识为中介环节，受意识支配的，他们以S-O-R这一公式代替S-R这个公式（O为中介环节）；学习并不在于形成刺激与反应的联结，而在依靠主观的构造作用，形成认知结构，主体在学习中不是机械地接收刺激，被动地作出反应，而是主动地、有选择地获取刺激并进行加工；对学习问题的研究，注重内部过程与内部条件，主要研究人的智能活动（包括知觉、学习、记忆、语言、思维）的性质及其活动方式。简单来说，就是我们不是机械地接受刺激，而是主动地对相关刺激进行解释。

认知主义学习论对学习的基本解释是：学习是一种内部发展的过程，是一种由同化和顺应交替发生作用，从而导致生理、心理从平衡状态到不平衡状态的循环过程。与此相对应，认知主义的教学观念是：为学生提供一种对自身进行认知加工的特定情境和特殊过程，从而在促进学生认知结构的形成过程中推动学生的认知发展。

而认知心理学则把知识分为两类：一类是陈述性知识，它指个人有意识地提取线索，能直接陈述的知识；另一类是程序性知识，这类是个人意识的提取，只能借助某种作业形式推测其存在的知识。知识的掌握是学习者通过新、旧经验之间的相互作用而完成的，有符号性学习、观察性学习和技能性学习3种途径。

符号性学习不仅是对符号本身的学习，更主要的是指个体在通过语言符号与他人进行交流的过程中实现的知识经验增长，其概括性和系统性较强。观察性学习是个体通过对其他人与客体的相互作用过程的观察而实现的知识经验增长，观察者是以自己的经验为基础去理解观察者的活动的，包括理解活动的背景、目标、对客体的操纵以及这种操纵的结果等。活动性学习即通过个体与客体的相互作用来增长知识、经验，是知识经验最直接、最自然的来源。

任何一种认知论都有它的本体论立场。传统认知论的本体论立场尽管多种多样，但它们有一个共同之处，就是立足于现实的基础之上来探讨认知的对象、认知的过程、认知的本质等。VR技术的应用导致了VR对象的产生。从认知的过程来看，认知对象从传统的与现实世界打交道，变为与VR对象直接交互，人脑的某些认知环节和过程就交给了VR对象，从而产生了一种新的认知方式。

VR与教育相结合，必须从学生的认知心理出发，注重学生的具体经验和对情境的理解，使得学习者的新、旧知识之间的同化顺利完成，建构起自己的认知结构，促进认知发展。

1.7.3 建构主义

建构主义是一种关于知识和学习的理论，强调学习者的主动性，认为学习是学习者基于原有的知识经验生成意义、建构理解的过程，而这一过程常常是在社会文化互动中完成的。建构主义的提出有着深刻的思想渊源，它具有迥异于传统的学习理论和教学思想，对教学设计具有重要指导的价值。

建构主义学习理论是行为主义发展到认知主义以后的进一步发展，思想来源于认知加工学说，以及维果斯基、皮亚杰和布鲁纳等人的思想。

建构主义源自关于儿童认知发展的理论，由于个体的认知发展与学习过程密切相关，因此利用建构主义可以较好地说明人类学习过程的认知规律，即能较好地说明学习如何发生、意义如何建构、概念如何形成，以及理想的学习环境应包含哪些主要因素等。总之，在建构主义思想指导下可以形成一套新的比较有效的认知学习理论，并在此基础上实现较理想的建构主义学习环境。

根据建构主义学习理论和维果斯基的最近发展区学习理论，在教学活动中引入3D技术，一方面大大增加了学生在学习活动中自己动手操作和独立思考的机会，使其学习地位变得更加主动；另一方面，融合了3D技术的课程设计采取了循序渐进的原则，符合学生的认知水平发展规律，形成了合理的内在良性循环。

建构主义学习理论认为情境、协作、会话和意义建构是学习环境中的四大要素或四大属性，3D技术的特性有利于这四大特性的充分体现，从而能有效地创设建构主义学习环境，使学习者可以在其中进行自由探索和自主学习，激发学生的学习积极性，帮助学生建构当前所学知识的意义。

情境：学习环境中的情境必须有利于学生对所学内容的意义建构，强调创设真实情境把创设情境作为意义建构的必要前提，并作为教学设计的最重要内容之一。3D技术是创设真实情境的最有效工具，其通过构建事物发展变化的虚拟环境，不仅对参与者产生视觉、听觉、触觉、嗅觉等各种感官刺激信息，给参与者一种身临其境的感觉，沉浸到具有逼真效果的环境中。而且，在虚拟学习环境中的教师能随时采集各种媒体信息，采集学生的反馈及控制信息，即时处理加工和演示信息，从而使教师能够及时改善工作策略，创设一个更有利于帮助学习者确定学习策略、激发学生的学习兴趣和积极性、引导学习者主动学习与进行意义建构的情境提高教与学的效果。

协作：协作发生在学习过程的始终。协作对学习资料的搜集与分析、假设的提出与验证、学习成果的评价直至意义的最终建构均有重要作用。互联网3D技术系统所创建的学习环境，可使多个学习者共处于一个虚拟环境中进行学习探讨、相互合作与交流。学习者可在虚拟环境中共同完成某项试验，共同以各种形式参与到事件的发展变化过程中，从而直观地观察和了解到学习者间在掌握知识和技能的过程中的各种学习方法、思维方式和熟练程度，指出学习者间在学习过程中存在的问题和缺陷。

在虚拟3D教学中，教师同时也可以以学习者的身份进入虚拟学习环境，与学生共同协调学习和工作，从而进一步调动学生的积极性与主动性，使教与学在和谐的、共同合作的环境中更好地完成，体现一种新型的协作关系。可见，虚拟学习环境创设了一个合作性学习的教育氛围，使学习者之间、学习者与教学者之间能共同协作学习，在合作化的学习中创造性地解决所面临的困难和问题。

会话：会话是协作过程中不可缺少的环节，学习小组成员之间必须通过会话商讨如何完成规定的学习任务和计划；协作学习过程也是会话过程，在此过程中，每个学习者的思维成果为整个学习群体所共享，会话是实现意义建构的一种重要手段。协作与会话过程主要通过语言作媒介。

虚拟3D教学可以根据人类的视、听觉线索，产生具有强度、深度和方位变化的声音信号，形成3D的自然声音感觉，并能进行语音识别和解释声音，使学习者可以自然地与虚拟环境中的虚拟人物进行交谈，获取和感知自然的声音信息。

意义建构：这是整个学习过程的最终目标。所要建构的意义是指：事物的性质、规律以及事物之间的内在联系。在学习过程中帮助学生建构意义就是要帮助学生对当前学习内容所反映的事物的性质、规律以及该事物与其他事物之间的内在联系达到较深刻的理解。

虚拟学习环境呈现多维度信息，使参与者产生视觉、听觉、触觉、嗅觉等各种感官刺激信息，给参与者一种身临其境的感觉，并使参与者能直接地、自然地与计算机生成环境中的各种对象进行交互作用，接受仿真系统提供的各种感观信息，使学习者能获得最大的控制和操作整个环境的自由度，从而充分调动学生的学习积极性和兴趣，使他们能够主动地去探索和发现新的东西。

虚拟3D技术使学习者能够以各种形式参与到事件的发展变化过程中去，在事件的发展变化过程中扮演角色，而学习者的行为将影响事件的发展方向。学习者的反馈信息通过头、眼及身体各部分的跟踪器、摄像机、数据手套输入计算机，计算机再根据这些信息调整环境改变呈现内容，从而导致呈现环境与内容的变化，使学习者能获得更深刻的体验，更好地理解、验证各种概念和各种难点，学习新知识、新技能，使学生能更多、更好地获取关于客观事物规律与内在联系的知识，达到有效的学习。

VR技术的构想性，使学生能从定性和定量综合集成的环境中得到感性和理性的认识，而虚拟化、故事化的学习内容和虚拟环境，又可以充分发挥学生的想象力，使学生能进行创造性的学习，有利于学生发展联想思维和建立新、旧概念之间的联系，产生新的创意。可见，VR学习环境对学生认知结构的形成发展及对学生关于当前所学知识的意义建构具有很大的优势，是其他学习环境无法比拟的。

此外，建构主义认为，教学是学习者充分利用环境提供的丰富的工具和资源建立自己的认识和理解的过程。学生的知识建构是一个积极主动的活动，试图将新知识与更广泛的知识经验联系起来，成为整合的知识体系，而不只是与一两个观念建立联结。学生不只是理解和记忆现成的结论，而是要理解这些知识所指向的问题，并基于自己的知识经验，来批判地分析它的合理性，形成属于自己的知识。

VR的3D图形界面和听觉特性，以及对学习对象操作的3D交互特性，都能够比较容易地令使用者产生身临其境的感觉。VR本身是一种综合的媒体，是直接对客观对象的模拟，所以它不需要刻意地去追求模仿的逼真程度，不需要对VR使用者所看到、听到、感觉到的现象进行进一步解释，故VR教学软件可将注意力重点放在对学习效果的研究之上。

而且，VR的环境并不要求具有与现实世界完全一样的特性，它可以将现实世界的特性与可操作的虚拟环境相结合。在虚拟的世界里，可以有各种不同的可调节参数。这一特征为交互式的学习提供了坚实的基础。从以上建构主义学习理论的观点来看。这种“从做中学”的方式将学习者置于主动学习的中心地位，将更有助于学习者知识的构建。

1.7.4 建造主义

建造主义的主要倡议者为美国麻省理工学院Seymour Papert教授，它承袭建构主义的学习观点，但是建造主义强调：在学习过程中，学生应该透过建造外在、可分享的人造物与知识建立个人关系，计算机可说是一项思考工具，提供学生与知识对话的场域。不仅如此，建造主义亦富含社会建构主义的面向，认为人际间的互动是知识学习的重要历程，Papert教授认为巴西的桑巴舞学校是儿童理想的学习模式，在桑巴舞学校中有经验的舞者集结一群新进舞者，专家与新手一起进行有目的性的学习，透过互动和模仿，建构个人对于知识的看法。

第2章 3D教育典型需求

本章主要通过文献的梳理，力图厘清3D技术在教育领域的研究和应用现状，分析历年3D教育教学相关文献的数量变化、文献研究内容的热点转移，并对文献主题内容和年代分布进行分析，展现了3D教育研究发展的基本特点、动向和发展规律，揭示了3D教育发展方向和研究领域的拓展情况（本章涉及的2015年文献出版时间均在2015年6月30日前，检索引擎使用知网期刊论文文库）。本章旨在对目前相关的研究进行梳理，从3D教育文献分析入手，结合3D行业的现状，着眼于未来的教育应用，列出3D教育典型需求，协同相关企事业单位，系统地整合3D教育各个相关方，共谋发展，打造3D教育行业良好的发展环境，为其适应信息化教学打下基础。

本章通过分析3D教育主要研究者关注点的变化，描述3D技术与教育整合的发展历史及未来趋势，从以下9个方面进行详细分析，如图2.1所示。

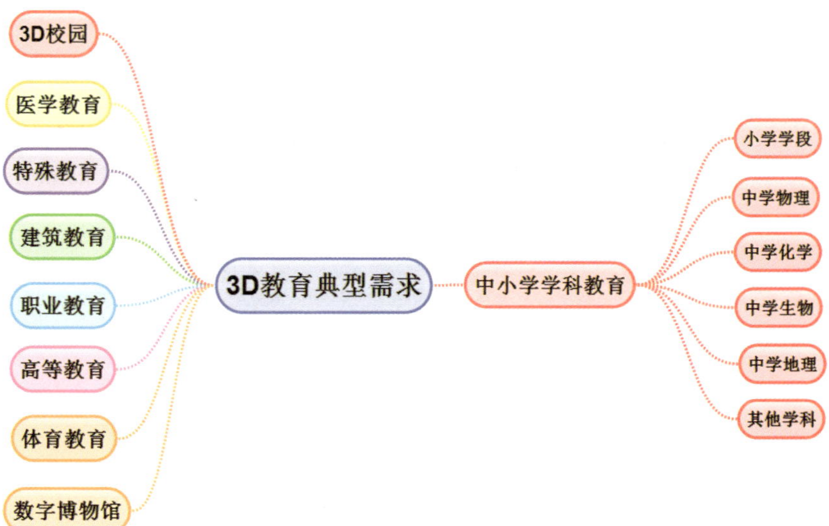

图2.1　3D教育典型需求

分别以3D教育三大核心词——“3D”、“虚拟现实”、“仿真”和“教育”为检索主题，组合搜索，在中国知网期刊论文文库分别检索到2005年至今的文献2325篇、2625篇和4040

篇，其中2010年至今分别有1509篇、1245篇和2318篇。文献数量多，且逐年增加，可见3D与教育研究已进入热点研究阶段。（表2.1所示是以“3D”和“教育”为检索主题，对2005年至今的文献进行的数量统计。）

表2.1 文献数量统计

年份	论文数
2005	75
2006	103
2007	159
2008	167
2009	139
2010	193
2011	241
2012	280
2013	287
2014	363

但从被引频率的角度看，被引频率高的论文数量较少，各关键词组合被引超30次的文献均只有10篇左右。（表2.2所示是以“虚拟现实”和“教育”为检索主题，对2005年至今的被引文献进行的统计。）一些教育技术领域、3D虚拟现实领域的知名学者鲜有文献对虚拟现实与教育进行理论上的凝练与提升。论文作者以研究生、青年教师居多。这种尴尬的局面从侧面反映出3D教育领域还有很多亟待开发和深入研究的空间。

表2.2 论文被引频率统计

被引频率	论文数
84	1
73	1
71	1
54	1
44	1
31~40	5
21~30	26
11~20	104
1~10	1062
0	1423

2.1 学科教育

中小学学科教育体系如图2.2所示。

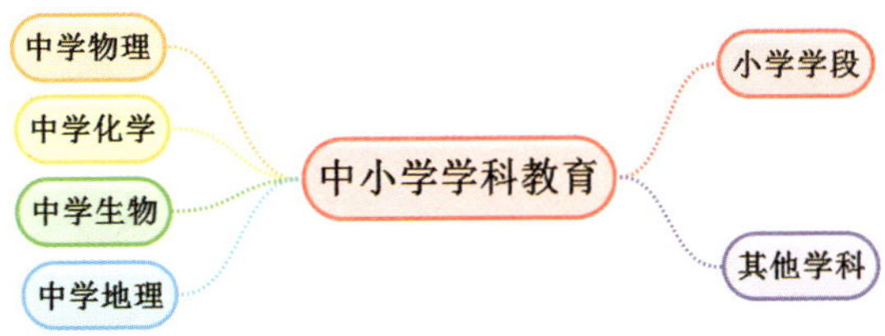

图2.2 中小学学科教育

2.1.1 小学学段

以“3D”和“小学”为检索主题，检索到2005年以来的文献137篇，其中2010年至今共有101篇，如图2.3所示。通过对文献的初步梳理，文献关注点主要集中在对小学的“主课”中语文视觉素养、数学几何思维以及儿童安全教育和美术教育等方面。

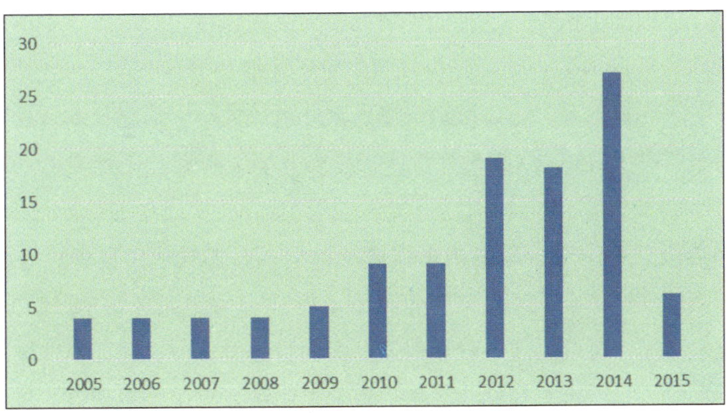

图2.3 主题为“3D”和“小学”的检索结果统计

以“虚拟现实”和“小学”为检索主题，在中国知网期刊论文库中，检索到2005年之后的文献44篇，其中2010年之后文献为37篇，如图2.4所示。以“3D打印”和“小学”为检索主题，在中国知网期刊论文库中，检索到从2013年以来共有12篇文献。

从检索到的文献数量上来看，2013年以来文献数大幅增多，是上一年的两倍多，体现出3D技术在小学教育中的应用已经成为研究热点。对于虚拟现实技术同小学教育的结合，国内的研究也呈现出逐年增加的趋势。由于3D打印技术是2013年以来新近发展起来的，结合学前教育的相关文献研究还处于空白阶段，有待进一步加强。

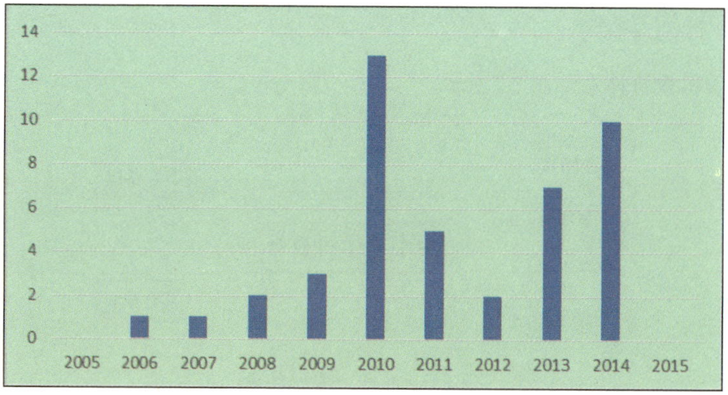

图2.4 主题为“虚拟现实”和“小学”的检索结果统计

社会上对3D打印的关注度正在与日俱增，北京等大城市社区“创客”活动风起云涌，网络可搜索到的相关报道很多。然而文献上本土化的案例却很少，尤其是学前教育和小学阶段，可参考的有效资料十分短缺。目前，在小学、幼儿园阶段，3D教育展现的形式主要为：虚拟机器人教学和利用虚拟仿真技术支持语言学习。

研究发现，仿真虚拟机器人软件能够引起小学生的兴趣，符合小学生的认知特点，把仿真虚拟机器人软件应用到小学程序设计教学中，能够提高学生对学习程序设计的兴趣，有助于激发学生的创新思维。仿真虚拟机器人软件可成为小学信息技术课程程序设计教学的新载体。通过举办3D虚拟机器人竞赛，能够拓展学生视野，提升学生学习兴趣和解决问题的能力。

在语文和英语的教学中，运用多媒体进行教学，以虚拟现实技术营造虚拟的教学情境，已成一种新的语言教学趋势。英国斯旺西大学的相关研究表明，借助3D虚拟环境这种现代信息技术手段，可以构建一种近似于真实的目的语环境。在虚拟情境教学中，呈现某一现实生活实景或是课本中描述的场景，使学生用语言直接沟通交流，从而最大程度地模拟语言的自然习得，身临其境，符合小学生语言学习特点，且不受时间、地点和学习群体数量的限制。

目前3D教育在小学阶段的应用仍处于起步阶段，可借鉴的实施方案也比较少，已有的实践也显现出一些问题。例如，小学生的思维水平基本上还处在形象思维阶段，逻辑分析能力不足，难以完成探究任务，往往需要一系列的辅助提示，影响探究效果；课程开发滞后，有的直接借用初中信息技术课本案例，容量、难度均不适合小学初学者；受过培训的师资匮乏，专业力量不足，严重制约了虚拟仿真机器人教学在小学信息技术教学中的开展。语言类教学应用目前仍不成体系，“第二人生”等游戏界面作为虚拟交流平台也不够切合实际，单纯依靠教师力量针对某节课去开发场景，既费时费力，效果也欠佳。

2.1.2 中学物理

以“3D显示”和“物理”为检索主题，在中国知网期刊论文库检索到文献18篇，其中2010年至今有10篇，但经过初步的整理，我们发现这些文献同我们所研究的课题并没有直接关联，还集中在前沿技术层面的介绍和研究上。

以“虚拟现实”和“物理”为检索主题，在中国知网期刊论文库检索到文献1175篇，其中2005年之后的文献统计如图2.5所示。以“虚拟现实”和“中学物理”为检索主题，在中国知网期刊论文库检索到2005年以后的文献20篇，文献统计如图2.6所示。以“仿真”和“中学物理”为检索主题，在中国知网期刊论文库检索到从2009年至2015年共计56篇文献，文献统计如图2.7所示。以“3D打印”和“中学物理”为检索主题，在中国知网期刊论文库检索到从2009年至2015年共计33篇文献，文献统计如图2.8所示。

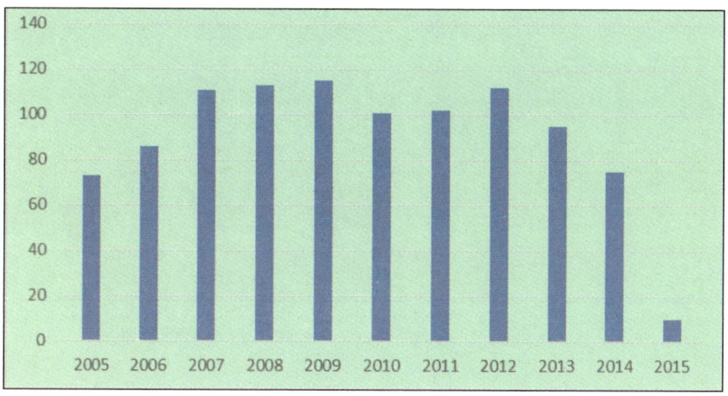

图2.5 主题为“虚拟现实”和“物理”的检索结果统计

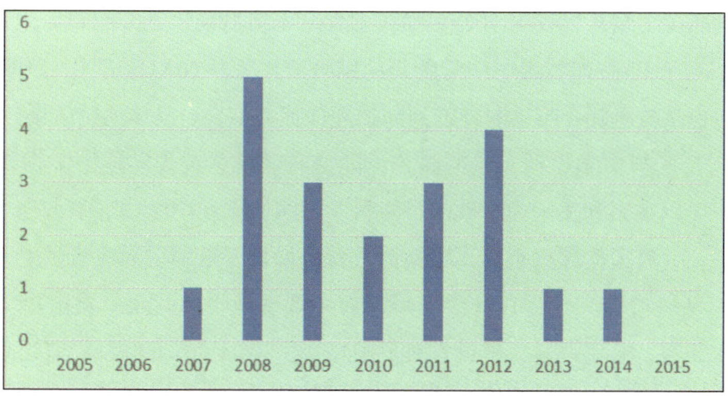

图2.6 主题为“虚拟现实”和“中学物理”的检索结果统计

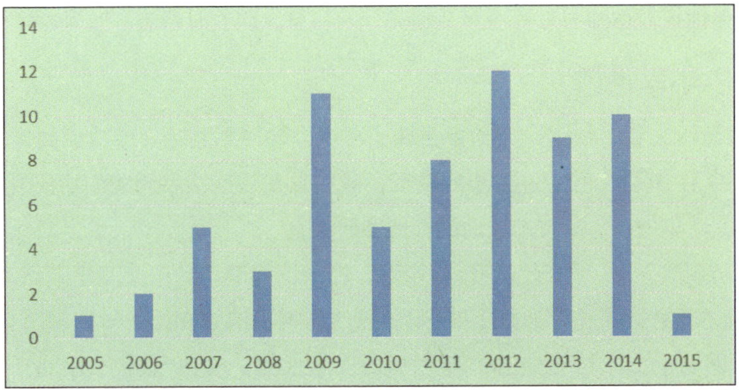

图2.7 主题为“仿真”和“中学物理”的检索结果统计

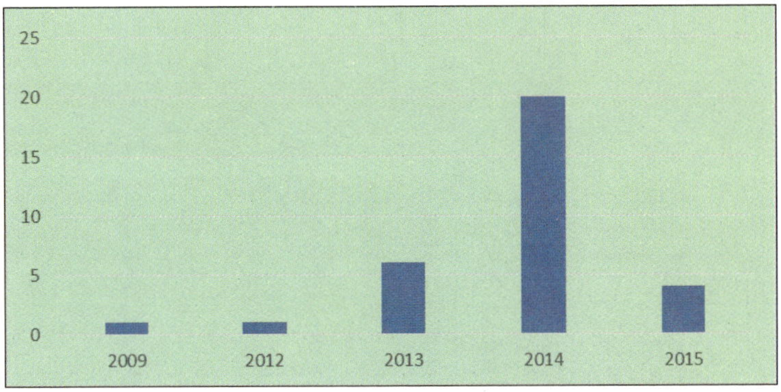

图2.8 主题为“3D打印”和“物理”的检索结果统计

从检索到的文献数量来看，对于3D显示技术，国内还没有关于其与中学物理教育结合方面的研究，人们的关注不多。对于虚拟现实技术同中学物理的结合，国内的研究比较活跃，发表的相关文献从2006年开始数量较多并基本保持稳定，人们的关注多，关注热度也比较稳定。对于3D打印技术与中学物理的结合方面，从2013年开始，研究开始显著增加，研究内容也从技术的介绍逐渐发展到同物理课程的结合、具体的教学设计方面。

虚拟现实技术与中学物理实验的结合，能够有效地弥补现阶段中学物理实验课的不足。物理是一门以观察和实验为基础的自然科学，实验课在中学物理中占有重要地位。但在实际教学中，又有实验课比重低、实验器具价格昂贵、老师主导实验学生参与少等现状存在。另外，某些物理实验存在一定缺陷，如可观察性不强，现象发生较快，过程不可逆，难以深入观察，需要特殊条件或带有危险性等。虚拟仿真实验则没有这些问题，且能够满足学生个性化的自主实验需求，使学生随时随地进行实验，能反复观察实验细节，从而激发学生的探索欲望与学习兴趣。

仿真技术，可用于开发中学物理仿真实验。在实验教学方面，中学物理仿真实验教学领域的研究成果丰富，出现了较多的关于基于不同软件平台搭建物理虚拟仿真实验室的研究。虽然现有的对虚拟实验的研究有很多还停留在二维阶段，但有一些研究人员已经开始注意到三维的虚拟实验仿真对于学生学习过程中的沉浸感、互动性和情景建构都具有更大的帮助。另外，在探究式教学方面，物理仿真实验室也为学生提供了重要的实践探索平台。

物理虚拟仿真实验室中基本的网络通信与交互控制功能有利于实现师生之间的互动，这样网络化的协作式学习便成为可能。此外，学生在做真实实验前可利用该虚拟仿真实验进行预习与准备，提前了解实验信息、步骤和涉及的物理知识，而后又可随时重复实验，巩固已学的知识。

总体来看，目前对虚拟现实技术和中学物理相结合的研究还停留在技术设计和零散的教学案例设计层面。已有的研究对在物理教学中运用虚拟现实技术的优势的探讨比较充分，但同具体的教学内容结合的研究案例和研究数据不足。虽有少量的小范围的实践调研，但对于虚拟现实技术同物理教学的深度整合以及在全国范围的普及，还有一定的距离。再者，从研究者到教师再到学生的研究热情和积极反馈来看，对这一行业的需求和发展还存在着很大的空间。

对于3D打印技术，有研究认为：首先，3D打印技术作为物理学科的发展前沿，在中学阶段进行这方面的讲解和操作，在开阔学生视野、引导学习热情的同时，为锻炼学生的设计能力、发散思维能力提供了良好平台；其次，在学生通过3D打印将头脑中的想法变为现实的过程中，实现了对事物更为真实、可靠的探索，鼓励了创新与动手操作，落实了以学生为主体的教学原则。但目前，在3D打印与中学物理课程的结合方面，教师只是将3D打印技术作为前沿知识来进行讲解，或带领学生开展科技制作活动，还没有出现关于3D打印技术同物理课程内容的深度整合方面的研究和报道。

2.1.3 中学化学

以“3D显示”和“化学”作为检索主题，在中国知网期刊论文库检索到文献4篇，经过初步整理，发现这些文献同我们所研究的课题并没有直接关联，文献的内容主要是关于技术层面的介绍和专业前沿研究方面。

以“虚拟现实”和“化学”为检索主题，在中国知网期刊论文库检索到文献184篇，其中2005年之后的文献统计如图2.9所示。以“虚拟现实”和“中学化学”为检索主题，在中国知网期刊论文库检索到2005年以后的文献18篇，文献统计如图2.10所示。以“仿真”和“中学化学”为检索主题，在中国知网期刊论文库检索到2006年以后的文献49篇，文献统计如图2.11所示。以“3D打印”和“中学化学”为检索主题，在中国知网期刊论文库则没有检索到结果。

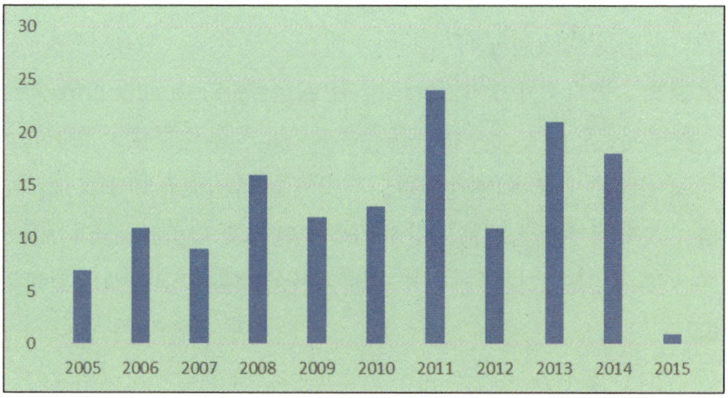

图2.9　主题为“虚拟现实”和“化学”的检索结果统计

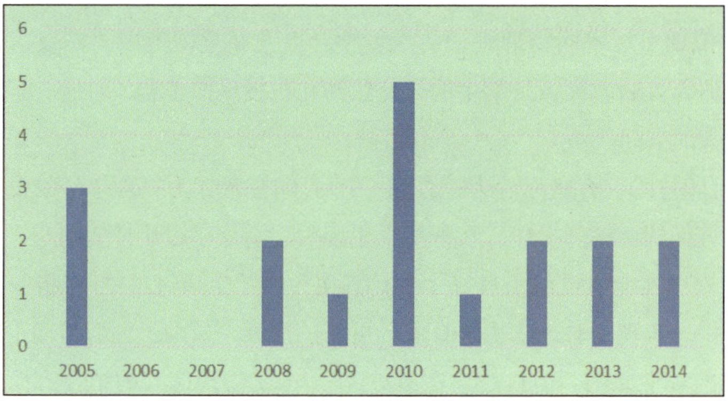

图2.10　主题为“虚拟现实”和“中学化学”的检索结果统计

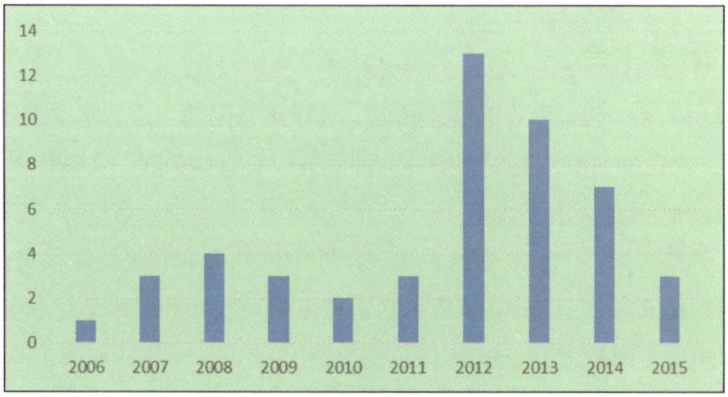

图2.11　主题为“仿真”和“中学化学”的检索结果统计

从检索到的文献数量来看，对于3D显示这一新兴技术，国内还没有关于其与中学化学教学结合方面的研究，人们的关注还不多。对于虚拟现实技术同化学学科教学以及中学化学的结合，国内的研究比较活跃，从2006年开始，发表的相关文献数量较多并基本保持稳定，并且在2011年和2013年有了明显增长。对于3D打印技术同中学化学的结合方面，目前还没有研究报道。同物理学科的文献相比，化学学科的文献在数量上明显偏少，研究进展也处于相对初期的阶段。

从检索到的文献内容上，对于虚拟现实技术同中学化学教学的结合，在化学实验教学方面，将化学虚拟实验系统引入中学化学教学，是目前化学教育工作者关注的热点。对于虚拟实验系统的设计，目前已有对化学虚拟实验系统构建策略的探索，以及基于主流的一些虚拟现实软件平台，搭建虚拟化学实验系统，并针对具体实验和知识点尝试进行教学设计。对于虚拟实验系统的应用，除了能够演示不同的实验现象外，还可以使学生积极主动地设计实验方案，为探究实验的高效进行提供了便捷、安全的平台。

在形象地展现微观世界（诸如原子、分子等）物质的内部变化和发展过程中，使抽象的概念理论形象而具体，以及使危险系数高、耗时长、难演示的实验操作能够便捷地展示等方面，基于虚拟现实技术的多媒体辅助手段显示出了巨大的优越性，不仅扩大了学生的视野，也为学生提供了丰富的感性素材，便于他们理解和掌握。

总体来看，目前相关研究对于虚拟现实技术和中学化学相结合的优势认识较为充分，虚拟现实技术的运用，也将在学生的概念学习、实验操作技能训练、协作学习和科学探究方面收到良好的教学效果，应用前景较为广阔。但在虚拟现实技术同中学化学课程的深度整合方面，大多数研究还停留在技术分析和零散的课程设计层面，这是远远不够的，缺少实证调研和数据支持，缺少同3D显示技术的结合，还需要做大量的工作。目前的研究进展，距离虚拟现实技术在全国范围的普及还有一定的距离。

2.1.4 中学生物

以“3D显示”和“生物”为检索主题，在中国知网期刊论文库检索到文献18篇，其中2010年至今有10篇，但经过初步的整理，我们发现这些文献主要是关于生物前沿技术层面的介绍和专业研究成果，同我们的研究主题没有直接的关联。以“3D显示”和“中学生物”为检索主题，在中国知网期刊论文库没有检索到结果。以“仿真”和“生物”为检索主题，在中国知网期刊论文库文献数量很多，同样和教育主题无关。

以“虚拟现实”和“生物”为检索主题，在中国知网期刊论文库检索到文献336篇，其中2005年之后的文献统计如图2.12所示。以“虚拟现实”和“中学生物”为检索主题，在中国知网期刊论文库检索到2005年以后的文献2篇，其中2010年和2014年各有1篇。以

"3D打印"和"中学生物"为检索主题，在中国知网期刊论文库没有检索到结果。

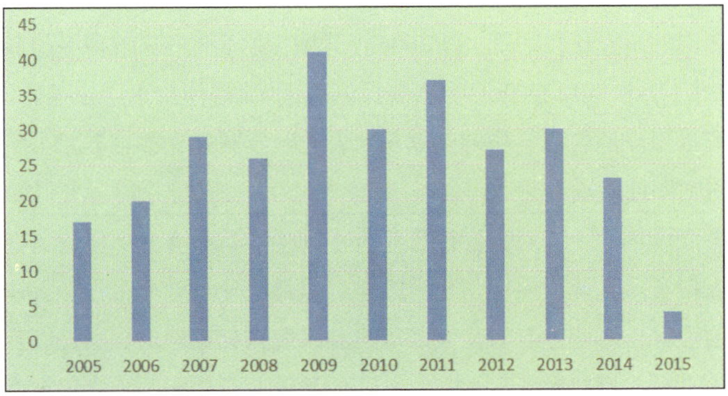

图2.12　主题为"虚拟现实"和"生物"的检索结果统计

从检索到的文献数量上来看，对于3D显示和3D打印这两项新兴技术，国内还没有与中学生物教育结合方面的研究，人们对于这方面的关注还不多。对于虚拟现实技术同生物学科教学以及中学生物的结合，国内的研究也比较少，同物理学科和化学学科的文献在数量上相比明显偏少，研究进展也处于相对初期的阶段。

从检索到的文献内容来看，一方面，作为计算机图形学的重要研究领域，虚拟植物和虚拟植物根系的模型研究、模型立体展示以及生长过程与环境的动态展示，可以很好地同虚拟实验系统相结合，应用到中学生物教学中。另一方面，虚拟生物实验室的建设对于有效地满足随时随地演示实验的需求、解决部分实验周期长和课堂时间短的矛盾、实现对细微现象的观察具有重要的意义。一直以来，生物学科中一些复杂的生命现象、生化反应和生物结构是教师难以用语言或借助传统多媒体手段讲解呈现的，而目前，基于虚拟现实重要代表之一的Flash3D技术的教学资源开发取得了初步的进展，尽管在生动性、沉浸性的交互性方面还有改进的空间，却为进一步的研究和创新提供了重要借鉴。

总体来看，目前很多教育工作者对虚拟现实技术和中学生物结合的优势都有一定的认识，虚拟现实技术不仅可以作为教师课堂教学的辅助，还可以让学生通过网络和人机交互实现自主学习和探究学习。但在虚拟现实技术同中学生物课程的整合方面，在技术运用和教学设计上的研究明显不足，且缺少实证调研和数据支持、缺少同3D显示技术和3D打印前沿的结合，还需要做大量的工作。现阶段的研究还处在起步阶段，可供研究的素材很多，空间还很大。

2.1.5　中学地理

以"3D显示"和"地理"为检索主题，在中国知网期刊论文库检索到文献18篇，其中2010年至今有10篇，但经过初步的整理，发现这些文献同我们所研究的课题并没有关联，主要是关于前沿技术层面的介绍和专业研究、仪器设计成果。

以“虚拟现实”和“地理”为检索主题，在中国知网期刊论文库检索到文献1244篇，其中2005年之后的文献统计如图2.13所示。以“虚拟现实”和“中学地理”为检索主题，在中国知网期刊论文库检索到2005年以后的文献7篇，文献统计如图2.14所示。以“3D打印”和“中学地理”为检索主题，在中国知网期刊论文库没有检索到结果。以“仿真”和“中学地理”为检索主题，在中国知网期刊论文库检索到3篇文献。

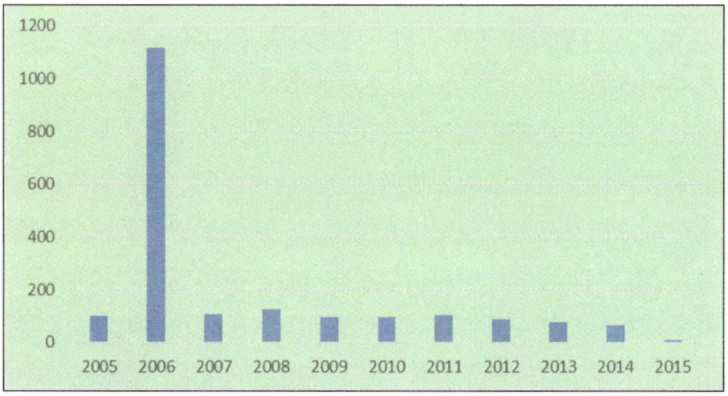

图2.13　主题为“虚拟现实”和“地理”的检索结果统计

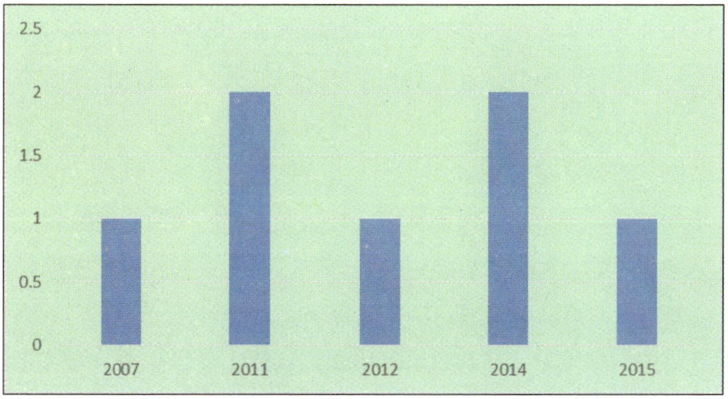

图2.14　主题为“虚拟现实”和“中学地理”的检索结果统计

从检索到的文献数量上来看，对于3D显示和3D打印这两项新兴技术，国内还没有与中学地理教育结合方面的研究，人们对于这方面的关注还不多。对于虚拟现实技术同地理学科教学以及中学地理的结合，国内的研究也比较少，同物理学科和化学学科的文献在数量上相比明显偏少，研究总体上还处于初步阶段。

从检索到的文献内容上来看，在灾害教育方面，以普通高中课程标准实验教科书地理选修五《自然灾害与防治》为例，传统的地理教学辅助媒体虽然在一定程度上丰富了教学内容，但学生们仅仅是盲目观看、机械记忆，教学效果并不理想。为此，有研究认为，随着互联网的发展和卫星遥感图片的免费获取，可以将地理信息系统引入灾害教育，不仅可以充分发挥地理信息系统信息量大、空间性强、分析功能丰富和更新速度快等优势，同传统的地理教学相比较，更增加了可视性、互动性，能够有效增进学生的学习兴趣，具有广阔的发展前景。

已有研究人员结合探究式教学模式，尝试设计、开发相对应的虚拟教学演练平台。该平台通过真实模拟、人机交互和合作学习手段，使学生能够从多个角度全面了解地震知识，真实体验感受地震的危害，模拟逃生方案，提升学生的实践意识。

在中学地理教学的具体应用方面，能够用到虚拟现实技术的内容大体上可以归纳为地理空间的模拟和地理事物发展过程的模拟两部分。地理空间的模拟是指从地球到大气、海水，再到某一实际地点或具体地貌的三维真实模拟；地理事物发展过程的模拟主要是指对地理现象和地理事物，例如地貌的形成、地震的过程，其形成过程和内部变化规律的真实模拟，尤其是对于抽象复杂的地理概念、大尺度和小尺度地理事物以及地理运动规律等方面，这种模拟所收到的教学效果更为显著，对学生地理空间素养的培养也具有重要意义。

而从科技角度来分析，3D技术的合理使用也有助于建设数字地球。数字地球是国家的重要基础设施，是遥感技术、地理信息系统、全球定位系统、互联网技术、仿真与虚拟现实技术等的高度综合与升华，是人类定量化研究地球、认识地球、科学利用地球的先进工具。数字地球是未来信息资源的综合平台和集成，现代社会拥有信息资源的重要性如同工业经济社会拥有自然资源的重要性。在基础教育阶段，向学生宣传数字地球理念，更有助于培养适应未来社会的高素质人才。

在学科思维能力培养领域，有研究认为，在培养学生的空间思维能力、感知运动思维能力和转化思维能力方面，能够提供高仿真、沉浸式、交互式体验的虚拟现实技术与传统教学手段相比，显然具有更好的效果，这也可与地理学的教学目标很好地吻合。3D技术与中学地理课堂教学恰当地整合，能及时反馈信息，有利于师生互动、生生互动；能创设高仿真的地理学习背景，有利于学生探究学习；能帮助学生构建地理空间概念，有利于突破重点、难点；能增加课堂教学容量，有利于提高课堂教学的有效性。

总体来说，目前很多教育工作者对虚拟现实技术和中学地理教学结合的优势和结合点都有较为充分的认识，还有少量研究已经开始尝试相关软件平台的研发和搭建。但目前已有的研究还存在着比较多的问题：

一是在技术运用和具体的教学设计上研究不足，且缺少教学实践实证和数据支持；

二是缺少同3D显示技术和3D打印前沿的结合，演示模型的精度不高，还需要做大量的工作；

三是软件的操作使用比较复杂，掌握起来有一定的难度，一些软件系统价格较高。现阶段的研究总体还处在初步阶段，该领域仍有很大的发展空间。

2.1.6 其他学科

在其他学科中，3D技术也展现出独特的优势。例如在初中语文中《人民大会堂》一课的教学。因为人民大会堂的结构十分复杂。以往的教学主要是靠学生对文字的理解来掌握课文内容，最多也就是用图片和视频帮助学生来理解人民大会堂的结构和功能。利用3D显示技术就可以更生动形象地展示人民大会堂的内部结构；利用3D打印技术，老师可以给每位同学打印出一个“真实”的“人民大会堂”，供学生课前预习、课上讨论、课后研究，整个教学过程会变得生动活泼，充满乐趣，教学效率自然会有很大提升。

数学学科中的立体几何对于学生来说，往往都是难点。以往在这部分教学内容中，教师大多采用画分解图，或者通过萝卜（泥巴）模型等方法帮助学生理解几何体的变化。这些教具的准备往往费时费力，效果却不理想。现在有了3D打印技术，教师可以很方便地给学生打印出所需的几何体，根据需要进行实际切割或做其他的变化，这样的教学方式真是事半功倍，一下子就破解了问题的难点。

再如初中的学生很难想象一个圆柱体被拦腰斜切一刀，得到的截面是一个什么图像?学生自己画图或者教师画图帮助解释，学生都难以理解。而在3D打印技术的帮助下，这个问题将会变得非常容易。学生可以自己在3D打印出的实物上设置一个斜面，也就等于是“斜切一刀”，再对截面图做进一步的测量、计算，自己就会得出结论，最后再进一步由感性知识上升到理性知识，从而实现知识的深化。

历史学科中，以3D历史地图为主来表现历史战争的形式，不同于传统的历史地图，也不同于一般的电影纪录片，更有别于文字记载，使人有耳目一新的感觉。在历史教学的过程中，它将记录历史战争的枯燥文字直观化、立体化，更能激发学生对历史的兴趣。立体的效果图使学生更加直观地了解地理状况和战争双方所处的地形，将学生的感性认识提升到了理性认识，有助于分析各方布兵行军的合理性或不妥性以及怎样改进，发散了学生的思维。甚至还可以进一步利用和开发3D历史地图，将它运用于纪录片、影片等场景的复原制作，或开发为智力游戏，使人们在娱乐中了解历史，培养历史思维。

信息技术学科中的计算机硬件认识和计算机组装一直是教学的难点之一。从前的教学中，由于硬件的缺乏，教师只能用少量的设备给学生进行集体观察和演示，学生很难近距离地直接触摸诸如主板、网卡、内存条、CPU等，得来的知识总是模模糊糊的。而3D打印技术的出现，可使这些配件按1 ∶ 1的模型打印出来，分发给每一位学生，很容易满足学生近距离触摸、观察及亲自组装的愿望。

通用技术学科有许多场合需要3D打印技术的支持。如工艺设计教学中，可以使用3D打印技术来辅助模具的设计和工艺改进。3D打印机打印模具的方便快捷和成本低廉，可以大大提高模具设计的效率。

在汽车维修与保养的教学中，由于实际汽车的成本较高，通常采用集体观看图片和视频的办法来组织教学，学生很难触摸到汽车真实的部件，直观感觉很差，教学效果很难保证。但是，3D打印技术的出现，完全可以使这种局面发生改观。学生可以利用3D打印机打印出的缩小版的模型进行详细的观察和维修实验。这种实际的操作远远胜于纸上谈兵式的教学，从而使教学效果产生质的飞跃。

总体来说，对于自然科学：3D技术能够在空间尺度和时间尺度上对实验现象进行调整，使实验更加容易观察和分析；对于危险和不易重复观察的现象，以及现实条件不易满足的实验，3D和虚拟现实技术提供了一种方便的观察手段。对于人文科学，合理利用3D技术能够构建出“真实”场景，尤其是语言类学科可以创建语境，模拟语言的自然习得。

2.2 体育教育

现代竞技体育正在向高、难、精、尖的方向迅速发展，这就使得体育训练更多地借助于现代科技手段。为了最大限度地挖掘人的潜能，现代体育需要科学技术不断地介入。3D技术的应用正是提升体育教育质量的一个新的突破口。

以“3D显示”和“体育”为检索主题，在中国知网期刊论文库检索到文献2篇，但经过初步的整理，发现这些文献的内容主要是关于技术产品的介绍，同我们所研究的课题并没有关联。

以“虚拟现实”和“体育”为检索主题，在中国知网期刊论文库检索到文献212篇，其中2005年之后的文献统计如图2.15所示。以“虚拟现实”和“中学体育”为检索主题，在中国知网期刊论文库检索到2005年以后的文献1篇。以“3D打印”和“体育”为检索主题，在中国知网期刊论文库检索到从2013年到2015年共计6篇文献。以“仿真”和“体育”为检索主题，在中国知网期刊论文库检索到从2013年到2015年共计465篇文献，其中2005年之后的文献统计如图2.16所示。

从检索到的文献数量和内容两个方面来看，3D显示技术还没有与体育教育相结合的研究，相关文献的内容是关于技术装备的简介。

关于虚拟现实技术与体育教育的结合，从2005年开始便有相关的宏观的探讨。有研究认为，虚拟现实教学在满足很多教学示范和训练要求的同时，能够减少经费投入，在一定程度上缓解教学设备、教学场地、教学经费等方面的条件限制，根据学生兴趣和需要有效开展体育教学活动，并且在拳击、跆拳道等趣味性和对抗性较强的体育项目中，可以有效避免教学训练过程中的伤害事故。此外，虚拟现实技术也为远程体育网络教学这一研究热点提供了思路和可能。

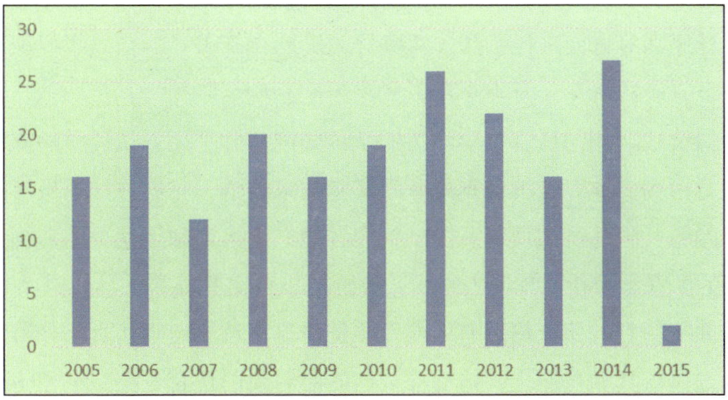

图2.15　主题为“虚拟现实”和“体育”的检索结果统计

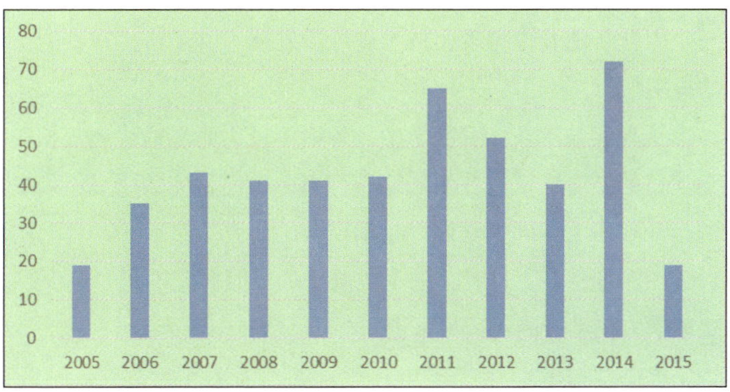

图2.16　主题为“虚拟现实”和“体育”的检索结果统计

从2006开始出现对虚拟体育的概念来源和内涵的讨论，以及虚拟现实技术在大众体育方向和竞技体育训练方面的介绍和阐述，研究关注的领域从泛泛而谈开始具体到某一类运动项目。在虚拟现实技术同排球教学的结合方面，研究成果较多，设计思想较为深刻，尤其进入2010年以后，开始出现基于虚拟现实技术的排球运动仿真教材编写的建议和尝试，这是此前排球虚拟教学成果的进一步系统化和发展。此外，足球教学、武术教学、散打教学和健美操领域都先后出现了引进虚拟现实技术辅助教学的探讨和尝试，特别是在2014年，足球教学研究取得了一定的进展，这一年有较多质量较高的足球仿真模拟和虚拟现实教学成果发表。

2007年开始出现对虚拟体育教学的软件开发尝试，以及不同项目的体育教学仿真系统的设计和编程语言研究，例如排球、武术、滑冰等。有研究者开展了针对基于虚拟现实技术的铅球体育教学课件的制作以及对其教学效果的实证调研，通过对照法、实验法和问卷调查法，发现虚拟现实技术在激发学生兴趣方面效果显著。从2011年开始，有研究者对虚拟教学课件设计原则等方面进行了深入的探讨。从2010年开始，出现了虚拟现实技术同中学体育教学结合方面的研究，但从内容和深度上看还不够成熟。

我们需要综合地运用与体育科学相关的学科知识，并采用系统科学的方法对体育运动的内在规律进行研究。体育系统仿真是一门实验技术科学，它通过计算机模拟技术再现体育教师的教学经验、教练员的训练意图、管理者的组织方案和运动员的训练过程，从而成为对体育系统的解释、分析、预测、组织、评价的一种实验技术科学。

近年来，系统仿真的研究热点有面向对象的仿真方法、定性仿真、分布交互仿真、可视化仿真、多媒体仿真和智能化的仿真等。与面向对象的仿真方法、定性仿真、分布交互仿真、可视化仿真和多媒体仿真方法不同，基于虚拟现实的仿真强调多种感知能力、交互性和沉浸感等，而许多体育训练恰恰需要运动员的多种感觉（如视觉、听觉、触觉和嗅觉等）的共同参与。因此，随着虚拟现实技术进一步发展，基于虚拟现实的仿真必将在体育领域得到广泛的应用。

总体来看，虚拟现实技术在体育教学中具备诸多较为明显的优势，相关的软件开发研究和与具体运动项目的结合尝试也在不断地进行当中，但目前的研究成果主要局限在专业院校以及少数的运动项目上，同中学体育教学结合的研究数量较少，尚未实现虚拟现实技术同中学体育教学的深度整合，且有关的实践调研和对照研究不足，缺少数据的支持。3D打印技术在体育教学方面结合尚无成果报道。

2.3 医学教育

3D和虚拟现实技术已成为医学教育和仿真的有效工具。它的快速发展极大地提高了医学教育和培训的效果。这种3D技术不但能在教学与仿真中得到应用，还可能被应用到肿瘤放疗、介入治疗等手术治疗过程中。

以“3D显示”和“医学”为检索主题，在中国知网期刊论文文库检索到从2005年开始截至目前共有文献14篇，文献统计如图2.17所示。以“3D显示”和“医学教育”为检索主题，并未检索到结果。

以“虚拟现实”和“医学”为检索主题，在中国知网期刊论文文库检索到文献1153篇，其中2005年之后的文献统计如图2.18所示。以“虚拟现实”和“医学教育”为检索主题，在中国知网期刊论文库检索到文献128篇，其中2005年之后的文献统计如图2.19所示。以“3D打印”和“医学”为检索主题，在中国知网期刊论文库检索到文献140篇，这反映出研究热度，文献统计如图2.20所示。以“3D打印”和“医学教育”为检索主题，检索到1篇文献。

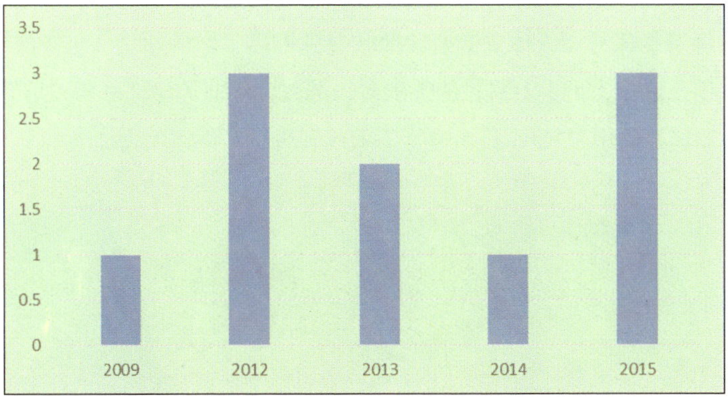

图2.17　主题为“3D显示”和“医学”的检索结果统计

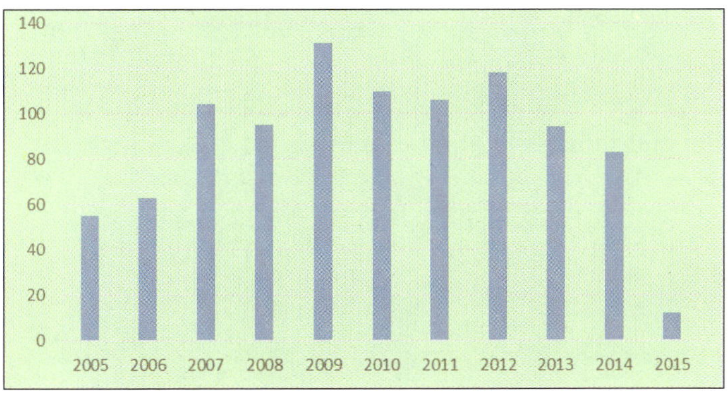

图2.18　主题为“虚拟现实”和“医学”的检索结果统计

从检索到的文献数量和内容两个方面来看，3D显示技术方面还没有与医学教育结合的研究，其研究成果主要是针对某一重要人体器官，例如人脑或膀胱的成像和模拟研究。虚拟现实技术除了在疾病诊断、手术模拟、康复医疗、远程医疗等方面外，在医学教育方面也具有重要应用价值。在虚拟现实技术方面，从2005年开始，关于虚拟现实技术在医学方面的应用和探索，以及其同医学教育结合的相关研究的文献数量逐年增加，到2009年达到了巅峰，并在此后的2010年到2014年在数量上保持稳定，截至2015年9月，已发表的文章已有3篇，预计后续还会有更多的成果发表。

在医学教育中，虚拟现实技术可以用于医学教学、新生培训、技能测试、技术学习、手术计划等诸多方面。首先，医学教育与其他学科的教学手段有所不同，它不仅要向学习者传授医学知识、医学动态，了解现代医学的发展趋势，更要注重实践动手能力的培养。医学实验是医学教学必不可少的一环。医学虚拟实验室通过软件的设计和硬件的建设，在能够实现真实仪器功能的基础上，为解决先进医学设备造价昂贵、体积笨重、所占面积多的问题，以及缓解临床教学人体资源紧缺的状况，提供了新的途径。年轻医务人员先通过一定量的仿真手术操作，再走上真正的手术台，可以大量节约培训医务人员的费用和时间。在未来的医学领域，利用3D显示技术进行手术或者教学，都将大大提高手术的成功率。

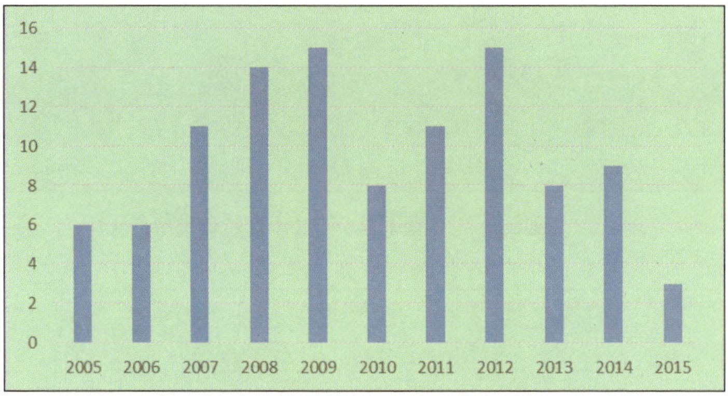

图2.19　主题为“虚拟现实”和“医学教育”的检索结果统计

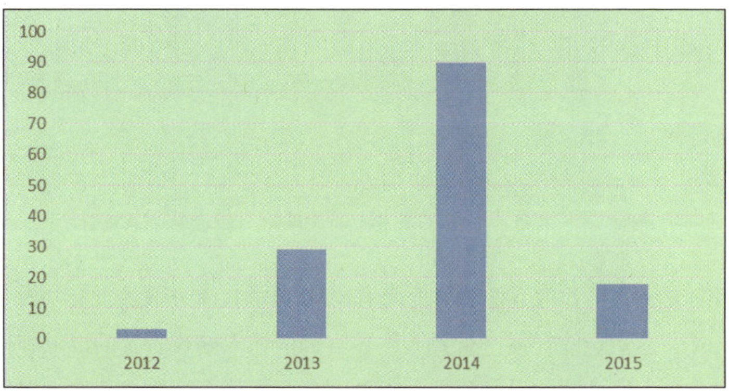

图2.20　主题为“3D打印”和“医学”的检索结果统计

从2005年起，出现了基于虚拟现实技术的医学实验教学思想的摸索和构建虚拟医学实验室的硬件和软件初步探讨，这些探讨中对尚未解决的理论问题和技术难题进行了举例阐述（例如在真实操作过程中，止血钳、纱布剥离钳等手术器械的性能、效用及与不同组织器官作用时的表现是存在差别的，这就为建模工作提出了很高的要求；图像的质量和生成速度要求也较高），其内容深度和可操作性从2010开始出现深度的研究和探讨，其研究和应用范围也从临床医学逐步拓展至护理学、口腔医学以及急危重症虚拟实验室的开发探讨。

基于虚拟现实技术构建的医学模型，在医学教育中能够发挥示教和培训两个方面的重要功能。用于示教的模型多为解剖模型，用来研究人体各器官组织间的关系。在人体解剖学、组织学和胚胎学等基础学科的教学方面，传统教学中，教师需要借助很多图片、模型和标本以及大量的语言描述才能阐明一个问题，且这种情况下学生也很难形成形象而直观的图像；而通过虚拟现实技术建立起人体结构模型，学生就能够“身临其境”地通过人机交互方式对人体模型进行游览、分解和放大，使得学习过程非常直观，且印象深刻。目前在虚拟人体的研究方面，在人体骨骼、肌肉和腹部的模拟，人体动力学的模拟，大脑的结构和功能的模拟，人脸的模拟，肝脏的模拟以及神经的模拟方面，国内外的研究已取得初步进展以及软件模拟的实现，例如美国加利福尼亚大学科尔曼实验室开发的EXP软件，就是一个基于虚拟现实技术，用于神经生理学虚拟实验的多功能软件。

用于培训的模型包括局部功能训练模型、计算机交互式训练模型、虚拟现实和触觉感知系统、生理驱动型模拟系统。局部功能训练器主要用于训练医学生的单项临床操作技能；虚拟现实和触觉感知系统可以为学生提供自主学习和探究知识的平台；生理驱动型模拟系统能够完全模拟在真实场景下学生对病人的处理过程，此类模型可以应用在临床教学的各个阶段，对医疗环境进行全面的、真正的模拟。厦门大学推出的“肝虚拟手术系统”、由国防科技大学计算机学院和解放军总医院合作的“虚拟膝关节镜外科手术仿真系统”已投入使用。但在这两个领域，与处于领先地位的欧美的研究和实践相比，我国的研究还存在一定的差距。

此外，在虚拟针灸教学等中医教学、虚拟麻醉机教学以及远程医学教学的系统开发和教学实践方面，相关研究在2010年和2011年探讨较多，其3D模型和数字化平台已初步建立，已有的实证研究也取得了良好的教学效果。

在口腔医学领域，国际上多所大学和公司已开发或正在开发许多具有各种功能的虚拟现实软件系统，在口颌模型、虚拟牙体、虚拟工具和虚拟视觉方面已有实践尝试和很好的效果，一些国外的大学软件研发已相当成熟，并已用于牙科学生的训练和考核之中。

虚拟现实技术因其在医学训练中具有有效、经济、安全以及合乎伦理及人文关怀等突出优势，其理论研究和软件开发已有较多的、比较成熟的成果报道，有关的小范围教学实践研究取得了良好的效果，其发展前景较为广阔。但在软硬件技术的进一步发展、师资培养以及同传统训练模式的衔接方面，仍然面临挑战。

3D打印技术同医学教育的结合，在正常人体形态学习、异常人体形态学习和医学操作训练方面具有重要的应用。3D打印技术在耳科、神经外科、口腔科等相关手术训练方面，以及颅脑、颌面、口腔、血管等多个领域已有实际应用并取得了良好效果和反馈，且其成本可控，并对临床手术技能的辅助训练有很大提升。可以预期，医学教育理念和3D打印技术结合的快速发展，将有力地推动医学界和医学教育界的相关发展。

2.4 建筑教育

在建筑设计教学领域中，虚拟现实技术已经作为一种独特的技术手段，有效地解决了抽象思维与其所产生的建筑实体间的联系问题。在土木工程课程里，虚拟仿真技术的应用研究同样意义重大，不但推进了学生设计思维的转变，促进了设计效果的优化，更有利于教学效果的提升。

在中国知网期刊论文库，以“3D”和“建筑设计”为关键词搜索，2005年以来共得到341篇文章，如图2.21所示；以“虚拟现实”和“建筑设计”为关键词搜索，2005年以来共得到243篇文章，如图2.22所示。以“3D”和“土木工程”为关键词搜索，共得到180篇文章，如图2.23所示。

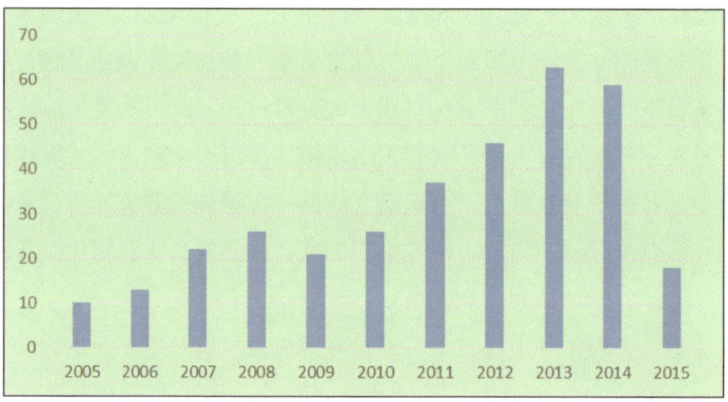

图2.21　主题为“3D”和“建筑设计”的检索结果统计

从检索到的文献数量来看，对于3D技术，国内同建筑教育结合方面的研究呈现逐年递增的趋势，显示出3D技术在建筑设计教育领域的活力。对于虚拟现实技术同建筑设计教学的结合，国内的研究也比较活跃，发表的相关文献除2013年外，数量较多并基本稳定。3D技术同土木工程的结合，自2012年以来再次成为研究热点，每年的研究论文发表数保持在20篇以上。

随着科学技术的迅速发展，虚拟现实技术也日趋完善。根据我国目前建筑工程领域的教学情况，科学合理地将虚拟现实技术应用于建筑设计教学之中，能够最大程度地适应当前的教学情境与教学目标的要求。同时，教师还可以简化现实社会中过于繁杂的一些细节，最为关键的是，学生能够体会到逼真的环境，并观察到传统教学方式难以观测到的现象。在计算机辅助建筑设计中，原有的二维CAD软件存在局限建筑师创造力、设计修改的工作量巨大、设计图纸和效果图不一致等问题。因此，针对虚拟现实技术在建筑设计教学中的应用研究是十分必要的。

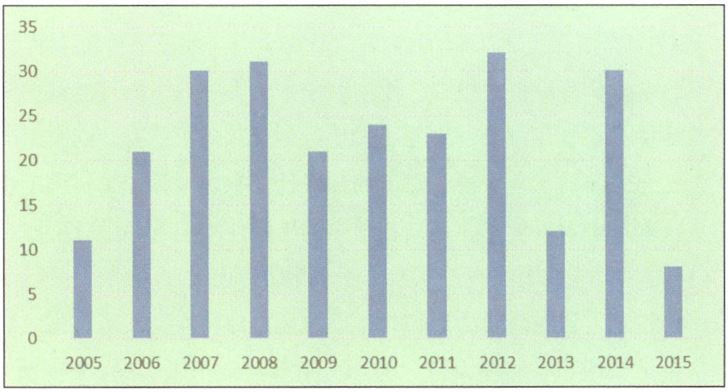

图2.22　主题为“虚拟现实”和“建筑设计”的检索结果统计

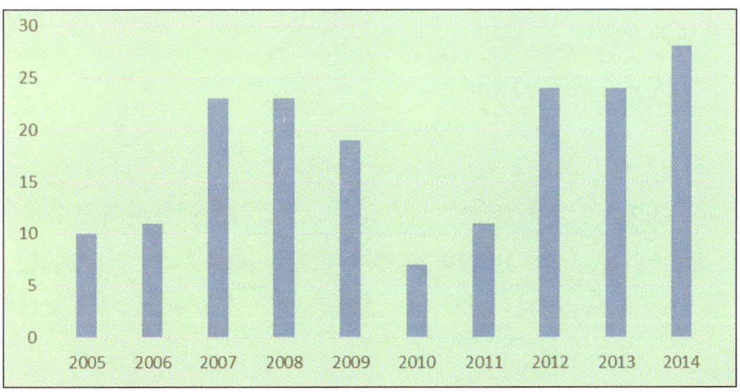

图2.23　主题为“3D”和“土木工程”的检索结果统计

在建筑设计教学领域，通过3D打印建筑模型，不仅可以观察到设计的实际效果，还可以对建筑物的各种结构进行试验和测试。罗彻斯特理工学院（Rochester Institute of Technology）的教师在静力学课程教学中讲授桥梁结构受力时，让学生们在课程中设计桥梁，并计算桥梁的受力情况。所设计的桥梁通过3D打印机按比例打印后，通过试验检验受力效果。

土木工程专业的主干课程包括混凝土结构、钢结构、高层建筑结构、建筑结构抗震等，这些课程的实践性很强，且对构造知识的要求很多，导致学生难学、教师难教。因此，如何帮助学生加深对教学内容的理解，提高学习效率，提升教学质量，长期以来一直都是土木工程专业教学改革的热点。将这些课程中涉及的各种结构组成，尤其是一些节点构造制作成3D模型，用户就可以任意缩放、移动、旋转模型，实现360°全景浏览，还能够对模型中各种构件的显示或隐藏进行控制。让学生如此直观且互动地学习，有助于解决教学中的重点、难点问题，显著提高了教学效果。

将虚拟仿真技术应用在土木工程的课程实训教学中，改进了传统实践教学模式和方法，不但可以节约学校实验设备的投资，使实训成本大大降低，而且能够摒弃学生不好的学习习惯，有效地提高了学习效率，培养了学生的创新和动手能力。同时，通过师生互动活跃了课堂气氛，充分调动了学生自主学习的积极性，有效地保证了土木工程的课程教学质量。虚拟仿真技术在土木工程专业实训教学中的应用使得实习教学过程既可体现现代先进施工技术的内涵，又可充分培养学生设计、分析和动手操作的能力。

相关文献中也指出，目前研发的虚拟教学系统还仅停留在“展示”与“演示”的表面层次，更深层次的结构施工、结构设计、力学分析等功能仍未实现，扩展此部分的内容，有助于将专业知识进一步整合，有助于培养学生的设计、施工及科研能力。而3D打印机在实际应用中存在诸如打印精度不高、打印时间太长、支撑结构难以去除等问题，这些都是需要进一步改进的方向。

2.5 职业教育

3D技术在职业教育方面主要包括虚拟现实和新兴的3D打印两个方面。虚拟现实技术应用于职业教育，能为复杂的技能训练、宏观的效果设计、微观的解剖分析、动态的过程仿真等方面带来变革，并对职业教学观念、教学内容、教学手段产生深远的影响。

在中国知网期刊论文库，以“3D”和“职业教育”为关键词搜索，共得到39篇文章，如图2.24所示；以“虚拟现实”和“职业教育”为关键词搜索，共得到132篇文章，其中2010年至今有83篇，如图2.25所示。在中国知网期刊论文库，以“3D打印”和“职业教育”为关键词搜索，共得到4篇文章，均为2013年以后发表的。

从检索到的文献数量来看，对于3D和职业教育结合的研究从2012年以来明显增长，人们的关注点日趋丰富。虚拟现实技术同职业教育教学结合，国内的研究比较活跃，发表的相关文献从2006年开始数量逐年增多，并在2009年至2011年达到顶峰，之后可能关注点转向3D技术的大概念，发表论文数有所下降。

对于文献的研究内容，前期的论文主要论述了虚拟技术等与职业教育结合的可能性，有文章指出：基于虚拟现实的仿真技术运用于职业教育中不是传统教材的简单数字化，即将传统教材内容、步骤“复制”到计算机上，而是根据一定的教学目标，充分考虑到学习者的特征、认知规律和技能养成的需要，考虑教学内容的客观表现性和可操作性等因素，在现代教育思想和教育理论的指导下，遵照科学的计算流程开发出来的，表现特定教学内容，为学习创设具体情景并体现一定教学策略的计算机教学软件。它对教育教学过程有着独特的功能和作用。

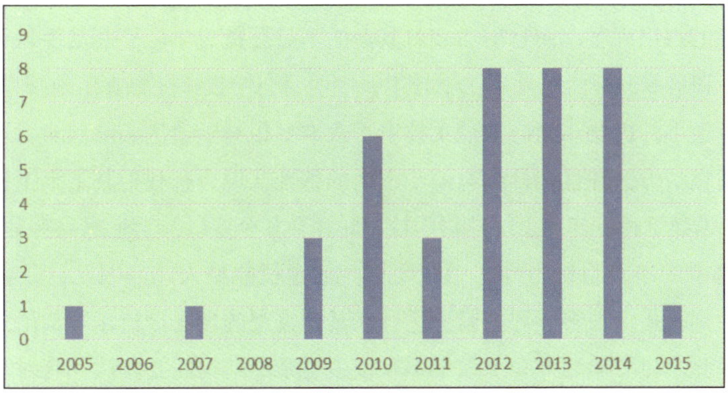

图2.24　主题为“3D”和“职业教育”的检索结果统计

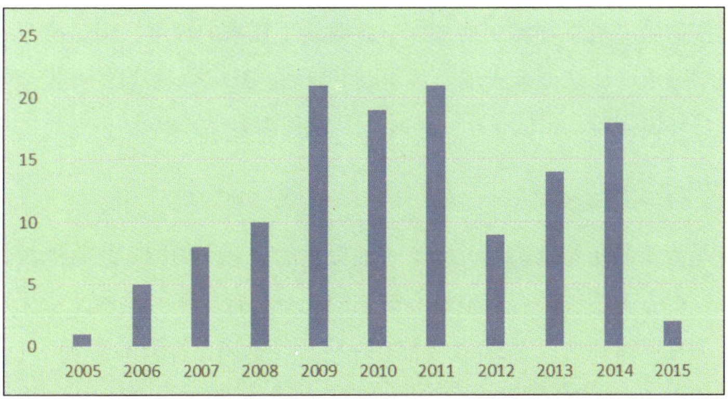

图2.25　主题为“虚拟现实”和“职业教育”的检索结果统计

后期论文逐渐趋于实证，一些结合具体内容的课程系统被开发出来，涉及农业职业教育、铁路职业教育、汽修、电工类、电子类、高等卫生等方面。2013年以来，3D打印技术出现了重大突破，这方面的论文也明显增多。3D打印有如下优点：设计空间无限，不占空间、方便携带，材料无限组合。使用3D打印技术可将平时学科中虚拟的抽象的概念通过具体的实物课程展示出来，有利于激发学生们的探索精神。3D打印在基础教育中的应用所带来的最为明显的效果是通过呈现特定的物体，使学生获得深度的感知。对于没有足够标本的学校，这个优势更加明显。在国内，已经有学校开展了将3D打印引入职业课堂的尝试，不过由于3D打印在成本、耗材等方面如何降低还有待进一步研究，3D打印技术在职业学校中还未得到大面积的普及和推广。

职业教育具有对于虚拟现实技术更大的需求。我国的职业技术教育是就业教育，比普通教育具有更强的技术性和实践性要求。学生的知识和能力培养也配合这一趋势而更加注重职业能力和技术的培养与训练。如果不采用虚拟现实技术，就必然会加大人力、物力和其他教育资源的占用程度，而且由于实习基地的不足会造成学生实际动手机会短缺，达不到原有的教学和培养目标。若采用这一技术，则明显会使教育资源支出限制在一定范围内，并且增加学生上手的机会。而虚拟现实技术平台本身相对于学生实际到实习基地或工厂车间要节约时间和精力，并且同样会有助于学生的感性认识，有利于其走上工作岗位后快速上手，加快技术熟练程度和速度。这对学校、对社会和企业以及学生家长都是有利的。

与普通高中的培养目标不同，中职要培养的是技能型人才。因此，职业中专的很多专业的实践性都很强，很多学习内容更适合在具体直观的现场进行学习，吊顶的装饰施工的教学也是如此。在吊顶装饰施工教学中有很多复杂的结构需要解读，有时只靠节点图是不能直观表达出来的，中职学生的空间思维能力还不是特别强，虽然大多数的中职学生对空间思维的要求明显高于普通高中的学生，但他们对于比较抽象的东西的理解能力却显得相对不足。真实的施工现场固然更能加深学生对施工技术的理解，但是由于各种条件的限制，理想化的学习条件往往很难实现。基于以上原因，3D学习平台的开发能够为他们提供更加直观的学习环境体验，帮助学生更好地理解课程内容。

2.6 特殊教育

特殊教育是为了满足特殊需要儿童学习而提供的教育。中国实施特殊教育的对象主要是盲、聋、哑、智力落后以及有其他身心缺陷的儿童和青少年。这些儿童无疑对课程设置和学习内容等都有特殊要求，而3D技术能在一定程度上满足特教的需要。

以“3D”和“特殊教育”为检索主题，在中国知网期刊论文库中检索到2010年以来的文献4篇。经过对文献的初步梳理，我们发现这些文献的关注点主要集中在对3D技术近年来在特殊教育不同领域中的研究成果及应用进行阐述，并针对当前使用中存在的问题提出一些建议。

从检索到的文献数量和内容上来看，国内对3D技术与特殊教育整合的研究还处于起步阶段，一些特殊教育研究者和工作者还没有认识到该项技术的价值所在，更不具备基本的使用和操作技能。实际上，3D技术包括虚拟现实技术在肢体障碍儿童、视力障碍儿童、听力障碍儿童及其他类型特殊儿童的教学、治疗与训练中的应用研究均已取得阶段性成果，并达成了一些共识：（1）联系特殊儿童评估专家，制定科学的治疗与评估标准；（2）尊重特殊儿童发展的基本规律，注重多种方法的综合使用；（3）强调人文关怀和回归主流，强化各类特殊儿童社会适应能力的训练；（4）结合我国特殊教育的发展实际，争取多方人员的积极配合。

现以美国3D技术与特殊教育整合应用案例——美国谢尔顿学校“领航实验项目”为例，说明3D在特殊教育领域的应用情况，为我国特教事业引入3D技术这一新鲜血液提供了启示。

（1）学校的基本情况

谢尔顿学校是美国专门为有学习障碍（主要的学习障碍包括诵读困难、过度活跃症、言语和语言紊乱等）的学生服务的最大的私立学校，其目的是为每一个学生提供最好的个性化的教育途径。学校通过个性化、结构化的多感官的教学计划给学习障碍儿童提供全面的、有效的课程。

（2）学校使用的3D硬件和软件

该项目中使用普通3D投影机来配合3D快门眼镜。学校采用的3D教学内容是由相关公司为中小学校提供的3D仿真课件库——Classroom3，其产品涉及数学、天文学、植物学、生物学等。

（3）项目实施情况

学校完成了一周的领航测试项目，以探索3D课程在中学数学中应用的可能性。据五、六年级的数学老师劳伦·桑德斯（Lanren Sander S）所言，试验取得了巨大成功。她说：“我们学校要满足学障学生的要求，我们在多样的学习技术方面投入了大量的资金。例如，我们使用交互式白板已经多年了。我们想看看，3D投影是否能让我们的教学更加有效，所以我们在一周中上了3节使用3D技术的课，分别关于体积、对称和立体形状。最终效果非常好。孩子们踊跃地参与，喜爱3D眼镜，他们认为戴着3D眼镜非常酷。我们学校有许多学生患有‘过度活跃症’，但是我发现在上3D课时，学生非常专心。平常我会被问及许多问题，通过这些问题学生明确了对学习材料和过程的理解。但是这次，我被问到的问题就少得多了。学生们更加有耐心与热心地探索内容。用3D技术教授轴对称的内容非常好，因为在二维平面上很难重建物体的对称性。体积这部分也很好，因为他们能看到复杂的形状被分割成立方体，然后我们就可以计算每个立方体的体积，把结果加起来就得到了总的体积。3D技术真的很有用处。”

谢尔顿学校研究小组的统计员史蒂夫·罗伯逊分析了领航项目中的考试成绩，发现学习过3D课程的学生考试成绩都得到了提高。他通过课前和课后的测试，发现学生成绩有了明显提高，这些学生学习的是谢尔顿学校的标准课程，使用的教学方法也是标准的。

他说，“在体积、对称、立体形状3个科目中，实验组取得了一致的更好的成绩。3D课程的效果与使用交互式白板的标准教学的比较很有意义。我只能推测要是与今天我们使用的标准白板或者黑板的教学相比，成绩的增量甚至会更大。现在我们的研究当然也受到一些制约，尤其是选用的样本太小，但是实验仍然鼓励我们想要进一步扩大3D技术在谢尔顿学校的应用。”

“3D会成为教学中的重要元素。但是还需要在实现方式和工具上改进。我不能预想在50分钟的课堂中一直使用3D技术来教学。观看3D内容必须要与操作、白板、讨论和举例配合。这样可以保证3D的新鲜感，这种新鲜感是很重要的。”

2.7 高等教育

虚拟仿真实验教学是高等教育信息化建设和实验教学示范中心建设的重要内容，是《教育部关于全面提高高等教育质量的若干意见》和《教育信息化十年发展规划（2011—2020年）》有关精神的落实。虚拟仿真实验可实现真实实验不具备或难以完成的教学功能，在涉及高危或极端的环境、不可及或不可逆的操作、高成本、高消耗、大型或综合训练等情况时，可提供可靠、安全和经济的实验项目。

以“3D”和“高等教育”为检索主题，在中国知网期刊论文库，检索到文献56篇，其中2010年至今有36篇，其中2005年之后的文献统计如图2.26所示。以“3D显示”和“高等教育”为检索主题，在中国知网期刊论文库，没有检索到结果。

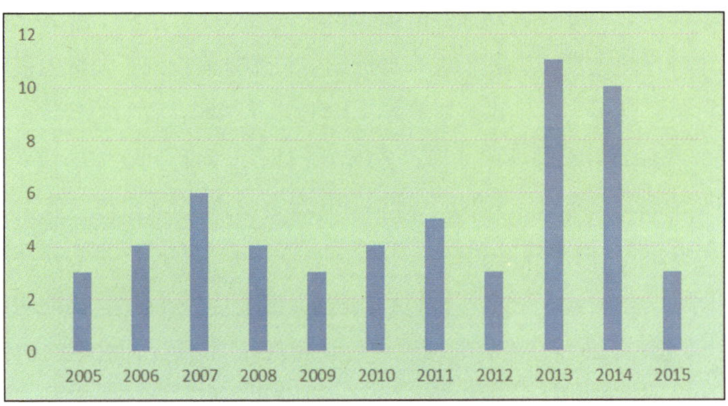

图2.26 主题为“3D”和“高等教育”的检索结果统计

以“虚拟现实”和“高等教育”为检索主题，在中国知网期刊论文库，检索到文献37篇，其中2005年之后的文献统计如图2.27所示。以“3D打印”和“高等教育”为检索主题，在中国知网期刊论文库，2013年以后共检索到12篇文献。

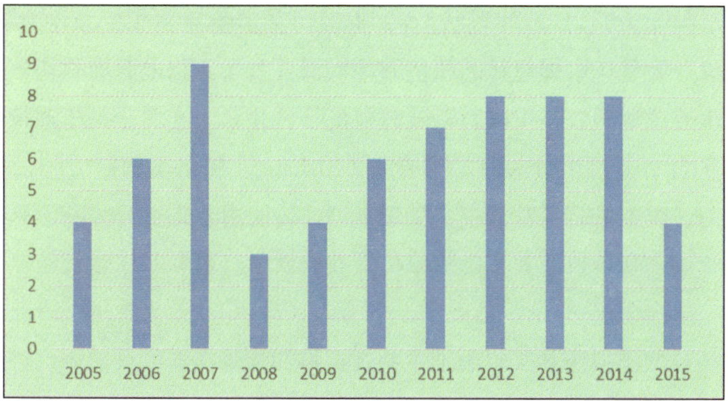

图2.27　主题为“虚拟现实”和“高等教育”的检索结果统计

从检索到的文献数量来看，对于3D显示技术，国内目前还没有发现与高等教育结合方面的研究。3D技术与高等教育结合方面发表的相关文献从2013年以来明显增长，成为研究热点。对于虚拟现实技术同高等教育结合的研究，2010年以来一直保持在较高水平。3D打印技术在2013年取得突破，与高等教育结合方面的论文也开始出现，预计今后也会成为研究热点。

教育部从2013年起开展了国家级虚拟仿真实验教学中心的建设工作，并于2014年正式批准了100个国家级虚拟仿真实验教学中心。这100个实验教学中心是根据教育部开展2014年国家级虚拟仿真实验教学中心建设工作的有关要求，经省级教育行政部门、军队院校教育主管部门推荐，中国高等教育学会组织审核、专家评审和网上公示，最终由教育部批准的。涉及材料科学工程、采矿工程、钢铁生产、船舶动力、地质探测、通信工程、土木工程等工业生产领域和学科领域（参见附录2、附录3）。

教育部要求，有关高校要高度重视实验教学信息化和虚拟仿真实验教学中心建设工作，加强虚拟仿真优质实验教学资源的建设与开放共享，完善虚拟仿真实验教学管理共享平台建设，优化虚拟仿真实验教学中心管理体系，提升虚拟仿真实验教学队伍的教学和管理能力，提高实验教学管理信息化和支持服务信息化水平。

虚拟仿真实验教学中心建设应充分体现虚实结合、相互补充、能实不虚的原则。

虚拟仿真实验教学依托虚拟现实、多媒体、人机交互、数据库和网络通信等技术，构建高度仿真的虚拟实验环境和实验对象，学生在虚拟环境中开展实验，达到教学大纲所要求的教学效果。

虚拟仿真实验建立的关键是采用虚拟现实、多媒体、人机交互、数据库和网络通信等技术，根据实验教学需求设计出用于实验的虚拟实验场景、虚拟环境、虚拟仪器设备、实验线路或回路、实验元器件或构件库、判别实验效果的判别标准等。按照不同的应用技术、依托平台、使用方式以及学科属性等，虚拟仿真实验教学资源可分为不同类型。如：按应用技术可以分为基于多媒体计算机的虚拟实验、基于网络的分布式协同实验、基于虚拟现实技术的沉浸式实验、基于教育游戏软件的个性化自主实验、基于遥控技术的远程交互实验等；按平台特征可以分为移动实验室（M-Lab）、网络实验室（W-Lab）、虚拟仿真实验室（V-Lab）、虚拟仿真实验环境（VEE）等；按使用方式可分为基于软件共享的虚拟仿真实验教学资源、基于仪器共享的虚拟仿真实验教学资源和基于远程控制的虚拟仿真实验教学资源。

目前多数高校的虚拟仿真实验教学主要在工科和经管类学科开展，已经收到良好的教学和科研效果，但其他学科类别的虚拟仿真实验教学资源目前还略显缺乏，存在着资源的规模和覆盖面有待提高、资源的自主研究与创新尚显不足等方面的问题。

哈尔滨工程大学实验室与资产管理处的胡今鸿等人的问卷调研结果显示：63.46%的高校有专项的实验教学信息化建设经费，多数为每年50万~100万元，高达78.48%的高校有支持和培育虚拟仿真实验教学中心的计划和投入。虚拟仿真实验教学资源的主要来源有市场购买、自行开发、校企合作开发以及共享其他高校或社会资源，其中以共享其他高校或社会资源为主要来源的高校尚不足11.53%，有42.30%的高校表示现有虚拟仿真实验教学资源的开放共享还不够，更有76.92%的高校认为现有虚拟仿真实验教学资源的质量有待提高。多数学校对理科、电子信息、化学化工、工程制造等学科的虚拟仿真实验教学资源有着迫切需求。

从各高校开展虚拟仿真实验教学中心建设的情况来看，虚拟仿真实验教学资源的开放共享仍处于起步和探索阶段，面临着许多问题和困难，比如技术标准和规范的缺乏、自主知识产权的欠缺、资源的重复建设等，尤其是在制度层面，亟待建立起有利于资源开放共享的管理体制和运行机制。

总体来看，虚拟仿真实验教学中心的建设还面临着云计算、3D打印、虚拟现实以及远程实验等新技术和新媒介快速发展的挑战，面临着教育信息化意识和观念更新的挑战，面临着提升教师信息素养和信息技术应用能力的挑战，因此，通过研究和借鉴相关领域已有的经验、理念和成果资源，完善相关政策规定，建立资源共享与开发联合的长效机制，在建设过程中积极探索，从而有效提升虚拟仿真实验教学中心的成效，推进高校实验教学信息化更好、更快地发展。

2.8　3D校园

三维虚拟校园系统是数字校园的基础和平台，开展三维虚拟校园系统及相关课题的研究适应了信息社会发展的趋势，具有重要的理论意义和现实意义。

以“3D”和“虚拟校园”为检索主题，在中国知网期刊论文库检索到从2005年开始截至目前共有文献360篇，文献统计如图2.28所示。以“3D显示”和“虚拟校园”为检索主题，并未检索到结果。以“虚拟现实”和“虚拟校园”为检索主题，在中国知网期刊论文库检索到文献585篇，其中2005年之后的文献统计如图2.29所示。

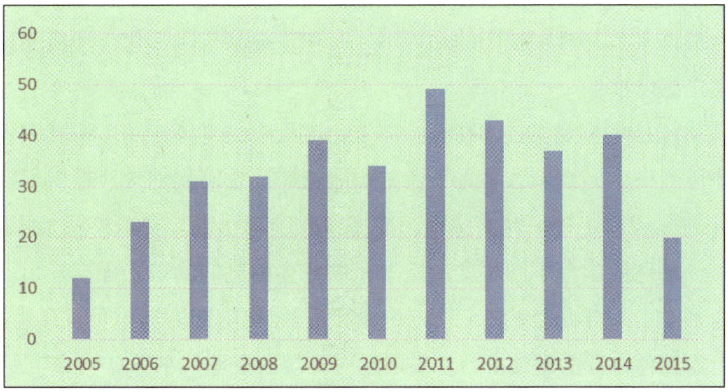

图2.28　主题为“3D”和“虚拟校园”的检索结果统计

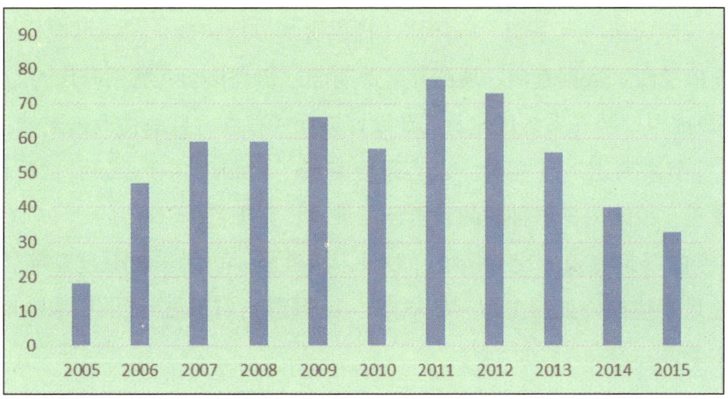

图2.29　主题为“虚拟现实”和“虚拟校园”的检索结果统计

从检索到的文献数量来看，对于3D和虚拟校园，业内一直保持较高的研究热度。虚拟现实技术同虚拟校园结合的国内研究比较活跃，发表的相关文献的数量从2006年开始逐渐增多，并在2011年至2012年达到顶峰，之后或因研究者关注点转向3D技术与数字校园，发表论文数有所下降。

从检索到的文献内容来看，对3D虚拟校园研究还主要集中在一些高等院校或商业领域，针对普通中学校园虚拟漫游的应用目前还比较少见。3D虚拟校园技术对学校的对外宣传、招生就业、校容校貌的展示等具有非常重要的作用，是校园信息化平台建设的重要组成部分。三维场景漫游系统在沉浸感、交互性与实时性方面的综合效果优势是传统二维效果图及二维和3D动画技术所无法比拟的。

3D虚拟校园系统以现实校园环境为基础，利用虚拟模型将现实校园的建筑风格、基础设施建设以及绿化范围等情况直观形象地呈现出来，突破了传统校园门户网站拘泥于文字、图片等简单、呆板的浏览限制，用户可以通过虚拟漫游和人机交互等方式获得多方面的感官体验，拉近人员与真实校园的距离感，有利于提高校园文化与环境的宣传效果，体现学校的现代化建设水平。

虚拟校园系统是虚拟现实技术在校园数字化进程中的具体应用，将其引入“数字化校园”平台的建设当中，为校园数字化平台的功能拓展及校园规划设计提供了新方法和新途径，有助于促进校园数字化平台的建设，提高教育管理水平。虚拟校园系统由浅至深有3个应用层面，分别适应学校不同程度的需求：供游客浏览的简单的虚拟校园环境；基于教务管理、师生活动，以学员为中心，加入一系列人性化功能的三维可视化虚拟校园系统；以虚拟校园作为教育管理的基础平台，发展远程教学、资源共享等。

前期虚拟校园系统多基于PC平台开发，存在漫游视角固定及缺乏互动性等问题。有研究针对Android平台提出了三维模型的创建及优化方法，设计并实现可运行于Android平台的三维虚拟校园人机交互系统，以向用户提供更加方便快捷、三维可视化的信息服务为目标，实现虚拟漫游、数据查询、地图导航等功能，切合移动互联网时代的需求。

目前的3D虚拟校园在系统优化及功能设计方面还存在一些有待改进之处：

① 场景细节需要进一步完善。现有系统完成了校园内主要建筑、设施模型的建立，但对于植被覆盖、校园内树木种类的设置还需进一步完善。

② 增加室内场景建模。现有系统一般限于室外漫游，为丰富系统功能，可以对主要建筑室内环境进行建模，如校史馆、教学楼、实验楼等，让用户能够更清晰地了解校园文化氛围及教学条件。

③ 功能进一步完善。如开发实时通信、师生信息管理、虚拟课堂等功能。

④ 系统优化。数据的渲染需要占用较多的资源，模型优化程度受到了制约。因此，如何优化系统运行效率、降低系统运行所需性能条件是需要进一步研究和解决的问题。

近年来，“数字城市”和“数字校园”开始涌现并逐步转变为现实。随着数字化技术的进一步发展，实现学校管理的数字化、智能化是新时期学校发展的新要求。数字校园的建设可以为学校树立良好的形象，提高学校的知名度，宣传校园文化，还可以作为校园规划的辅助工具，在对校园内部的建筑物、道路、辅助设施进行修建规划时，可以在这个虚拟的三维环境中动态交互地对未来的校园环境进行全面的审查，为校园规划和设计提供更明确的目标，同时也提高了校园管理的效率和科学化水平，有助于加快校园建设。目前数字校园逐渐从大学推广到中学，从PC延伸至移动端，向着功能不断完善，界面人性化程度更高的水平发展。

2.9 数字博物馆

作为公共教育的重要窗口和基地，博物馆也越来越多地利用3D技术开展全方位立体化的宣教工作。在博物馆公共教育领域，如何打破传统的“单一填压”教育模式，全方位地应用3D媒体技术建立新的寓教于乐、互动交流的模式，是博物馆公共教育从业者需要面临的考验。

以“3D”和“博物馆”为检索主题，在中国知网期刊论文库检索到2005年以来的文献284篇，其中2010年至今有196篇，如图2.30所示。对文献进行初步梳理，文献关注点主要集中在先进数字博物馆系统的报道、专业虚拟系统的开发以及具体虚拟展示技术。

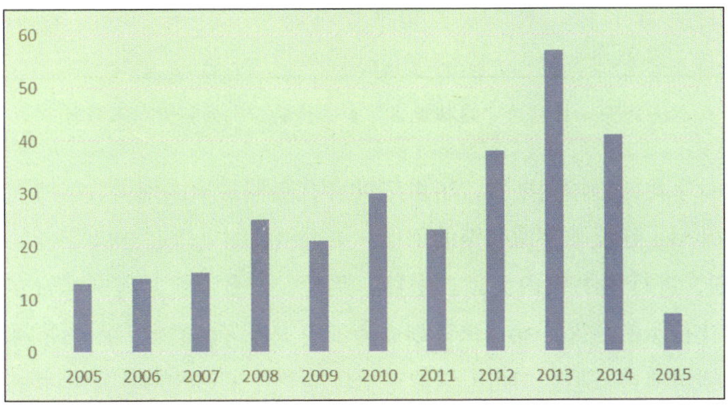

图2.30 主题为“3D”和“博物馆”的检索结果统计

以“虚拟现实”和“博物馆”为检索主题，在中国知网期刊论文库检索到文献294篇，其中2005年之后的文献统计如图2.31所示。以“3D打印”和“博物馆”为检索主题，在中国知网期刊论文库检索到从2013年以来共有15篇文献。

检索到的文献数量近十年逐渐增加，体现出3D技术在博物馆教育中的应用得到了研究者的持续关注。对于虚拟现实技术同博物馆教育的结合，国内的研究也比较多，仅以虚拟现实技术在数字博物馆中的某项技术应用为主题发表的论文就有上百篇。对于3D打印这项新兴技术，国内同博物馆教育结合方面的研究还很少，人们对于这方面的关注还不多。

从检索到的文献内容上来看，在国外，很多国家早就开始了对文物考古的数字化工程项目。在不同的应用领域也产生了不同的形式与阶段：其一，记录古文化遗址的三维数据信息，即通过三维扫描仪对文物与古迹进行数据信息的采集，再通过计算机软件进行保存，这些数据包括考古发掘现场及周边的建筑及发掘出土的文物等；其二，把三维扫描仪获取的数据信息进行整合分析，然后利用虚拟现实技术和多媒体技术对文物和古文化遗址进行建模，最终重现古遗址和出土文物的原貌；其三，对文化遗址和出土文物的三维展示和传播。

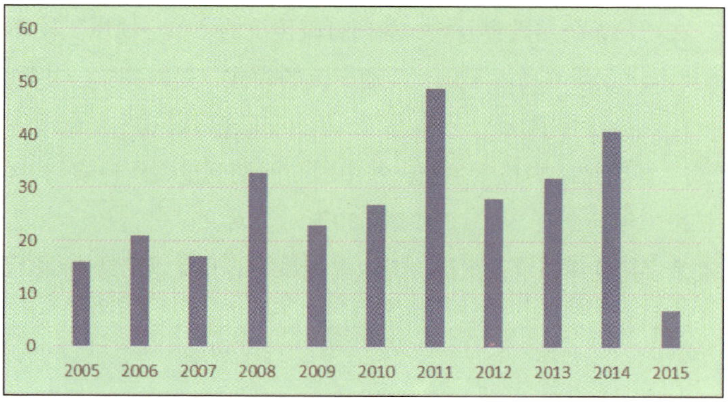

图2.31　主题为“虚拟现实”和“博物馆”的检索结果统计

从广义的数字化博物馆角度看，20世纪90年代美国最早出现了数字博物馆，紧接着欧洲一些大国都开始了建设数字博物馆的工程。美国国会图书馆在1990年就始了“American Memory”计划，进行图书馆内文献、手稿、照片、录音、影片等典藏品的数字化工作，并形成历史文化传承的主题产品，该计划成为了美国最著名的数字图书馆项目，同时也是著名的数字博物馆项目。美国加州大学伯克利建筑学院和VSMM国际学术机构联合建立了虚拟遗产网络（Virtual Heritage Network，VHN），其在文化遗产数字化领域的贡献得到了联合国教科文组织的认可，并承担了该组织的很多课题。著名的有斯坦福大学与意大利政府合作的“米开朗基罗项目”，该项目将包括著名的大卫雕像在内的10座雕塑数字化，其中大卫雕像模型包括2亿个面片和7000幅彩色照片，这是应用三维扫描技术在文物保护与修复领域的典型代表作品。

到目前为止，国内3D媒体技术在博物馆公共教育中的应用还处于起步阶段，仅局限在一些规模较大的博物馆中，并且也只是反映在展台和展厅布置上，远还未到达充分应用的阶段。

第3章 3D教育需求调研

3.1 问卷设计

为了了解校方（包括教育主管部门领导、学校领导、老师）、供应方（相关厂商）以及学生和家长等对3D多媒体教育技术的了解程度、感兴趣程度、前景预期，还有3D教育技术的适用阶段、学科需求，以及对整套3D多媒体教室装备的硬件和软件的性能要求、定价预期，我们拟就了问卷，先后在江苏昆山和山东临沂举办的中国教育装备展会上开展问卷调研，并对结果进行了统计和分析，问卷详细内容参见附录2。

3.2 问卷内容

3.2.1 第一阶段问卷调查

经过昆山教育装备展与高交会的两次问卷调查，我们收集了学校领导、老师、经销商、家长、学生、教育主管部门领导及业内外人士的信息反馈，结果统计如下：

（1）两次问卷调查（含翠园中学现场调查在内）参与人数共约100人：其中教育主管部门8人，学校校长8人，经销商约40人，老师16人，学生（中学生、小学生）30人，公司相关负责人20余人。

（2）在价格定位方面：40%的客户（代理商）建议整套3D多媒体教育装备定价在20万~35万元，30%（学校领导与老师）的客户建议定价在20万~25万元，20%的客户（学校领导与老师）建议定价在20万元以内，10%的客户（代理商）可以接受50万元左右的定价。统计结果如图3.1所示。

（3）对于科目的要求，除生物、物理、化学、数学等科目之外，学校老师和家长希望增加地理与科普，但90%的老师和家长更希望主课（物理、化学和数学）的教材做得更加细致，对副科期望不是太高，因为目前中国的教学方式还是以考试升学为主要目标。

（4）75%的人对3D多媒体教学技术还是怀有很大期待的，并看好3D多媒体教育技术的潜在市场，15%的人认为3D教育技术对整个教学的帮助不会起太大作用。10%的人认同3D教育趋势，但担心长期使用3D多媒体技术会对学生的视力造成影响，持观望状态。

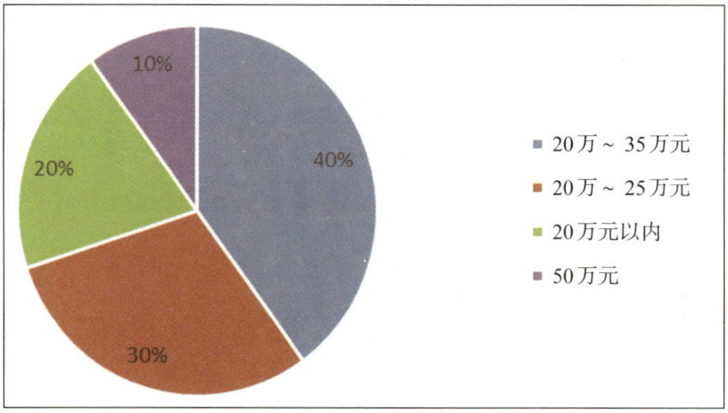

图3.1 用户可接受的3D多媒体教学设备定价统计

（5）针对3D多媒体教学装备的安装位置，在听取介绍后，40%的人（经销商和老师）认为应该安装在功能教室；50%的人（经销商和学校领导）认为应该要做普及推广，能够安装到普通教室中；10%的人（家长）希望能够买回家庭使用。统计结果图如图3.2所示。

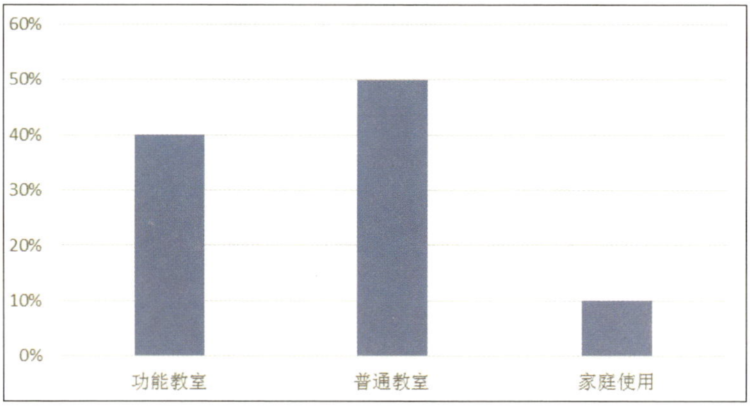

图3.2 3D多媒体教学装备安装地点统计

（6）对于3D多媒体教学装备的优势和效果，90%的人认为能提高学生对学习的主动性和积极性，95%以上的人认为3D教学片源使抽象的知识点更加生动逼真；70%以上的人认为3D教学模式可以更好地帮助老师向学生授课，但有80%的人（学校领导）提出片源与现行教材的吻合度的疑问，涉及老师的备课与授课的衔接；90%的人都认为是一种全新的教学模式。

（7）对3D多媒体教学方案最关注的问题主要有以下几点：90%的经销商与100%的学校老师及领导最关注教学片源跟我国教材知识的匹配度；90%以上的学校领导和85%的经

销商希望能普及到每个教室；100%的学校领导和90%以上的经销商要求片源及播放软件能长久使用；对操作系统，经销商和学校相关人员一致认为要能按年级—科目—课题，或者科目—年级—课题的方式展现出来，以便于老师操作。

（8）对于课件的适应阶段，不同群体有不同的建议。展会上有7家职业学校的领导和老师提出在职业教育中使用该项目更加合适，教育投入是值得的，尤其在观看“内燃机”的课件后发表此意见，一位退休的工程师也有此建议。90%的经销商认为重点在中小学阶段，80%的家长也认为应该放在中小学阶段，但部分家长担心3D眼镜会影响小学生的视力。此外，有2家高校的老师建议可以在大学做推广，以相关学科的课件为主，结合3D影院设计整体方案。35%的人认为3D多媒体教育技术适合应用在高中阶段。

（9）在观看3D视频教学课件后，90%以上的家长和学生都产生了浓厚的兴趣。初中生感兴趣的比例在70%，小学生感兴趣的比例在90%以上。

（10）对于设备方面的配制，人们主要关注于3D播放系统及投影机，学校顾及的是能否在学校现有设备的基础上安装。对于学校是否会引进3D教学，很多学校的领导在听取报价后，均表示短期内尚有困难。

3.2.2 第二阶段问卷调查

通过山东临沂主办的中国教育装备展会的问卷调查，我们收集了学校领导、老师（有高校教师、中学教师、小学教师以及幼儿园教师）、家长、学生、公司相关负责人、教育主管部门领导及业内外人士的信息反馈，统计结果如下：

（1）96%的人认同3D教育发展的前景广阔，潜在的市场需求很大；4%的人对此表示不确定。统计结果如图3.3所示。

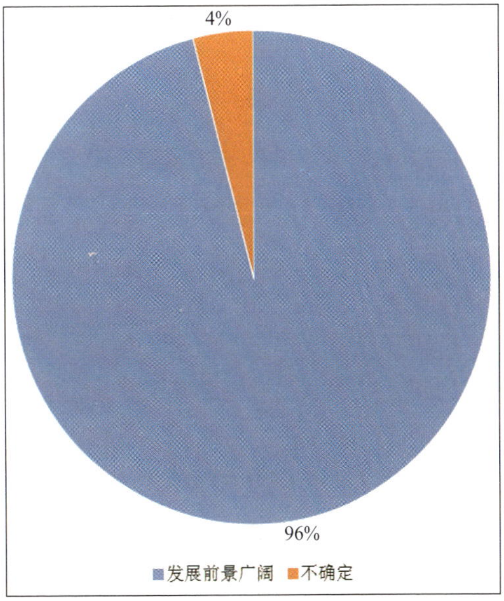

图3.3 3D教育发展前景预期统计

（2）在本次展会之前，4%的人（主要是相关行业的公司负责人）表示对3D多媒体教育技术或其应用有较多了解，40%的人对3D多媒体教育技术或其应用有一定的了解，44%的人对3D多媒体教育技术及其应用了解很少，12%的人之前并没有了解过或听说过3D多媒体教育技术及其应用。对于此前对3D多媒体教育技术及其应用有过一定了解的人，他们主要是通过相关展会、参观学习、网络媒体报道的渠道，第一次接触到3D多媒体教育技术的。统计结果如图3.4所示。

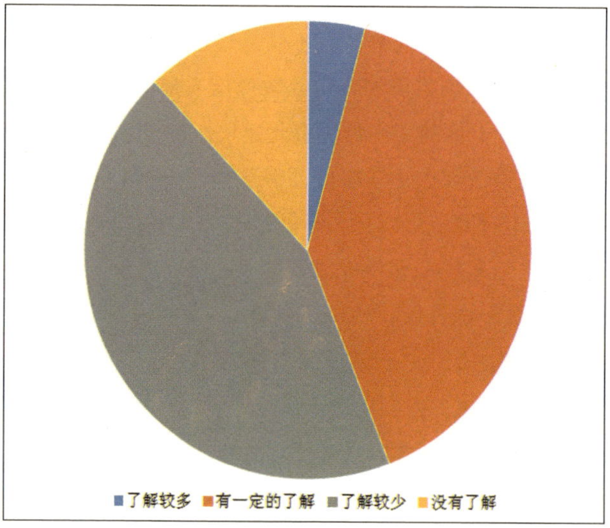

图3.4　3D多媒体技术了解情况统计

（3）对于本次展会上所展示的3D教学内容，大多数人表示对生物学科，特别是心脏血液的传输以及心房的讲解印象最为深刻，普遍表示通过3D立体动画讲述心脏结构与血液输送的部分，与传统教学相比，具有过程清晰、直观生动、形象逼真的优势，易于学生的理解和掌握。

（4）在本次展会之后，100%的人（全部）表示自己和孩子对3D多媒体教学很感兴趣。44%的人认为可以在高中阶段应用3D多媒体教育技术辅助教学，以提升学生的学习效果；68%的人认为可以在初中阶段应用3D多媒体教育技术教学；68%的人认为可以在小学阶段就应用3D多媒体教育技术辅助教学；另外，有4%的人表示3D多媒体教育技术还可以应用在高校教学中。统计结果如图3.5所示。

（5）在本次展会之后，24%的人认为应用3D多媒体教育技术，能够有效地促进数学科目的教学，特别是在立体几何部分，应用3D多媒体教育技术可以使学生很容易分辨立体图形与平面的差距，降缓思维梯度，并有助于学生空间想象能力的培养。

76%的人认为应用3D多媒体教育技术，可以有效促进物理科目的教学；76%的人认为应用3D多媒体教育技术，可以有效促进化学科目的教学；80%的人认为应用3D多媒体教育技术，可以有效促进生物科目的教学。首先，物理、化学、生物三门科学学科都涉及微观层次的教学，例如物理学科中的电荷、化学学科中的原子与分子、生物学科中的细胞以及生物体内部的结构等，通过放映3D多媒体视频或3D教学课件的制作，可以有效增强教学直观性，为学生提供丰富的感性材料，便于学生理解。其次，对于物理、化学、生物科学学科中的实验，教师和学生可以通过3D虚拟实验室实现交互操作，激发学生的学习兴趣，有助于学生动手实践，提高课堂教学效率。

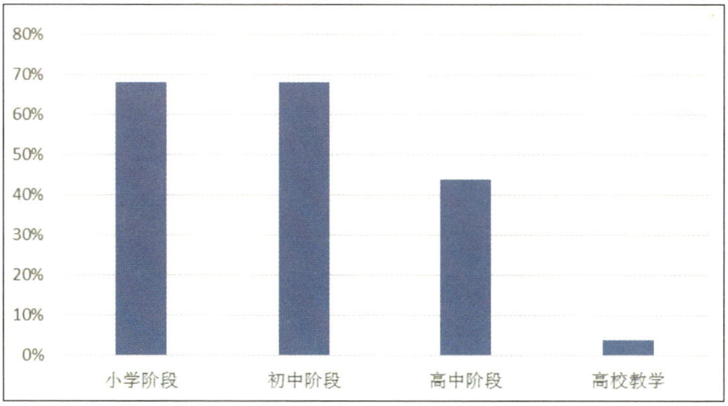

图3.5　3D教育技术适用阶段调查结果统计

24%的人认为应用3D多媒体教育技术，可以有效促进历史科目的教学，例如应用3D多媒体教育技术还原历史人物、历史事件；72%的人认为应用3D多媒体教育技术，可以有效促进地理科目的教学，地理学科中的气候类型、土壤以及大气环流部分的内容采用3D多媒体教育技术讲解可以实现立体直观的效果，便于学生理解记忆。8%的人认为应用3D多媒体教育技术，可以有效促进语文科目的教学；4%的人认为应用3D多媒体教育技术，可以有效促进英语科目的教学。

52%的人认为应用3D多媒体教育技术，可以有效促进信息技术的教学，且3D教育技术同互联网结合会有很大的作为；32%的人认为应用3D多媒体教育技术，可以有效促进通用技术的教学，例如应用在手工制作部分的过程分解展示中。统计结果如图3.6所示。

（6）对于本次展会上展出的3D多媒体教室方案的主要优势，52%的人认为可以提高学生对学习的主动性和积极性；52%的人认为可以更好地帮助老师向学生授课；64%的人认为这是全新的体验式、交互式的教学模式；36%的人认为可以提升学生与教师和教学内容的互动；76%的人认为3D教学片源使抽象的知识点更加生动真实，可增强学生的感性认识。统计结果如图3.7所示。

（7）除了本次展会所展示的生物、物理、化学和数学科目的3D技术应用外，20%的人希望增加语文科目的展示和应用，12%的人希望增加英语科目的展示和应用，20%的人希望增加历史科目的展示和应用，64%希望增加地理科目的展示和应用，24%希望增加信息技术科目的展示和应用，32%希望增加通用技术科目的展示和应用，4%希望增加美术科目的展示和应用。

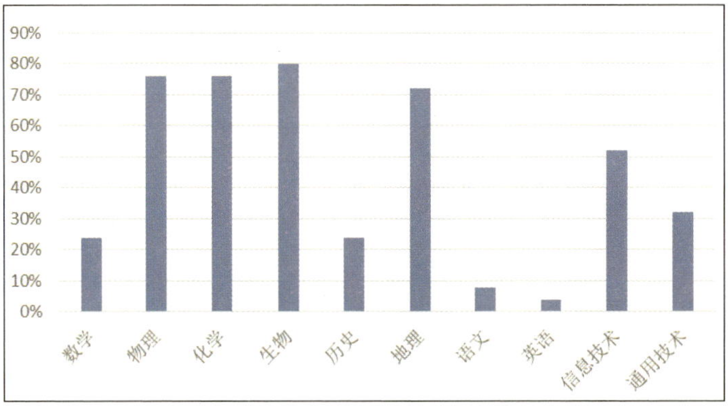

图3.6　3D教育技术适用学科调查结果统计

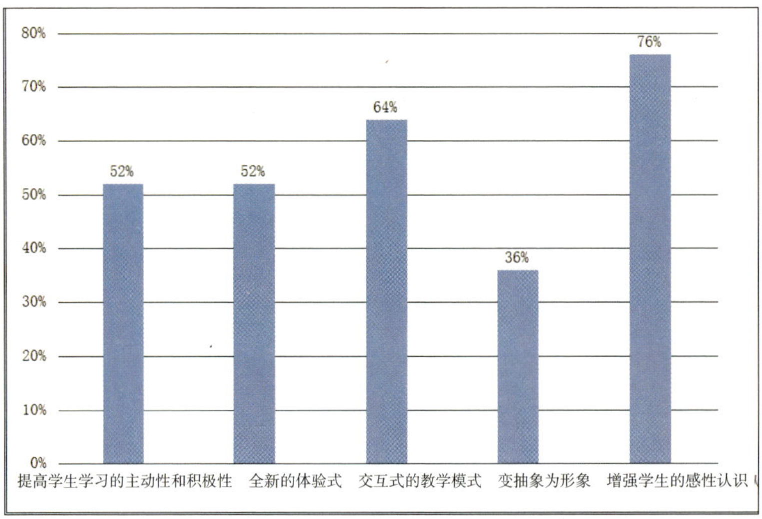

图3.7　3D多媒体教室方案主要优势统计

（8）对于本次展会上展出的3D多媒体教室方案，44%最为关注3D教学片源能否与我国教学知识点大致匹配；40%最为关注能否普及到每一个教室、每一位学生；36%最为关注3D教学片源及播放软件能否长久使用，44%关注软件操作是否方便。

（9）对于整套3D多媒体教室产品的价格预期，74%的人接受30万元左右的定价，4%的人接受最高50万元的定价，14%的人表示接受20万元以内的定价，8%的人表示接受10万元以内的定价。

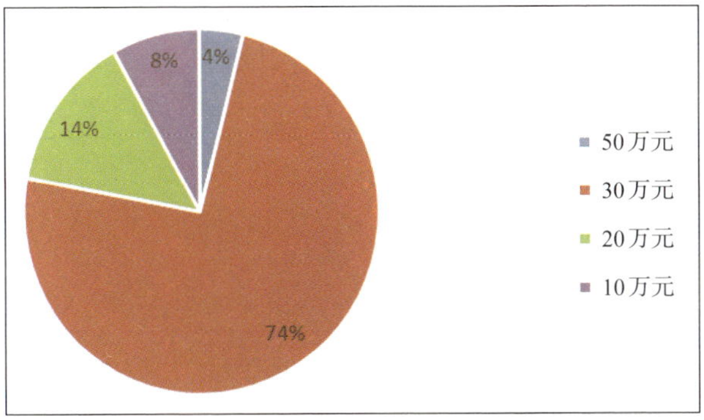

图3.8　用户可接受的3D多媒体教学设备定价统计

（10）关于3D多媒体教室整套产品的安装地点，52%建议安装在功能教室，24%建议安装在阶梯教室，16%建议安装在普通教室，8%建议安装在其他教室。统计结果如图3.9所示。

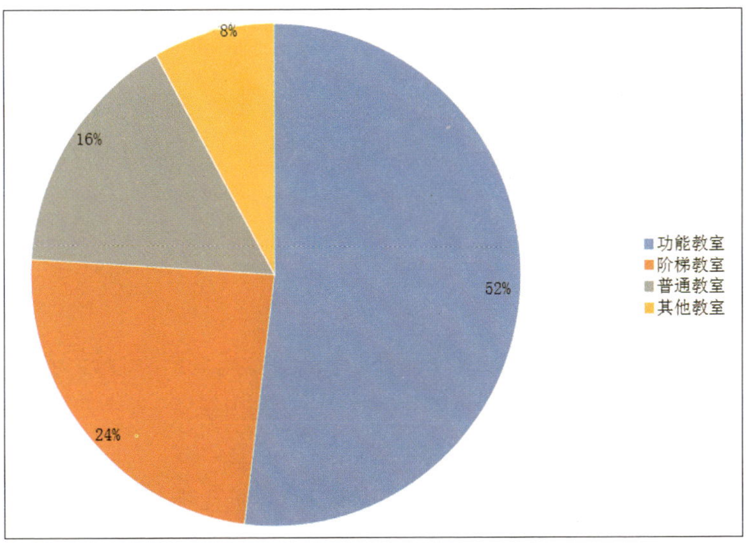

图3.9　3D多媒体教室产品安装地点统计

（11）关于对整套3D多媒体教室方案的硬件要求方面，30%的人对3D设备的配置要求较高，36%的人对3D教学服务器的配置要求较高，26%的人对3D投影仪的配置要求较高，8%的人对的专业音响配置要求较高，统计结果如图3.10所示。关于对整套3D多媒体教室方案的软件要求方面，大多数人希望相应的配套软件应具备操作简便稳定、便于师生学习掌握、界面智能友好、教材同步资源丰富的特点。

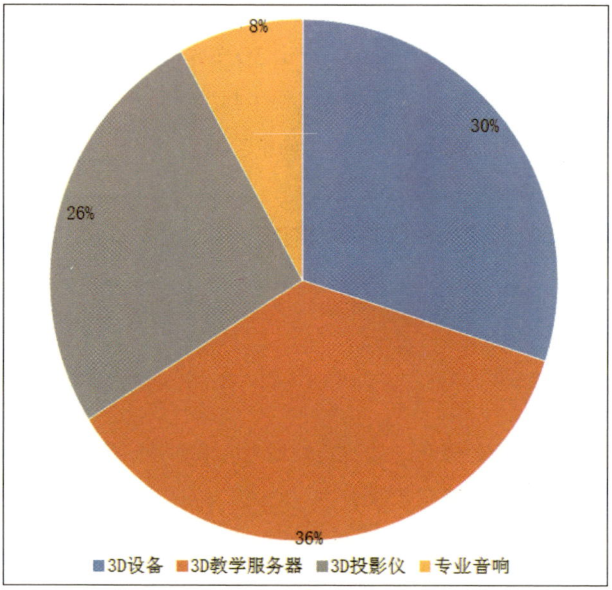

图3.10　配制要求较高的3D多媒体教室方案硬件统计

（12）近70%的学校教师和有关领导表示，将在2~5年的时间内尝试引进一定数量的3D多媒体教室产品；没能明确表示是否引进3D多媒体教室产品的学校主要是受到资金的限制并担心3D技术配套的教学资源是否丰富。参与本次问卷调研的人们都希望3D多媒体教育技术能够尽可能地得到推广和改进，尽快落实到每一所学校，落实到每一位学生。

3.3　问卷分析

综上所述，目前有关学校领导、教师（包括高校教师、中学教师、小学教师以及幼儿园教师）、家长、学生、相关厂商负责人、教育主管部门领导及业内外人士对3D多媒体教育技术都有一定程度的关注，但对3D教育技术的了解还不多。人们普遍认同3D教育技术具有广阔的发展前景和市场需求。在3D技术辅助教学的优势方面，多数人认为3D多媒体技术可以提升学生与教师和教学内容的互动，是一种全新的、体验式、交互式的教学模式，且3D教学片源使抽象的知识点更加生动真实，能够增强学生的感性认识，可以很好地适用于小学、初中和高中阶段的教学。

在学科教学需求方面，多数人认为3D多媒体教育技术在物理、化学、生物、地理和信息技术学科的教学方面，预期会收到显著的效果，同时也有一部分人认为可以应用于语文、英语、历史以及美术科目的教学中。在3D多媒体教育装备的成本方面，代理商和校方普遍能够接受的价格在10万元至30万元，部分代理商接受最高50万元的定价。关于对整套3D多媒体教室方案的硬件性能方面，人们对3D教学服务器、3D设备和3D投影仪的要求较高，对专业音响的要求较低。关于对整套3D多媒体教室方案的软件性能要求方面，大多数人希望相应的配套软件操作简便稳定、便于师生学习掌握、界面智能友好、教材同步资源丰富。最后，关于3D多媒体教育技术的推广普及，参与问卷调研的人们普遍关注3D教学资源是否丰富、是否能同现行教材匹配，并希望3D多媒体教育技术能够尽可能地得到推广和改进，尽快落实到每一所学校，落实到每一位学生。

第4章 3D教育方案推荐

4.1 3D智能教室建设方案

3D智能教室互动教学系统主要由以下几部分构成：3D投影机与幕布、3D服务器播放系统、3D信号处理系统、3D资源软件、3D眼镜、音响系统、中控讲桌等，如图4.1所示。

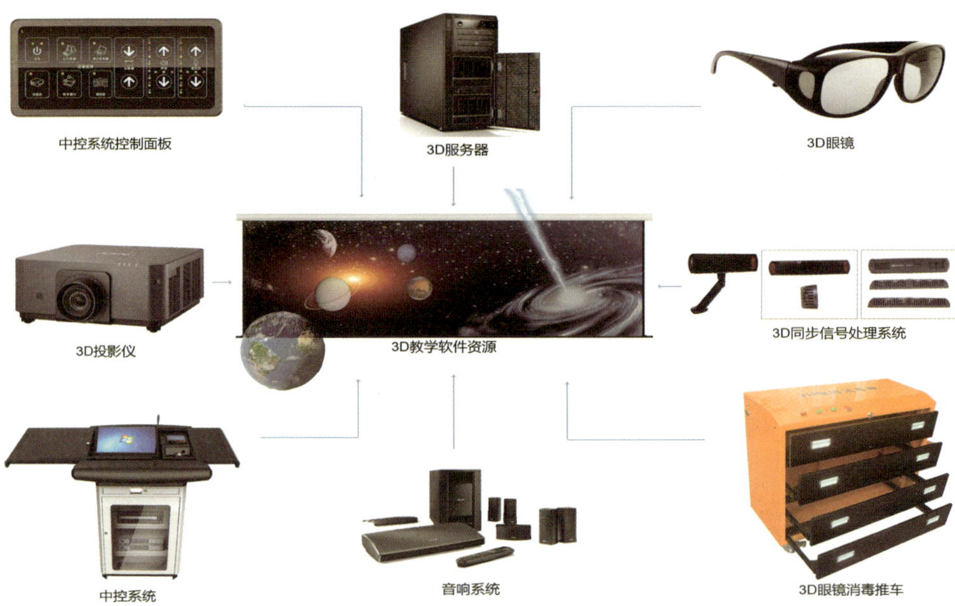

图4.1 3D智能教室互动教学系统

序号	设备名称	技术规格	数量	单位	附图
后台公共服务平台					
1	3D云平台基础模块	(1)采用B/S分布式构架，采用Linux + Apache + MySQL + PHP技术，“云+端”模式，是整个3D教育云平台的基础平台，是所有子系统的入口点和支撑； (2)将多个子系统实现统一管理、资源共享； (3)模块化设计,SAN技术，保证新功能、新模块扩展的方便； (4)统一用户权限管理，统一身份认证，可设定访问权限，支持对所有被授权的资源无缝访问； (5)支持高并发处理、高并发用户数访问； (6)支持动态集群和负载均衡，确保容错能力和系统连续稳定运行	1	套	
2	资源管理系统	(1)管理系统包含教学优质资源分类、集中管理、存储、视频资源点播、媒资教学、教学评估等功能模块； (2)各类教学资源统一界面管理；资源分类：资源可按年级、学科、知识点等分类管理； (3)知识点排列遵循由浅入深，同步教学课程；支持视频简介、缩略图编辑等功能； (4)系统对资源数据采用多重加密机制和安全策略，确保数据安全、完整、准确； (5)系统模块化设计，支持对教学资源、模块子系统进行接口预留和扩展升级； (6)提供方便、快捷的检索、查询功能：支持关键词、资源目录、文件类型等多种条件组合检索； (7)支持兼容2D资源	1	套	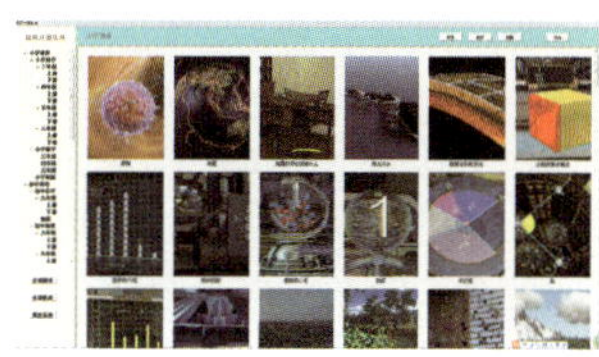

续表

序号	设备名称	技术规格	数量	单位	附图
3	3D视频服务系统	(1)支持在线学习，与多媒体教学系统互联互通，无需事先下载； (2)系统采用标准RTP/RTCP、RTSP、HTTP协议，支持MPEG4、MOV、MP4等多种视频播放格式； (3)实现多个服务和多客户端之间实时通信功能，并可提供外网的多个用户和内网的多个设备或软件之间可以同时通信。视频远程访问权限控制，流媒体的NAT穿越控制，支持UDP、RTP等网络协议，支持视频多路复用，网络拥塞控制，视频路由控制； (4)支持海量用户并发点播而互不影响，实时展示多媒体课件和视频信息	1	套	
4	后台管理系统	(1)资源上传与审核；资源统计、归类、编辑基本信息;资源浏览、预览、下载、删除等； (2)支持数据汇总分析功能，对区级学校、教师、学科、班级的使用时间、频率、效果多维度交叉分析，并形成统计报表； (3)系统公告、课程推荐等； (4)系统管理、配置管理、组织管理等	1	套	
5	3D优质教学资源库	(1)资源内容涵盖安全教育、传统文化等主题；地理科学、生命科学、自然科学等科普知识；数学、物理、化学、生物等学科知识； (2)资源内容具备3D课件视频、3D课件互动、3D课件练习3个教学环节； (3)视频资源≥HD720P，涵盖视频、互动、练习环节；3D效果出众，影像呼之欲出，触手可及； (4)3D教学资源每部时长为2~6min，为上、下排列格式，兼容3D投影模式 科普知识资源包含有：	1	套	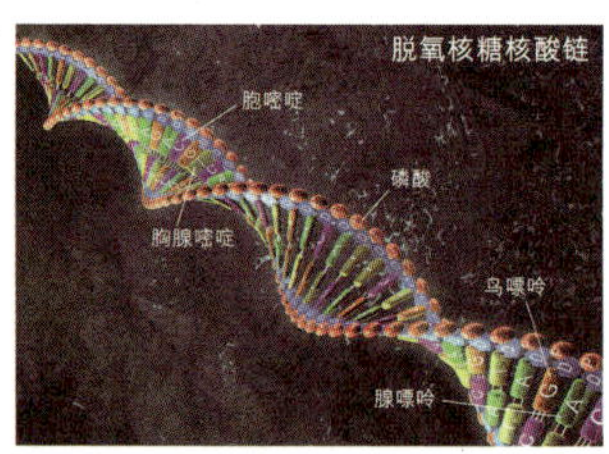

续表

<table>
<tr><th>序号</th><th>设备名称</th><th>技术规格</th><th>数量</th><th>单位</th><th>附图</th></tr>
<tr><td>5</td><td>3D优质教学资源库</td><td>地球科学：（1）地下水；（2）噪声污染；（3）化学风化作用；（4）物理风化；（5）生物风化作用；（6）森林生态系统；（7）土层；（8）土壤的性质和它的用途；（9）什么是气候；（10）影响气候的因素是什么；（11）云的形成和种类；（12）光与影；（13）太阳能；（14）月食；（15）日食；（16）彗星；（17）太阳能；（18）垃圾与丢弃物；（19）节约能源和保护环境；
生命科学：（1）生物和非生物；（2）植物；（3）种子萌发；（4）种子萌芽所需的条件；（5）什么是栖息地；（6）辨别青蛙卵；（7）身体各部位的功能；（8）骨骼和肌肉；（9）肌肉系统；（10）攻击入侵者；（11）神经元；（12）呼吸；（13）消化系统；（14）心脏——一个神奇的泵；（15）人脑——人体的计算机；（16）肾脏——身体的过滤器；（17）口腔护理；（18）牙齿；（19）消化与排泄系统；（20）呼吸和循环系统；（21）血细胞；（22）排泄系统的器官；（23）排泄系统；（24）神经系统；（25）呼吸系统；（26）不动关节和肌肉；（27）颅骨；（28）女性生殖系统；（29）男性生殖系统
自然科学：（1）颜色和形状；（2）热导体与绝缘体；（3）利用升华分离混合物；（4）固体的分子排列；（5）气体中的分子排列；（6）轮轴；（7）声音和听觉；（8）滑轮；（9）所有酸的共同成分；（10）声音的传播；（11）化学变化伴随的现象；（12）区分物理变化和化学变化；（13）万有引力；（14）热能；（15）楔子和螺丝钉；（16）斜面；（17）杠杆；（18）力与运动；（19）灭火器；（20）声波在不同媒介中的传播；（21）滚动摩擦力和滑动摩擦力；（22）增加或减少摩擦；（23）塑料的性质和用途；</td><td>1</td><td>套</td><td>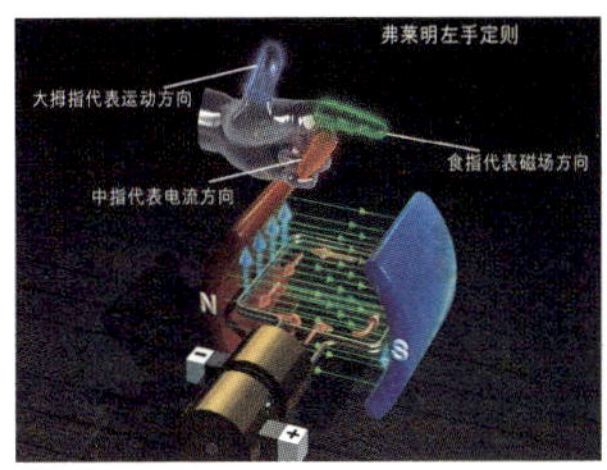
</td></tr>
</table>

续表

序号	设备名称	技术规格	数量	单位	附图
5	3D优质教学资源库	（24）水的熔点与沸点；（25）力：推或拉；（26）区分混合物与化合物；（27）物理变化和化学变化；（28）原子、分子和离子；（29）淀粉的检测；（30）液体中的分子排列； 学科资源包含有： **数学**：（1）角的识别；（2）乘法表；（3）阅读条状图；（4）图表的介绍；（5）饼状图；（6）图形的1/2和1/4；（7）解一元一次不等式；（8）三维空间内的坐标平面；（9）在三维空间上的平面；（10）根和判别式；（11）平面及其方程式；（12）矩形体的表面积；（13）直线方程式：点斜式和两点式；（14）图表的介绍；（15）对实验概率的介绍；（16）三角形的面积；（17）抛物线方程；（18）极限；（19）两个圆的公切线；（20）构建：角平分线和一个30°的角；（21）指数和对数；（22）集合的类型；（23）全集和子集；（24）等差数列的前n项和；（25）构建三角形（已知：底边、顶角和相应的中线）；（26）构建：外公切线；（27）三角形的构建（已知：底、顶角和相应的高线）；（28）构建三角形（已知：底角和周长）；（29）轨迹；（30）圆锥体体积； **物理**：（1）音速；（2）声音中的多普勒效应；（3）波；（4）白光的色散；（5）平面镜成像；（6）光透过三棱镜的折射；（7）凸面镜成像；（8）曲面镜；（9）光的反射以及光的反射定律；（10）凸透镜成像；（11）投影仪；（12）透明物、半透明物和不透明物；（13）实像与虚像；（14）距离和位移；（15）视力缺陷及其矫正；（16）电镀；（17）摆轮；（18）电场；（19）电荷；（20）电荷的性质；（21）密立根油滴实验（电子的电荷）；（22）电阻的串联；（23）可变电阻器（电位计和变阻器）；（24）电阻-电感（RL）电路（增长相位）；（25）电场线；（26）匀强磁场中载流回路产生的转矩；（27）木块在斜面上的运动；（28）牛顿第三运动定律；（29）楞次定律；（30）磁场中的电荷运动（第二部分）；	1	套	

续表

序号	设备名称	技术规格	数量	单位	附图
5	3D优质教学资源库	**化学**：（1）化合反应；（2）化学平衡；（3）化学反应及其特点；（4）化学方程式；（5）物态；（6）摩尔的概念；（7）摩尔分数；（8）原子、分子和离子；（9）分子式；（10）质量守恒定律；（11）分离混合物的成分；（12）区分混合物与化合物；（13）水的熔点与沸点；（14）物理变化和化学变化；（15）影响溶质在溶剂中溶解度的因素；（16）热值和燃料效率；（17）化学反应及其特点；（18）PCl_5的sp^3d 杂化；（19）六氟化硫的sp^3d^2杂化；（20）甲烷；（21）EDTA 滴定法；（22）动态平衡的本质；（23）平衡过程（物理平衡）；（24）摩尔分数；（25）溶解热；（26）吸附；（27）形成离子化合物的有利因素（第一部分）；（28）限量反应物；（29）金属氧化物与酸的反应；（30）金属碳酸盐与酸的反应； 生物：（1）水循环；（2）有害的微生物；（3）水藻和硅藻；（4）水绵；（5）动物细胞；（6）细胞到生物；（7）细胞（形状与功能）；（8）细胞结构（植物细胞）；（9）脸颊细胞的临时制备；（10）洋葱皮和木栓细胞的结构；（11）制作洋葱临时装片；（12）叶皮临时装片；（13）草履虫中纤毛虫的结构；（14）水的魔力；（15）裸子植物；（16）白细胞的功能；（17）细胞和脱氧核糖核酸；（18）化学渗透（ATP合成）；（19）心脏起搏器；（20）胸骨与肋骨；（21）腹泻；（22）肌肉在骨骼运动中的作用；（23）食虫类植物；（24）阿米巴虫的二分裂生殖；（25）水生植物的支撑；（26）水污染及其影响（水体富营养化）；（27）臭氧层；（28）空气污染；（29）在呼吸作用中呼出CO_2	1	套	
6	3D资源公共服务平台服务器	E5 CPU、32GB内存、6T硬盘、支持RAID	1	台	

序号	设备名称	技术规格	数量	单位	附图
前端3D智能教学系统配置（激光投影机教室若干间）					
1	3D激光投影机	（1）投影技术：DLP；标准亮度：≥5000流明（根据ISO21118标准）； （2）DLP芯片尺寸：0.65英寸；标准分辨率：1280像素×800像素； （3）光源：激光；标准模式下激光光源寿命≥20000h； （4）对比度：≥15000：1；投射比1.3~2.2； （5）端口：HDMI输入端口×2；HDBaseT输入×1；D-SUB15针输入×1；视频（RCA）；3D SYNC端口； （6）功耗（标准）：≤442W，最低待机功耗：≤0.5W；重量：≤8.7kg； （7）垂直和水平梯形校正；支持几何校正功能（中文版软件）；支持App； （8）颜色增强模式；能够进行横向和纵向镜头位移，纵向±0.5.9V，横向±0.28H； （9）具有主动式3D功能，支持HDMI 3D（蓝光3D）； （10）接通电源可自动投射画面的自动开机功能； （11）带网络控制功能（提供中文版软件）；内置HDBaseT网络传输功能； （12）具有多种节能模式选择；满足DICOM标准要求； （13）全新的CCS内循环散热系统；机身标识、遥控器及菜单为中文； （14）密码防盗功能及自定义开机LOGO	1	台	

续表

序号	设备名称	技术规格	数量	单位	附图
2	3D资源管理模块	(1)是整个3D教学系统平台的基础，是所有子系统的入口点和支撑； (2)将多个子系统实现统一管理、资源共享； (3)管理平台包含教学优质资源分类、集中管理、存储备份、视频资源点播、媒资教学、师生互动、随堂演练、教学评估等功能模块； (4)各类教学资源统一界面管理；资源可按年级、课程、主题等分类管理； (5)知识点排列遵循由浅入深，同步教学课程； (6)平台对资源数据采用多重加密机制和安全策略，确保数据安全、完整、准确； (7)平台模块化设计，支持对教学资源、模块子系统进行接口预留和扩展升级	1	套	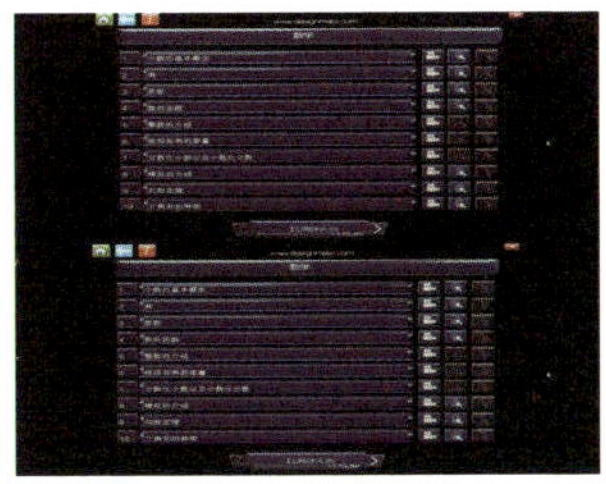
3	3D互动教学模块	(1)配合3D互动类课件，软件包含知识点剖析、实验探究等互动环节； (2)配合3D互动类课件，可根据教师讲解需要对3D模型进行组织拆分、重点抽取；对3D实验进行过程分解、逆向分析；满足教师对整个教学知识点、面的剖析授课； (3)配合3D互动类课件，利用互动教学软件教师可随意利用空鼠对某个重点3D对象进行交互式讲解； (4)配合3D互动类课件，互动教学软件为课堂模拟创造一个几近真实的师生互动场景，配有情景化音乐且教师在剖析每个知识点的同时，具有文字性向导提示和重点标识；全程辅助互动教学	1	套	

续表

序号	设备名称	技术规格	数量	单位	附图
4	3D教学评估模块	(1)配合3D练习类课件，软件包含知识点随堂演练、打分评估环节； (2)配合3D练习类课件，教师和学生可以对知识点和实验项进行课堂实操、练习，每个知识点和步骤进行计分制，教师可现场考查学生对知识的掌握程度，提升学生动手操作能力和学习积极性； (3)配合3D练习类课件，教师可最终统计出学生的总得分，有的放矢； (4)配合3D练习类课件，整个练习环节支持过程、步骤可逆	1	套	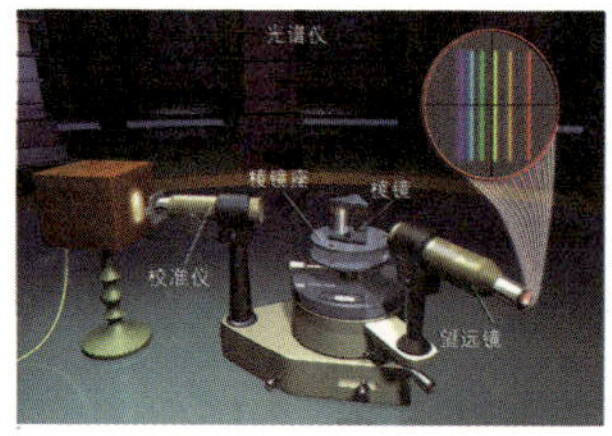
5	3D服务器	(1)CPU：E3；内存：≥4GB,4根DIMM插槽；PC3-12800,1600MHz,DDR4； (2)网卡：集成Intel L217LM千兆以太网卡；显卡：NVIDIA专业图形显卡；声卡：独立Monitor01USD； (3)硬盘：SSD128G＋SATA1T最高支持4块3.5寸SATA硬盘；支持RAID0、1、5、10； (4)机箱：最高支持8个USB接口，前端：≥2个USB 3.0，后端：≥4个USB3.0； (5)电源：符合能源之星® v5标准；80 PLUS(92%效能)，白金认证； (6)显示器：19.5英寸宽屏LED显示器；170° 超大视角；1600像素×900像素分辨率高清雾面屏幕；72%NTSC超高色域； (7)数据保护：主机需支持Windows 32位与64位系统的网络控制、硬盘保护、网络同传、资产监控等功能	1	台	

续表

序号	设备名称	技术规格	数量	单位	附图
6	3D白幕	（1）幕布类型：电动幕；幕布材质：白塑、玻纤；幕布基材：软幕； （2）对角线：200英寸/150英寸；安装方式：壁挂式； （3）打开方式：电动方式，管状电机； （4）增益：2.0倍；有效散射角大于32°； （5）高分辨率，彩色还原性好，白昼成像清晰； （6）幕布反射亮度均匀，无残留气味； （7）幕面平整度好，铝合金外壳，防潮、防霉、阻燃； （8）环保屏幕，甲醛含量≤75mg/kg	1	张	
7	3D信号处理系统	（1）信号方式：IR发射，可支持四路输出； （2）工作模式：解码并发射同步信号； （3）供电模式：设备信号输出端口输出5V电压（可选12V、24V）； （4）帧频：50~600Hz；发射距离：5~30m； （5）匹配数量：最大支持1000人的信号有效覆盖	1	套	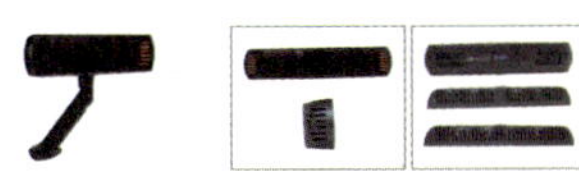
8	3D专用眼镜	（1）工作方式：液晶主动快门式，配合3D信号处理系统使用； （2）场频：96~480Hz；镜片透过率度：40±2%；对比度：1∶1200； （3）电池类型：锂锰电池CR2032；电池容量：220mAh； （4）传输方式：IR/RF无线传输； （5）额定工作电流：电影版：0.7mA、TV版：1.3mA；	50	副	

续表

序号	设备名称	技术规格	数量	单位	附图
8	3D专用眼镜	（6）连续工作时间：电影版不小于300h，TV版不小于160h； （7）额定待机电流：5μA；响应时间：1.5ms； （8）电源开关总次数：大于5000次；耳柄张合次数：大于10000次	50	副	
9	3D数字音响系统	（1）系统功能：系统可利用高性能扬声器营造出宽阔的真正5.1声道环绕立体声，无论内容、音频源或房间布局如何，都能展现一致的音频性能； （2）ADAPTiQ音场调校可优化音质； （3）可连接至现有Wi-Fi网络或蓝牙设备，无线播放在线音乐服务、Internet广播台和存储的音乐库； （4）显示屏用于访问系统设置和信息； （5）HDMI™ 连接能力方便安装，并可确保相连音频源输出高质量音频； （6）支持消费电子控制（CEC）； （7）可设定通用遥控器控制你的电视、有线/卫星电视盒以及其他相连音频源； （8）隐藏式无线Acoustimass低音箱可带来有冲击力的低音效果； （9）扬声器可安装在墙壁或落地支架上	1	套	
10	3D眼镜消毒推车	（1）柜子钢板结构，采用1.0mm冷轧钢板折弯而成，抽屉底板采用有机玻璃板； （2）柜体烤漆处理，带有丝印字样（“3D眼镜消毒柜”字样）； （3）人性化设计，配拉手1个、4个脚轮，方便移动；	1	台	

续表

序号	设备名称	技术规格	数量	单位	附图
10	3D眼镜消毒推车	(4)抽屉采用三节导轨，抽屉板为亚克力板，这样可以避免眼镜刮伤； (5)臭氧消毒灯管2组，紫外线消毒灯管2组，配有4个电源按键开关、电源线1条、电源开关1个； (6)四抽尺寸：90cm(H)×89cm(L)×40cm(W)；重量约：42.5kg，可放160副主动式眼镜	1	台	
11	3D互动讲台	(1)塑、钢、木3种材质结合，桌体上外框采用ABS塑料，左右推拉板采用高密度板，外喷钢化漆，桌体采用1.2~1.5mm冷轧钢板； (2)人性化设计，桌面板采用左右推拉式，可扩充IC卡系统并配有电子锁，刷卡开锁； (3)按人体力学设计，桌面采用倾斜式设计，方便放置演讲稿，桌面带防滑条，可以放置笔记本电脑； (4)配置不少于：静音防卡电动升降机1台；鹅颈话筒1套；笔记本接口模块1套；散热风扇1只；电源排插（8个三插口）1只；钢化玻璃1块；隔板2个；储物抽屉1个	1	台	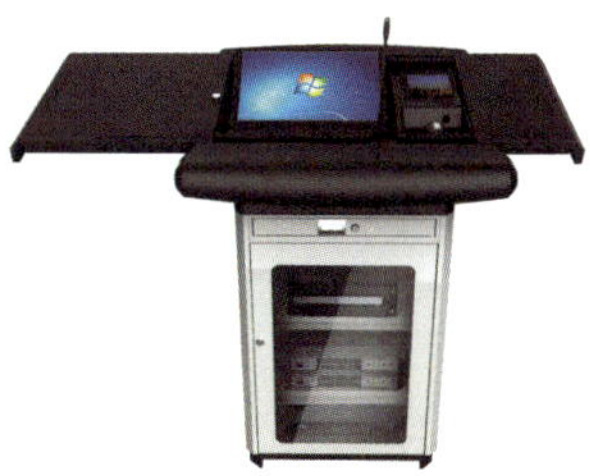
12	多媒体教学环境管理控制系统	(1)3组VGA输入接口、2组VGA输出接口，4组视频输入接口、2组视频输出接口，6组立体声线路输入接口、2组立体声线路输出接口，3组MIC接口，4组I/O接口，3组可控电源，独立电源控制箱，1组10/100M网络接口，4组RS232接口，3组开关组合式接口，4组红外控制接口；	1	台	

续表

序号	设备名称	技术规格	数量	单位	附图
12	多媒体教学环境管理控制系统	（2）采用32位工业级处理器和嵌入式操作系统； （3）通过WEB浏览器远程配置参数及远程重启、复位、导入/导出中控配置、中控参数批量设置； （4）本地无限量存储课表和校园卡信息，实时记录设备使用次数、工作时间及异常信息，上下课键、投影开关键、幕布升降键相互锁定； （5）支持刷卡、课表、按键、网络等方式联动开、关机，板书、投影、影碟机、计算机、展台交互使用，可设置投影机、计算机断电延迟保护的时间； （6）支持投影机状态、用时及亮度实时检测；内置多种投影机控制码； （7）支持线路及MIC音量大小分别控制，支持一键静音； （8）相应按键具有状态指示灯，具有画面冻结和屏蔽功能，支持本地电子课表管理；支持可视化系统诊断功能；支持IC/ID/CPU/SIM读卡器接入； （9）支持多种报警设备接入；支持断网、断线报警	1	台	
13	3D智能切换系统	（1）智能切换系统：采用液晶触摸操作面板，按键简单易操作，不超过21个按键，受控设备名称标注清晰，面板防水、防尘，不少于8万次按键寿命，切换系统与多媒体教学环境管理控制系统采用面板一体化设计，系统面板安装采用嵌入式方法，牢固、防盗；	1	台	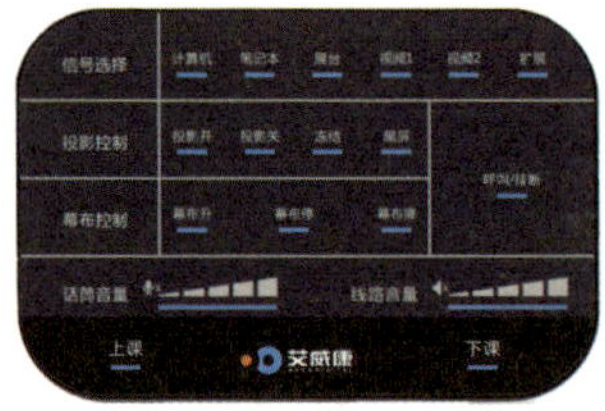

续表

序号	设备名称	技术规格	数量	单位	附图
13	3D智能切换系统	(2)具有2D、3D切换按键，实现2D/3D模式一键切换； (3)实现3D片源上下、左右格式一键切换； (4)支持多种品牌型号投影机的2D/3D一键切换； (5)具有黑屏、冻结功能按键	1	台	
14	辅料及综合布线	音响安装架、投影机安装架、HDMI、VGA、音频线、电源线、网线、话筒、空鼠等	1	套	
前端3D智能教学系统配置(触控一体机教室若干间)					
1	3D多媒体教学触控一体机	(1)内置一体化设计，一键式开关机，外部无计算机模块的连接线，简洁、易用； (2)安全性外观设计，采用铝合金面框，屏外钢化玻璃保护；配有电视/计算机一体遥控器，具有PPT翻页及禁止触控功能； (3)支持3D显示，可进行2D/3D切换；屏幕显示尺寸(对角线)：84英寸、液晶LED； (4)对比度≥3000∶1，亮度≥400cd/m^2； (5)内部计算机采用HDMI传输音频和视频(全数字模式)，图像高清分辨率3840像素×2160像素(1∶1 Map点对点显示)，达到真正数字全高清要求；	1	台	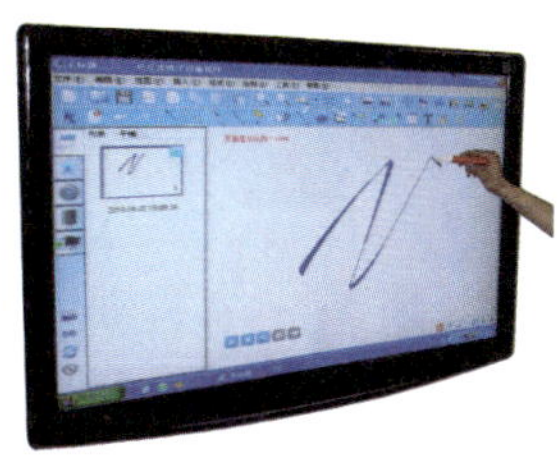

续表

序号	设备名称	技术规格	数量	单位	附图
1	3D多媒体教学触控一体机	（6）输入端子：≥3路VGA；≥3路Audio；≥1路AV；≥3路HDMI；≥1路TV RF；≥4路TV多媒体USB；≥1路RS232接口；≥1路RJ45； （7）绿色环保节能功能：在不关闭整机电源的情况下，可一键关闭或开启液晶屏背光，实现节电功能。同时方便课堂教学控制，有利于学生集中注意力听课； （8）内置音箱2个×12W；六点红外触控技术，可实现缩放、旋转图片等功能； （9）书写方式：手指或笔触摸；首次响应时间≤11ms，连续响应时间≤5ms； （10）全屏坐标定位非线性误差≤1%；红外触摸防死点功能：在接收器进行单点或多点遮挡后仍能书写； （11）无需安装触摸模组驱动，无需校准；触摸屏抗太阳光等强光干扰，照度在88k勒克司仍能正常工作； （12）无需任何按键，通过手势调取屏幕触摸菜单实现信号源切换、声音、亮度等调节功能； （13）内置PC采用模块化笔记本电脑方案，抽拉式设计，可实现无接线插拔，采用热管传导无风扇散热设计，确保产品稳定，便于维护； （14）CPU：Intel Core i5，主频为双核四线程3.0GHz或以上；内存：DDR34GB内存；硬盘：500GB SATA；2G独显；网卡：集成10M/100M/1000M自适应网卡，网络接口：1个；无线通信：内置Wi-Fi，基于IEEE 802.11标准无线宽带，网络传送速率可达54Mbit/s；USB：（A口）2个以上全高速USB3.0接口；	1	台	

续表

序号	设备名称	技术规格	数量	单位	附图
1	3D多媒体教学触控一体机	（15）外接信号输入智能切换功能：当VGA端口或HDMI端口有信号输入时，设备能自动切换至对应通道，无需手动调整； （16）无线操作：教师通过移动终端（平板或手机）模拟鼠标键盘无线远程操作液晶触摸教学平板，可对连接的设备进行密码权限的管理，兼容多用户接入智能平板； （17）具备服务端生成热点功能，在没有路由器的情况下，可通过服务端生成局域网热点，供外部终端进行无线连接，或支持二维码拍照自动连接服务器功能，无需手动设置网络； （18）可实现交互智能平板与手持终端屏幕同步显示，且支持双屏同步操作、大小屏双向批注、擦除、截图功能； （19）支持模拟笔记本电脑触摸板功能，能够对智能平板进行远程控制，并有常用快键按键集成，如一键关闭窗口、一键切换窗口、一键回到桌面、一键打开键盘等； （20）具备PPT演示模式，可将智能平板上的PPT加载到移动终端上进行同步显示，重点可实现双向批注书写、激光笔重点提醒、一键黑屏等功能； （21）提供移动展台功能按键，可一键对试卷、课本等实物进行拍摄，将实物照片一键上传至智能平板电脑的互动教学软件里打开，结合互动教学软件功能进行批注、缩放、旋转等操作，保修期三年，提供原厂售后服务承诺函	1	台	

续表

序号	设备名称	技术规格	数量	单位	附图
2	推拉式黑板	（1）4块装开启状态，4HD，左右推拉结构(内置轨道，外框和轨道一体化设计)； （2）活动的配套黑板可锁定，完全遮挡并保护一体机，墨绿色的面板； （3）书写板附有无色透明保护膜，隐形安装、无外露挂接件； （4）不会因空气温度变化发生扭曲、起包、变形、发霉、生锈、面漆脱落等现象	1	张	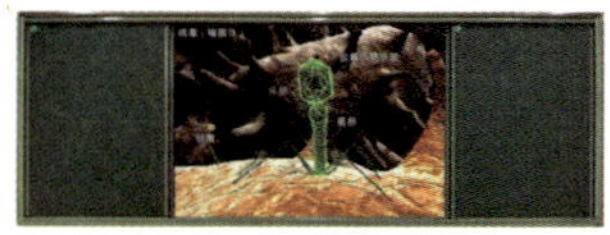
3	3D专用眼镜	（1）偏振度：99.9%； （2）单体透过率：43%±2； （3）光学补偿：125nm； （4）镜片材质及厚度：TAC 0.72~1.0mm	50	副	
4	有源音箱	（1）内置2.4GHz无线话筒，可实现数字无线话筒、电子激光教鞭、无线翻页控制等功能； （2）无线话筒功能：内置一路2.4GHz无线话筒，3合1功能；话筒信号输出：一路话筒信号输出（0~50mV）；音箱频响范围：65~20kHz；谐波失真：≤0.1%；信噪比：90dB；灵敏度：91±2dB；线路输入：一路音频线路输入（立体声）；扬声器尺寸：5.5英寸二分频；电源输入：AC220V±10%，50Hz；安装方式：壁挂式（配有专用支架）；外观尺寸：160mm×159mm×310mm；外壳材料：木质；额定输出功率：2×50W	1	对	
5	3D眼镜消毒推车	（1）柜子钢板结构，采用1.0mm冷轧钢板折弯而成，抽屉底板采用有机玻璃板； （2）柜体烤漆处理，带有丝印字样（“3D眼镜消毒柜”字样）；	1	台	

续表

序号	设备名称	技术规格	数量	单位	附图
5	3D眼镜消毒推车	（3）人性化设计，配拉手1个和脚轮4个，方便移动； （4）抽屉采用3节导轨，抽屉板为亚克力板，这样可以避免眼镜刮伤； （5）臭氧消毒灯管2组，紫外线消毒灯管2组，配有4个电源按键开关、电源线1条、电源开关1个； （6）四抽尺寸：H90cm × L89cm × W40cm；重量约：42.5kg，可放160副主动式眼镜	1	台	
6	辅料及综合布线	电源线、音视频线 × 2、VGA 10M成品线、水晶头、线槽、线标等各类辅材	1	套	
前端3D智能教学系统配置（3D LED大屏多功能厅若干间）					
1	3D显示屏终端	（1）屏幕规格：235英寸；3D模式：主动式；光源形：LED自发光； （2）显示模式：2D/3D兼容；兼容格式：左右格式/上下格式；最大分辨率：1280像素 × 768像素； （3）长宽尺寸：5.12m × 3.08m；像素点间距：4mm；像素密度：62500点/m²； （4）发光点颜色：全彩；LED规格：1R1G1B表贴三合一；驱动电压：DC5V； （5）最佳视距：2.5~30m；可视角度：水平160°，垂直120°；亮度：450~1200cd/m²； （6）灰度等级：R、G、B各4096级；换帧频率：120Hz；刷新频率：≥400Hz； （7）输入工作电压：AC220V/380V ± 10%，50Hz（三相五线制）； （8）最大功耗：1200W/m²；平均功耗：600W/m²；屏幕寿命：≥10万小时；	1	台	

续表

序号	设备名称	技术规格	数量	单位	附图
1	3D显示屏终端	(9)像素失控率：<1/10000(离散分布)；像素光强均性：整屏不均匀性偏差，红、绿、蓝<5%； (10)平均无故障时间：≥20000h；工作环境温度：-20～50℃； (11)抗电强度：50Hz/1500V(交流有效值)/1min；输入信号：S-Video；VGA；RGB；Composite Video；SDI等； (12)保护技术防潮、防尘、防腐、防静电、防雷击，同时具有过流、短路、过压、欠压保护功能	1	台	
2	3D资源管理模块	(1)是整个3D教学系统平台的基础，是所有子系统的入口点和支撑； (2)将多个子系统实现统一管理、资源共享； (3)管理平台包含教学优质资源分类、集中管理、存储备份、视频资源点播、媒资教学、师生互动、随堂演练、教学评估等功能模块； (4)各类教学资源统一界面管理；资源可按年级、课程、主题等分类管理； (5)知识点排列遵循由浅入深，同步教学课程； (6)平台对资源数据采用多重加密机制和安全策略，确保数据安全、完整、准确； (7)平台模块化设计，支持对教学资源、模块子系统进行接口预留和扩展升级	1	套	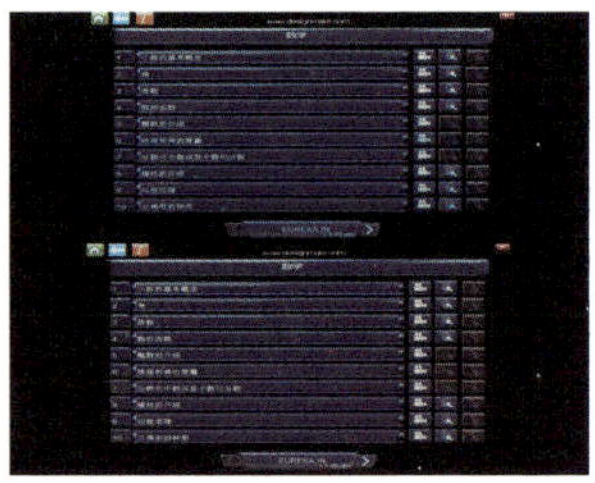
3	3D互动教学模块	(1)配合3D互动类课件，软件包含知识点剖析、实验探究等互动环节； (2)配合3D互动类课件，可根据教师讲解需要对3D模型进行组织拆分、重点抽取；对3D实验进行过程分解、逆向分析；满足教师对整个教学知识点、面的剖析授课；	1	套	

续表

序号	设备名称	技术规格	数量	单位	附图
3	3D互动教学模块	(3)配合3D互动类课件，利用互动教学软件教师可随意利用空鼠对某个重点3D对象进行交互式讲解； (4)配合3D互动类课件，互动教学软件为课堂模拟创造一个几近真实的师生互动场景，配有情景化音乐，且教师在剖析每个知识的同时，具有文字性向导提示和重点标识；全程辅助互动教学	1	套	
4	3D教学评估模块	(1)配合3D练习类课件，软件包含知识点随堂演练、打分评估环节； (2)配合3D练习类课件，教师和学生可以对知识点和实验项进行课堂实操、练习，每个知识点和步骤进行计分制，教师可现场考查学生对知识的掌握程度，提升学生动手操作能力和学习积极性； (3)配合3D练习类课件，教师可最终统计出学生的总得分，有的放矢； (4)配合3D练习类课件，整个练习环节支持过程、步骤可逆	1	套	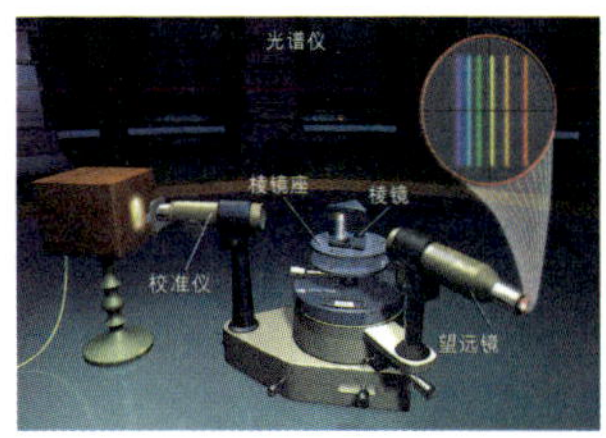
5	3D视频控制系统	(1)支持DVI输入，支持外部音频输入，通过网线同步传输；支持高位阶视频输入：10bit/8bit； (2)单台输入分辨率：最大4096像素×2160像素点，支持最大分辨率内的任意分辨率； (3)8个千兆网口输出，支持1080P高清3D格式输出； (4)支持3D上下格式、左右格式及混合格式；USB 2.0高速通讯接口； (5)支持多发送任意拼接级联，严格同步；支持前面板快速设置3D设备，无需通过计算机； (6)自带LCD液晶显示屏，方便快速设置及系统信息及显示；	1	台	

续表

序号	设备名称	技术规格	数量	单位	附图
5	3D视频控制系统	（7）支持锁住按键，防止使用人员误操作；支持按键调节亮度，精度1%； （8）支持一键黑屏，一键锁屏；支持一键发送屏体所有参数；支持一键切换3D左右眼；支持一键调节3D景深	1	台	
6	3D服务器	（1）CPU：E3；内存：≥4GB 4根DIMM插槽；PC3-12800 1600MHz DDR4； （2）网卡：集成Intel L217LM千兆以太网卡；显卡：NVIDIA专业图形显卡；声卡：独立Monitor01 USD； （3）硬盘：SSD128G+SATA1T 最高支持4块3.5英寸SATA硬盘；支持RAID0、1、5、10； （4）机箱：最高支持8个USB接口，前端：≥2个USB 3.0，后端：≥4个USB3.0； （5）电源：符合能源之星® V5标准；80 PLUS（92%效能）白金认证； （6）显示器：19.5英寸宽屏LED显示器；170°超大视角；1600像素×900像素分辨率高清雾面屏幕；72%NTSC超高色域； （7）数据保护：主机需支持Windows 32位与64位系统的网络控制、硬盘保护、网络同传、资产监控等功能	1	台	
7	3D信号处理系统	（1）信号方式：IR发射，可支持四路输出； （2）工作模式：解码并发射同步信号； （3）供电模式：设备信号输出端口输出5V电压（可选12V、24V）； （4）帧频：50~600Hz；发射距离：5~30m； （5）匹配数量：最大支持1000人的有效信号覆盖	1	套	

续表

序号	设备名称	技术规格	数量	单位	附图
8	3D专用眼镜	(1)工作方式：液晶主动快门式，配合3D信号处理系统使用； (2)场频：96~480Hz；镜片透过率度：40±2%；对比度：1：1200； (3)电池类型：锂锰电池CR2032；电池容量：220mAh； (4)传输方式：IR/RF无线传输； (5)额定工作电流：电影版：0.7mA，TV版：1.3mA； (6)连续工作时间：电影版不小于300h，TV版不小于160h； (7)额定待机电流：5μA；响应时间：1.5ms； (8)电源开关总次数：大于5000次；耳柄张合次数：大于10000次	50	副	
9	3D数字音响系统	(1)系统功能：系统可利用高性能扬声器营造出宽阔的真正5.1声道环绕立体声，无论内容、音频源或房间布局如何，都能展现一致的音频性能； (2)ADAPTiQ音场调校可优化音质； (3)可连接至现有Wi-Fi网络或蓝牙设备，无线播放在线音乐服务、Internet广播台和存储的音乐库； (4)显示屏用于访问系统设置和信息； (5)HDMI™连接能力方便安装，并可确保相连音频源输出高质量音频； (6)支持消费电子控制(CEC)； (7)可设定通用遥控器控制你的电视、有线/卫星电视盒以及其他相连音频源； (8)隐藏式无线Acoustimass低音箱可带来有冲击力的低音效果； (9)扬声器可安装在墙壁或落地支架上	1	套	

续表

序号	设备名称	技术规格	数量	单位	附图
10	3D眼镜消毒推车	（1）柜子钢板结构，采用1.0mm冷轧钢板折弯而成，抽屉底板采用有机玻璃板； （2）柜体烤漆处理，带有丝印字样（“3D眼镜消毒柜”字样）； （3）人性化设计，配拉手1个、脚轮4个，方便移动； （4）抽屉采用3节导轨，抽屉板为亚克力板，这样可以避免眼镜刮伤； （5）臭氧消毒灯管2组，紫外线消毒灯管2组，配有4个电源按键开关、电源线1条、电源开关1个； （6）四抽尺寸：90cm（H）×89cm（L）×40cm（W）；重量约：42.5kg，可放160副主动式眼镜	1	台	
11	3D互动讲台	（1）塑、钢、木3种材质结合，桌体上外框采用ABS塑料，左右推拉板采用高密度板，外喷钢化漆，桌体采用1.2~1.5mm冷轧钢板； （2）人性化设计，桌面板采用左右推拉式，可扩充IC卡系统配电子锁，刷卡开锁； （3）按人体力学设计，桌面采用倾斜式设计，方便放置演讲稿，桌面带防滑条，可以放置笔记本电脑； （4）配置不少于：静音防卡电动升降机1台；鹅颈话筒1套；笔记本接口模块1套；散热风扇1只；电源排插（8个三插口）1只；钢化玻璃1块；隔板2个；储物抽屉1个	1	台	
12	多媒体教学环境管理控制系统	（1）3组VGA输入接口、2组VGA输出接口，4组视频输入接口、2组视频输出接口，6组立体声线路输入接口、2组立体声线路输出接口，3组MIC接口，4组I/O接口，3组可控电源，独立电源控制箱，1组10/100M网络接口；4组RS232接口，3组开关组合式接口，4组红外控制接口；	1	台	

续表

序号	设备名称	技术规格	数量	单位	附图
12	多媒体教学环境管理控制系统	（2）采用32位工业级处理器和嵌入式操作系统； （3）通过Web浏览器远程配置参数及远程重启、复位、导入导出中控配置、中控参数批量设置； （4）本地无限量存储课表和校园卡信息，实时记录设备使用次数、工作时间及异常信息，上下课键、投影开关键、幕布升降键相互锁定； （5）支持刷卡、课表、按键、网络等方式联动开关机，板书、投影、影碟机、计算机、展台交互使用，可设置投影机、计算机断电延迟保护的时间； （6）支持投影机状态、用时及亮度实时检测；内置多种投影机控制码； （7）支持线路及MIC音量大小分别控制，支持一键静音； （8）相应按键具有状态指示灯，具有画面冻结和屏蔽功能，支持本地电子课表管理；支持可视化系统诊断功能；支持IC/ID/CPU/SIM读卡器接入； （9）支持多种报警设备接入；支持断网、断线报警	1	台	
13	3D智能切换系统	（1）智能切换系统：采用液晶触摸操作面板，按键简单、易操作，不超过21个按键，受控设备名称标注清晰，面板防水、防尘，不少于8万次按键寿命，切换系统与多媒体教学环境管理控制系统面板采用一体化设计，系统面板安装采用嵌入式，牢固、防盗； （2）具有2D、3D切换按键，实现2D/3D模式一键切换；	1	台	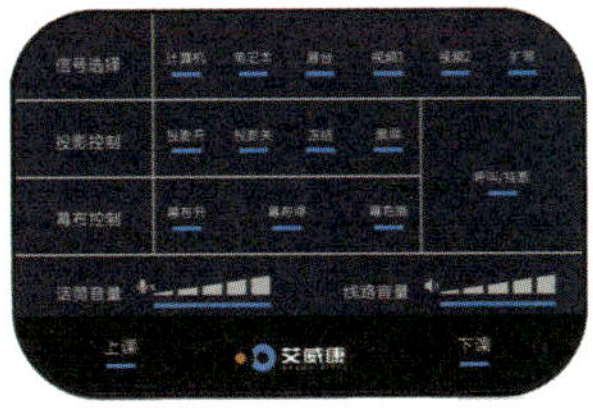

续表

序号	设备名称	技术规格	数量	单位	附图
13	3D智能切换系统	（3）实现3D片源上下、左右格式一键切换； （4）支持多种品牌型号投影机的2D/3D一键切换； （5）具有黑屏、冻结功能按键	1	台	
14	LED辅料及系统集成施工	线材、支架及辅料一批：钢制支架、音响安装架、HDMI、VGA、音频线、电源线、网线、话筒、空鼠等	1	批	
前端3D智能教学系统配置（裸眼黑板教室若干间）					
1	智能黑板	（1）裸眼3D教学+触控一体机+水/粉笔书写+跨屏互动；模块化设计，拆卸方便；3块黑板拼接，整体尺寸为4000mm（W）×1300mm（H）×70mm（D）； （2）正面显示一个由3块拼接而成的平面普通黑板，可以在上面用各种水笔书写，又可以根据需要采用普通粉笔书写。当打开电源时，中间的一块显示出液晶的显示画面，内置数、理、化、生、地等多学科的裸眼3D教学课件，大幅提升学生的学习兴趣，另可进行触摸互动，而关掉时，显示画面隐形，又显示为一个普通黑板的表象，在上面进行书写； （3）裸眼3D显示功能：a）分辨率：1920像素×1080像素（1080P），采用HDMI通道传输音频和视频信号，分辨率达到1080P；b）PLC显示屏；c）亮度：≥400cd/m²；d）对比度：≥5000∶1；e）视角≥178°；f）屏幕比例：16∶9； （4）Iteaching互动教学软件，支持智能平板与智能黑板内容无线同步互动。支持格式：PPT/Word/Excel/Ms-visio/Ms-project/PDF/高清图片、高清视频、网页9大数据格式文档和多媒体导入，自动生成互动课堂，无需安装第三方软件；	1	台	

续表

序号	设备名称	技术规格	数量	单位	附图
1	智能黑板	（5）支持平板高清视频现场与黑板同步摄录传输。将拍照内容和视频内容同步推送到远程大屏； （6）可对多媒体内容进行多点互动，任意放大、缩小、平稳和旋转，可对任意内容进行信息标注、保存和回顾； （7）可将多媒体课件从一个屏幕瞬间推送到多个屏幕上（支持50个大屏终端同时接收显示），同时可以通过触摸或PAD对远程多个屏幕进行多媒体内容的实时控制	1	台	
前端3D虚拟互动创新实验室配置					
1	3D互动创新虚拟实验系统	（1）桌面级虚拟现实一体机：包括：高清立体显示器1个、3D跟踪眼镜1副，2D非跟踪眼镜1副、定位笔1支、电源适配器1个、AC连接线1根、标准键盘1个，鼠标1个； （2）显卡：支持四缓冲立体；内存：≥4GB；硬盘：≥512GB；显示屏大小：21英寸≤显示屏尺寸≤29英寸（对角线尺寸）；分辨率：1920像素×1080像素全高清或更高性能；刷新频率：120Hz；宽高比：<7； （3）响应时间：全关到全开上升时间≤1.5ms，10%~90%，全关到全关上升时间≤4.5ms，90%~10%； （4）亮度：2D典型值-150cd/m^{2}或更高性能，3D典型值-60cd/m^{2}或更高性能； （5）颜色：≥16700000；接口：USB 2.0≥3个；USB 3.0≥2个；HDMI端口≥1个；以太网端口≥1个；操作笔接口≥1个； （6）被动偏振眼镜：圆偏振极化偏光型镜片；配多个跟踪器，能准确判断眼镜所在位置；	若干	套	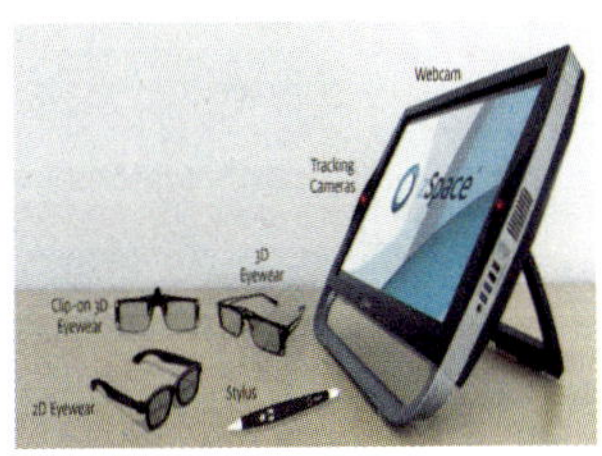

续表

序号	设备名称	技术规格	数量	单位	附图
1	3D 互动创新虚拟实验系统	（7）计算机支架：支持旋转角度：30°~60°； （8）VR 操作笔：有线连接防止丢失；有按键方便操作；3 个自由度坐标轴移动；3 个自由度坐标轴转动； （9）显示器具备头部跟踪功能，还能够显示立体显示器的左侧和右侧图像。图像随着眼睛在跟踪区域内的位置变化而调节，从而确保眼睛的舒适度； （10）跟踪摄像头使操作笔能够与跟踪区域内任意位置的虚拟物体进行交互； （11）配无反射器的眼镜，供旁观者使用，透过眼镜可以观察到无重影的平面影像； （12）采用轻便的被动立体眼镜（不需要电池支持工作）； （13）内含 3D 创新虚拟实验软件（永久使用）和 3D 模型制作软件：（a）允许学生对模型进行对比、拆分、分析、测量、注释、旋转、透视等操作；（b）可以通过专业机构或者公司进行 3D 建模后，建立个性化的 3D 模型，并导入软件平台，供教学等使用；（c）学生可以通过 3D 模型制作软件将学生自己创建的 3D 模型载入，作为个性化拓展使用； （14）包括经验分享和 5 大主题内容的深度探究；包括 800 多个基础 3D 模型库：（a）5 大主题内容的深度探究：蝴蝶的一生，心脏的探索，机械手臂的奥秘，房子的由来，学生世界；（b）基础模型库涵盖解剖、动物、天文学、生物、化学、环境、有趣、历史、昆虫、地标、数学、机械、植物、交通工具等 800 多个基础模型和可拆解模型	若干	套	

4.2 3D学科教室建设方案

4.2.1 3D地理教室建设案例

3D地理专用教室方案遵循教育部《中学地理专用教室建设规范》，集现代地理教育技术最新成果，以3D技术为主导，为学校地理教学创设良好环境，以方便学生查阅各种地理信息资料，如动态环境资料、遥感遥测资料及各课标教材涉及的地理案例资料，方便学生进行实践活动，为探究性学习和学科实验活动创造条件；为启发式、探究式、讨论式、参与式教学创造条件，将地理科学发展的前沿技术应用于课程中，融合实用性与易用性，打造新一代3D地理教学系统。

产品名称	规格及说明	附图
多媒体教师演示台	整体规格：关闭规格：850mm × 770mm × 1200mm ； 展开规格：1540mm × 870mm × 1200mm ； （1）采用钢木结合，人性化设计，桌面板采用左右推拉式； （2）鼠标、话筒、中控面板、液晶显示器内置于推拉板下面； （3）按人体力学设计，桌面采用倾斜式设计，方便放置演讲稿； （4）配电动升降装置和先进的防卡系统； （5）人体化设计，桌面右边配有侧拉抽屉，方便放置物品； （6）桌体内置笔记本接口模块及电源模块，方便老师教学使用	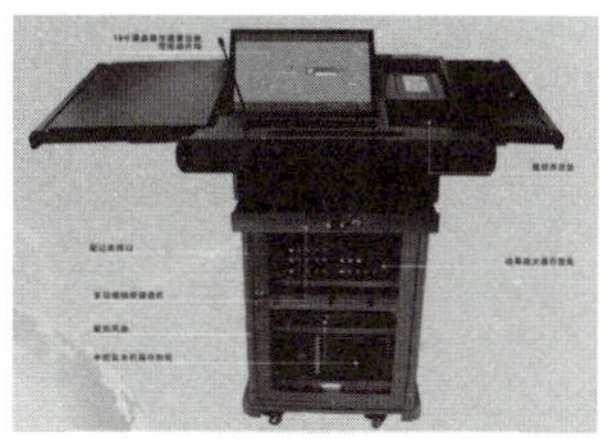
一体机组合黑板	黑板规格：4000mm × 1200mm ； 一体机参数：规格：55英寸；音响：内置音箱（2 × 15W立体环绕声）；接口：VGA × 2，HDMI，USB × 6，网络接口，音频输出，AV输入/输出；操作系统：Windows 7，Windows Vista，Windows XP，Android ；分辨率：插值分辨率为32768像素 × 32768像素，显示分辨率为1920像素 × 1080像素； 对比度：5000 ∶ 1 ；响应时间：4ms ；可视角度：178° /178° ；背光灯寿命：60000 h ； 触摸寿命：80000小时以上；颜色：黑色；外形尺寸：1369mm × 828mm（整机），1480mm × 987mm × 307mm	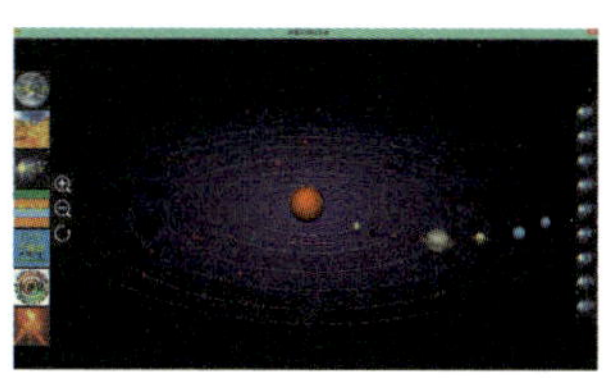

续表

产品名称	规格及说明	附图
多媒体球幕投影演示仪	1. 硬件要求 设备组成：包括无缝球面屏幕、鱼眼镜头、投影底座（包含高清工程投影系统）、遥控器；单体360°内投技术，方便组装，易于使用；提供与计算机连接的标准VGA输入接口；球幕直径为72cm，一体成型无拼缝；内有特殊涂层，保证亮度均匀，防眩光、辐射； 鱼眼镜头：长24.5cm；直径11.6cm；视场角180°；投影系统亮度为5000lm；分辨率为1920×1080；对比度10000∶1，显示技术DLP，光源为激光光源；底座为可移动底座，材质为合金钢；提供遥控器，通过遥控器可以开关多媒体球幕投影演示仪的投影机电源，并进行亮度、对比度等设置；遥控器具备镜头位移按钮，可以对图像进行水平和垂直两个方向的调节。 2. 软件要求 （1）经过控制软件和硬件系统的配合，能够将二维图像显示为球形屏幕上的3600三维图像，逼真模拟各种天体、星体和球体。图像最大分辨率为2048像素×1024像素。在球形屏幕上显示3D动画，模拟演示各种动态过程；（2）多媒体球幕投影演示仪的驱动程序，负责如星球动画的三维处理，并在多媒体球幕投影演示仪的球幕上显示出来；（3）作为多媒体球幕投影演示仪的控制程序，控制多媒体球幕投影演示仪的动画、旋转、翻转两极等各种动作；（4）多媒体球幕投影演示仪的内容管理程序，支持用户增加自己的演示内容；（5）多媒体球幕投影演示仪的设置管理程序，对多媒体球幕投影演示仪的各种参数进行设置；（6）多媒体球幕投影演示仪的服务程序，为用户二次开发提供PowerPoint、FLASH和HTML文件的软件接口，使得这些格式的文件可以通过软件接口调用和控制多媒体球幕投影演示仪的显示内容和显示方式；（7）遥控功能，可以通过遥控器在	

续表

产品名称	规格及说明	附图
多媒体球幕投影演示仪	教室内移动遥控选择与教学息息相关的展示内容，控制旋转方向和速度、翻转和还原两极的方向、控制动画的播放/暂停和播放速度，方便教师交互式或移动教学。 3. 课程资源 所提供课程包应包含符合初高中地理课程标准，满足教师教学和学生自主学习和探究性学习的双重需要，除地理学科内容，应该包括科普和环境教育的有关内容。其中应该包含：（1）地球和地球仪；（2）经线、纬线和经纬网；（3）世界地形；（4）海陆分布；（5）海陆变迁；（6）地球的自转；（7）南极地区；（8）非洲；（9）世界的海陆分布；（10）再识经纬网；（11）世界的语言和宗教；（12）Expansion3countriesandcities；（13）地球在宇宙中的位置；（14）地表形态变化的内力作用；（15）气压带风带；（16）气压带风带对气候的影响；（17）海陆分布对大气环流的影响；（18）常见的天气系统；（19）全球气候变化；（20）海水运动；（21）传统工业与新工业；（22）现代技术在国土整治中的应用；（23）天气系统与气象灾害；（24）世界农业地域类型；（25）自然环境对城市的影响；（26）同一自然灾害的地域差异；（27）高中系统地理知识在区域中的应用等课程模块。同时应包含太阳系、太阳、月球、火星等科普和选修课程模块。供货商应该有专门的多媒体球幕投影演示仪网站，提供课程包和素材的更新服务下载服务。 4. 鱼眼镜头 提供跟与球幕和投影系统配合使用的球幕镜头，焦距：3.58mm，光圈数：1.85NA，像面直径：10.6mm；出瞳位置：远心；传递函数：0.60（0.3视场内）0.4（全视场）；横向色差：15μm；相对照度：0.85；畸变：正负0.5%；视场角：180°；光学总长：245mm	

续表

产品名称	规格及说明	附图
数字立体地形教学演示系统	**硬件构成**：中国立体地形尺寸≥1.7m×1.2m，世界立体地形尺寸≥1.7m×1.2m，高分子聚合材料，立体地形有效投影画面尺寸≥1.6mx1.0m；维拉白板2块，双板教学，尺寸≥1.7m×1.2m，铝合金框架；投影机分辨率：1024×768，亮度：2600lm，显示技术：3lcd；互动模块：支持双屏，感光芯片类型：1/3英寸CMOS高速芯片，灵敏度：0.77V/Lux-sec，红外摄像头×2，发光波长850nm，红外笔850nm，定位点数目：单屏9点，定位精度（偏差）：≤2（像素），系统平均延时：25ms，帧速：80帧/s。 **软件平台**：互动数字平台应用程序，双通道互动软件，可以实现双屏互动功能，使主屏和辅屏进行相互间切换，校准软件EfeeFlashPlayer支持多点校准、Flash播放和控制中国立体地形和世界立体地形课件播放。 可分别独立演示中国地形及世界地形的多媒体课件内容；中国/世界地形与电子白板进行联动演示（如在地形演示课件时，白板即显示课件的翔实内容）；数字地形中的电子白板与多媒体球幕投影演示仪的联动演示（PPT调用及控制多媒体球幕投影演示仪演示）。 **课程包**：初中课程包括：（1）辽阔的疆域；（2）众多的人口；（3）多民族的大家庭；（4）多样的气候；（5）季风气候显著；（6）河流和湖泊；（7）土地资源；（8）因地制宜发展农业；（9）工业的分布与发展；（10）四大地理区域的划分；（11）地球和地球仪；（12）地球的运动；（13）大洲和大洋；（14）海陆的变迁；（15）世界的气候；（16）降水和降水的分布；（17）人口与人种；（18）世界的语言和宗教。 **高中课程包括**：（1）中国的地形；（2）西北地区；（3）气压带和风带；（4）常见的天气系统；（5）海水运动；（6）山地的形成；（7）自然地理环境的差异性；（8）人口的空间变化；（9）以种植业为主的农业地域类型；（10）以畜牧业为主的农业地域类型；（11）传统工业区与新兴工业区；（12）地理环境对区域发展的影响；（13）能源资源的开发；（14）流域的综合开发；（15）区域农业发展；（16）资源的跨区域调配；（17）产业转移；（18）地球上的海与洋；（19）海水的温度与盐度；（20）厄尔尼诺和拉尼娜现象	

续表

产品名称	规格及说明	附图
天文演示穹顶	玻璃钢成型，表面白色亚光涂料，底面直径3m，底面到顶部高度0.5m，用于演示各种星象变化，穹顶背景装饰	
天文演示仪	天文演示穹顶专用仪器、设备组成：短焦镜头、投影底座、提供与计算机连接的高清输入接口，能够对亮度，对比度进行调节。亮度5000lm，分辨率1920像素×1200像素，计算机：CPU：酷睿i5，主板：P61-S3，硬盘：1TB，显卡：GT630，内存：4GB。能够演示星座、宇宙大爆炸、黑洞、恒星、星系等	
虚拟3D仿真教学系统	讲授运用三维GIS技术对地理现象进行模拟和可视化的方法及原理； 可以模拟的地理现象包括地形地貌、气温和降水分布、人口分布等，以实现对各种基于空间分布的社会经济和自然现象的三维虚拟模拟和可视化； 软件基于向导模式，具有良好的交互性和灵活性。用户可以输入各种地理数据，根据系统提示，自主完成地理现象的3D仿真和可视化	 光盘
数字式星象仪演示软件	该软件为星空演示软件，采用动画影像投射加语音介绍展示方式，生动再现星系形成、黑洞、银河系、看云识天气、四季星空、月份星空、全天星座图等，可按照季节、月份和名称实时搜索星座图像，翔实地介绍星座出现在某地上中天位置的时间、星座的构成、假想图的来历、该星座相关的神话传说以及该星座的出现和位置的变化与季节之间的变化关系等内容。可演示的内容包括： （1）四季星空：春季星空、夏季星空、秋季星空、冬季星空； （2）月份星空：一月星空、二月星空、三月星空、四月星空、五月星空、六月星空、七月星空、八月星空、九月星空、十月星空、十一月星空、十二月星空；	

续表

产品名称	规格及说明	附图
数字式星象仪演示软件	（3）单个星座：狮子座、大熊座、长蛇座、半人马座、后发座、室女座、猎犬座、牧夫座、天秤座、北冕座、小熊座、天龙座、天蝎座、巨蛇座、蛇夫座、天坛座、武仙座、天琴座、人马座、天鹰座、天鹅座、显微镜座、魔蝎座、宝瓶座、南鱼座、飞马座、双鱼座、仙王座、仙女座、仙后座、鲸鱼座、白羊座、英仙座、波江座、金牛座、猎户座、天兔座、御夫座、大犬座、小犬座、双子座、麒麟座、天猫座、巨蟹座、船尾座、船底座等； （4）看云识天气：动态演示云层的形态和颜色变化与大气中经常发生的阴、晴、风、雨、雪等天气现象之间的联系； （5）宇宙星系：太阳系的概述、星系的诞生、黑洞、宇宙大爆炸、银河系	
数字式星象仪演示穹顶	高48cm，直径为300cm，表面为白色亚光涂料，带孔，具有吸音功能，可和数字星象仪系统配合用于天象、星空等内容的教学	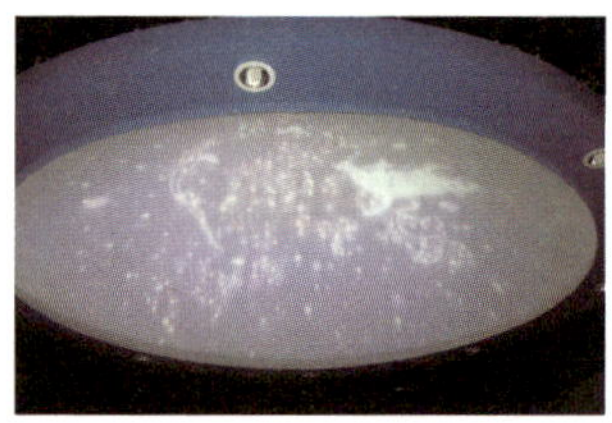
数字式星象仪电动演示平台	含可遥控电动升降系统，装有滑轮，可移动教学。内置超短焦工程投影系统，亮度4000流明，分辨率：1280像素×800像素，3lcd技术，12bit3D伽马校正功能，精确再现画面灰度层次和统一性，使投影画面更细腻，噪声更低。配置工业级无线发射接收模块，可通过手持式液晶遥控系统和计算机软件实时控制演示内容	
电子语音星象仪	基本参数：星盘直径3m，采用复合材料加工而成，由减速电机带动；不锈钢边框，钢骨支架；彩色喷绘图案；PC板透明圈； 电气性能参数：	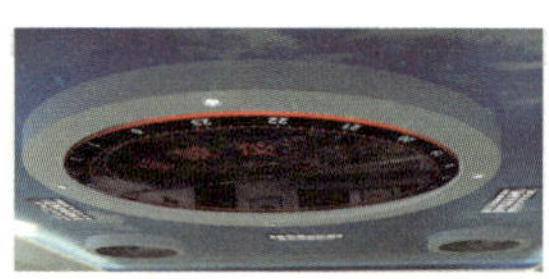

续表

产品名称	规格及说明	附图
电子语音星象仪	电源：交流220V/5A，主电机参数：220V/50HZ，功率：60W/0.6A； 控制系统：（1）PC控制系统；（2）智能移动控制系统； 语音系统：工业级别MP3，音质优美动听； 内容：四季星空、春季星空、夏季星空、秋季星空、冬季星空、月份星空； （1）一月星空；（2）二月星空；（3）三月星空；（4）四月星空；（5）五月星空；（6）六月星空；（7）七月星空；（8）八月星空；（9）九月星空；（10）十月星空；（11）十一月星空；（12）十二月星空	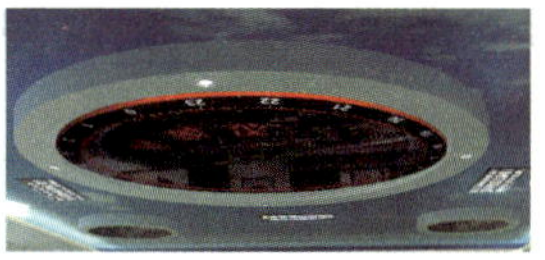
18种地形地貌模型	规格：600mm×400mm； 均采用PVC材质精制而成，仿真微缩内容完整充实，紧扣教材； 包括：流水地貌、黄土地貌、冰川地貌、海岸侵蚀地貌、丹霞地貌、重力地貌、喀斯特地貌、科罗拉多大峡谷模型、火山熔岩地貌、断层褶皱地貌、温室效应后果之一、荒漠（风蚀）地貌、地下水模型、地震模型、煤石油矿质构造、地上河模型、等高线模型	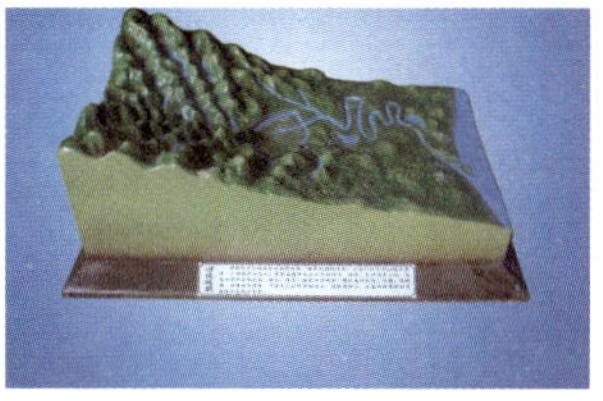
日地月运行演示软件（日地月教学系统）	对地理空间内容进行立体化、形象化的操作，内容包括30个知识点，不但满足了教学上的要求，还进行了更深一步的拓展。 30个知识点如下： 八大行星的半径、公转周期、自转周期、质量、体积半径等；八大行星的运动规律，即开普勒三大定律、重力加速度在每个行星的差别；太阳的简介、太阳的结构、太阳黑子、太阳耀斑、金星凌日、日地月三球运动关系；地球的简介、地球的内部结构、地球内部每个结构的介绍、地球公转中的黄赤交角、两至两分、太阳直射点的变化、太阳高度角的变化规律、地球自转的速度与方向、地球自转形成的昼夜交替、地转偏向力的形成、日界线、时区、恒星日与太阳日、月球的自转和公转规律、恒星月与朔望月、日食、月食、引潮力的形成、大小潮的形成过程；月球介绍、月相的变化规律	 光盘

续表

产品名称	规格及说明	附图
三球（日地月）运行仪	规格：直径1m，采用精密机械传动及复合材料加工而成；不锈钢边框；仿铜面板、美观大方； 地球公转：0.2r/min，地球自转：50r/min，月球公转：2.5r/min； 电气性能参数：电源为交流220V/2A，整机经电源变压为交流24V，安全可靠； 主电机参数：24V/50Hz，功率：14W/0.6A； 控制系统：（1）PC控制系统；（2）智能移动控制系统 语音系统：工业级别MP3，音质优美动听； 内容：（1）地球自转与公转：公转轨道、两至两分等；（2）月球自转与公转：日食、月食等；（3）月相成因：月相周期变化；（4）二十四节气；（5）地球上四季成因	
中国-世界立体地形模型多媒体联动演示软件	在用户操作指令发送给中国-世界立体地形图之后，多媒体联动演示软件播放与中国-世界世界立体地形图正在进行光电演示项目对应的多媒体内容，实现软/硬件的联动演示，软件支持触摸操作。多媒体素材紧贴教材，采用三维立体展示方式，对演示项目进行生动详实的介绍	
数字天球仪	数字天球仪由4部分组成，详情如下： 1. 天球仪模型（直径1280mm） 有机玻璃透明圆球，不锈钢镶边，仪器结构合理，可见度大，直观性强，能说明天体的各种现象。仪器的主体是一个大型的透明球体，球面内容丰富，可见度大，透过天球，可看到其中心是一个地球，还可看到表面天球与地球的内在联系。观察者能同时看清天球内表面，消除了“天外观天”的局限； 2. 多媒体触控演示控制平台 以工控计算机为核心，运行稳定，响应速度快，内存8GB。2.4GHz接收电路接收触控笔发射过来的控制信号，根据控制信号进行相关多媒体的演示、演示过程的控制以及互动操作等，同时输出标准视频信号，将多媒体演示内容以及操作状态等显示在演示屏幕上；	

续表

<table>
<tr><th>产品名称</th><th colspan="2">规格及说明</th><th>附图</th></tr>
<tr><td>数字天球仪</td><td colspan="2">3. 触控笔
（1）内置锂电，时尚精巧，流线型的笔形设计，便携灵巧。（2）原装进口数码芯片及第三代感光OID识别技术的创新运用，为产品提供了强大的品质保证。（3）精彩的超清晰语言提升技术。（4）超级过滤杂音，可将各种细微尾音、清辅音、浊辅音精确还原。（5）带外放，学生长时间学习不易疲劳。（6）与触控演示平台间采用2.4GHz通信，将用户的操作指令实时传输给触控演示平台，并可在音频和视频模式之间无缝切换；
4. 32英寸电视机和支架
5. 天球仪软件</td><td></td></tr>
<tr><td>虚拟实验教学软件</td><td>桑基鱼塘（经济模式）</td><td>采用虚拟互动模式，对桑基鱼塘这种充分利用土地而创造的挖深鱼塘、垫高基田、塘基植桑、塘内养鱼的高效人工生态系统进行动态模拟，直观展现了桑基鱼塘循环生产过程中各环节之间的联系。该软件共分为模式简介、实地欣赏、方案对比和知识拓展4个模块。软件主要介绍桑基鱼塘模式的主要特点及生产方式，并以实例加以补充，说明该模式的实际应用。同时，亦可直观对比只种桑树、种桑树加养蚕、种桑树加养蚕加养鱼3种模式的经济效益，展示桑基鱼塘经济模式的优势所在。知识拓展模块简要地介绍了桑基鱼塘模式的兴起、发展、衰败、复兴、消退，再到改良</td><td>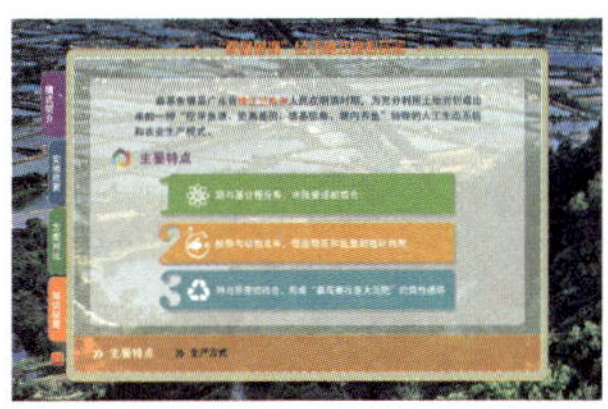</td></tr>
</table>

续表

产品名称	规格及说明		附图
虚拟实验教学软件	大气循环与水循环（大气和水模型）	利用虚拟空间，动态地演示大气循环的运动成因，形成各个气压带、风带的原因，以及大气导致洋流的方向的原理，动态模拟水循环的类型和过程，形象直观全面地表现大气和水循环，更直观明了。该软件亦分为大气环流、气压带与风带、风海流和水循环4个模块。结合大气环流的影响因素，对其进行动态模拟，并引出气压带、风带的成因，演示气压带、风带的季节移动规律。同时，进一步介绍因大气环流形成的风海流，分析洋流的分布规律。水循环模块主要介绍了海陆间水循环、陆地内循环和海上内循环，以及进行动态演示	
	台风（虚拟台风模型）	利用虚拟软件对台风进行全方位的动态模拟，包括台风的生成原因和过程，直观地展现台风运动过程中的路径变化，并且引发学生进一步思考台风过境后所带来的天气变化和其他影响。该软件从原理介绍、等级划分、逃生演习和知识拓展4个模块介绍了台风。软件讲述台风等级划分为6级，以及在遇到台风过境时逃生的方法，可互动完成在家庭、商场、海边、户外及野外等不同场景时的逃生演习。软件同时拓展了我国对台风的预报范围，包括24小时警戒线和48小时警戒线，以及各种警戒的介绍	

续表

产品名称	规格及说明		附图
虚拟实验教学软件	城市内部空间结构（城市功能区模型）	将广大的空间范围利用虚拟软件技术概括、浓缩、集中地建立了立体城市形象，阐述了各个城市功能区区位选择的影响因素，开阔了学生思维，锻炼了学生全面考虑问题的能力。 该软件共分城市用地、功能分区、理论模式和中心地理论4个模块，结合影响城市功能分区的几大因素，对城市功能分区进行划分，并以上海市为例进行城市功能分区模拟，可进行互动操作匹配对应的功能分区。同时，该软件还拓展了对城市功能分区的理论模式介绍	
	地震等级与破坏程度虚拟实验	利用虚拟环境对地震进行模拟，包括不同地震等级对相同建筑材料的建筑物的影响，及相同地震等级对不同建筑材料的建筑物的影响，可直接观察地震的破坏程度，引发学生遇到地震灾害时所需要的思考及保护措施。该软件共分为观察体验、动手体验、逃生演习和知识拓展4个模块。观察体验主要是对世界范围内已经发生的比较典型的地震案例进行图片观察，感受地震的破坏程度；动手体验主要是不同材质的建筑物的抗震能力演示；逃生演习虚拟了家庭、教室、商场、户外和野外等场景，亦可进行互动演习，选择正确的逃生方法	
	数字填充图	根据教程内容的要求，将填充图通过多媒体的方式进行演示操作、互动学习。软件紧扣教材，通过互动答题的方式，提高学生对课程的学习兴趣	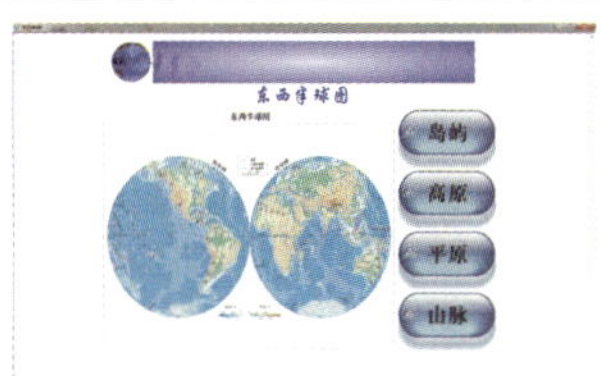

续表

产品名称	规格及说明	附图
地理3D视频	左右格式3D视频，1920像素×1080像素高清分辨率，采用虚实相结合的展示方式，生动翔实地展示了地理要素的成因、组成、变化趋势等。演示内容包含《八大行星》《地球结构》《恒星月和朔望月》《星系》《月球转动》《哈勃太空望远镜》《气旋》《反气旋》《冷锋》《暖锋》《水循环》《季风》等	
3D电视机	能效等级：二级能效；屏幕尺寸：50英寸；屏幕分辨率：全高清（1920像素×1080像素）； 3D显示：快门式3D；亮度：400流明以下；屏幕比例：16：9；操作系统：Andriod4.2； 3D眼镜：34副；单屏尺寸（宽×高×厚）：1124mm×654mm×70mm	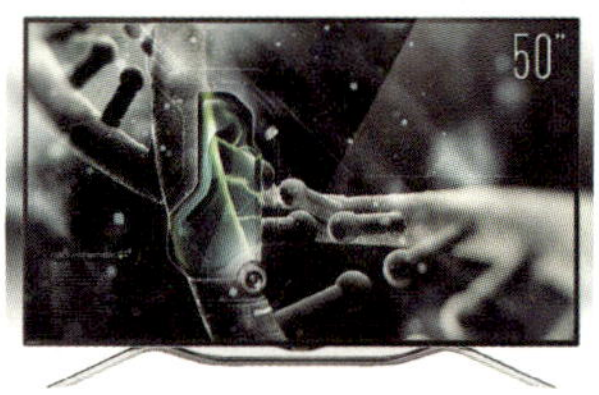
地理3D虚拟互动演示系统	采用3D展示方式，学生可以对演示内容360°自由旋转、拆解。让学生对演示内容的内部结构、系统组成等有比较全面的了解，同时点击分拆开的单独部件，可以对该部件的功能、结构、成因等内容进行详尽的解说和展示。 演示内容包含：地球结构以及地震波的传递过程、火山、地下水、岩石圈物质循环、河流的侵蚀与堆积、山地的垂直地域分异规律、千烟洲立体农业、由一个工业产品看全球化、太阳系、科罗拉多高原的沉积岩、海底扩张模式、断裂构造等	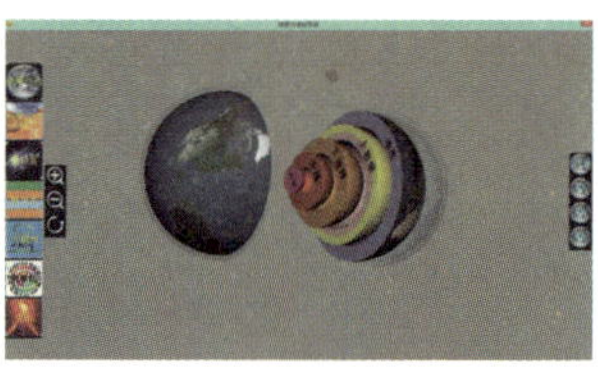
3D投影地图	通过投影的方式将中国、世界地图显示出来	
4D虚拟现实实验平台	虚拟地理实验室技术参数： 1. 运动平台： （1）平台面积35m^2，尺寸7m×5m。（2）机械结构上实现水平方向筛动、抖动、倾斜、垂直方向升降和震动功能。（3）机械控制采用闭环伺服控制，纯电动运动方式，占用场地面积小，工作噪声小，维护方便。（4）平台底部安装有安全保护装置，防止平台意外倾斜；	

续表

产品名称	规格及说明	附图
4D虚拟现实实验平台	2. 特效系统： 采用工业级特效系统控制箱，特效系统模拟虚拟现场的声响、闪电、火光、狂风、气泡、烟雾、下雪、气流、扫腿等环境； 3. 多媒体演示系统： （1）3D工程投影仪，亮度4000流明以上，3D金属投影幕，带来完美的视觉效果；（2）立体声音箱系统，模拟灾难发生时现场的各种声响，带来身临其境的声响效果。（3）教学资源丰富，包括地震海啸、大陆漂移、台风、雾霾、海龟之旅、火山、洋流等	

教室规划图参考如图4.2所示。

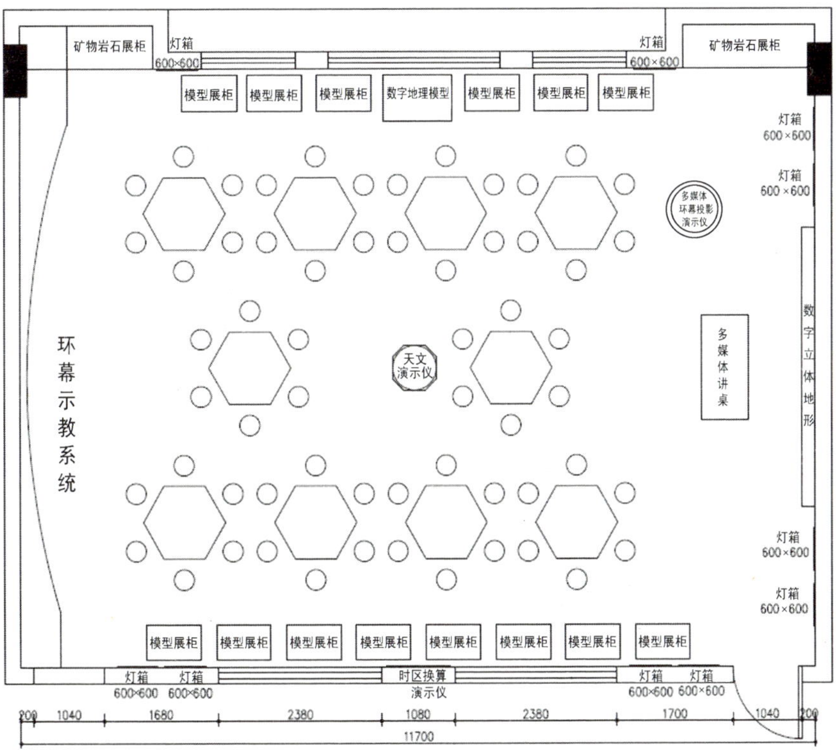

图4.2 教室规划图参考示意图

教室效果图参考如图4.3所示。

图4.3 教室效果图参考

4.2.2 3D历史教室建设方案

结合历史学科课程和当今信息技术发展的趋势和潮流，在设计数字化历史专用教室时应遵循如下思路：

（1）以满足实际教学为主，兼顾研究性学习、校本课程开发和兴趣小组活动；

（2）突出历史学科的前沿与科学教育相结合特点；

（3）充分运用现代教育技术，以“数字化”为主导，突破时间与空间的限制，为学生提供更多高质量的、更新的科学信息，及时将最新成果纳入教学过程；

（4）满足学生不同的历史学习需要，建立富有多样性、选择性的历史教学环境，满足学生探索历史长河、掌握历史学习方法的需要；

（5）支持、支撑由过去依托于传统的课堂和传统的媒体与技术的讲授式教学模式，转向依托于数字化信息技术环境的自主学习、协作学习的发展式教学模式。

产品名称	规格及说明	附图
教师 演示台	（1）外置功能要求：桌面平整，集成笔记本接口模块（电源 ×2；RCA×3；6.5话筒 ×2；VGA×1；USB×2；3.5音频 ×1；网口 ×2)，老师上课只需一把锁匙或IC卡，可扩充IC卡电锁；桌面采用流线式设计。 （2）内置功能要求：桌体上层可内置安装19~22英寸液晶显示器的升降板，仰角任意可调；键盘板下的塑钢盒内，设计可放中控面板、鼠标、笔记本电脑接线或便携展示台、水笔、水性笔擦等；桌体上层右则面可内置侧抽拉大展示台抽屉，承重≥20kg	
一体机 黑板	黑板规格：4000mm×1200mm。 一体机参数： 规格：55英寸；音响：内置音箱（2个 ×15W立体环绕声)；接口：VGA×2,HDMI,USB×6，网络接口，音频输出,AV输入/输出；操作系统：Windows 7,Windows Vista,Windows XP,Android；分辨率：插值分辨率：32768像素 ×32768像素显示分辨率：1920像素 ×1080像素；对比度：5000：1。 响应时间：4ms；可视角度：178/178°；背光灯寿命：60000h。 触摸寿命：80000h以上；颜色：黑色。 外形尺寸：1369mm×828mm（整机）。 1480mm×987mm×307mm（包装）	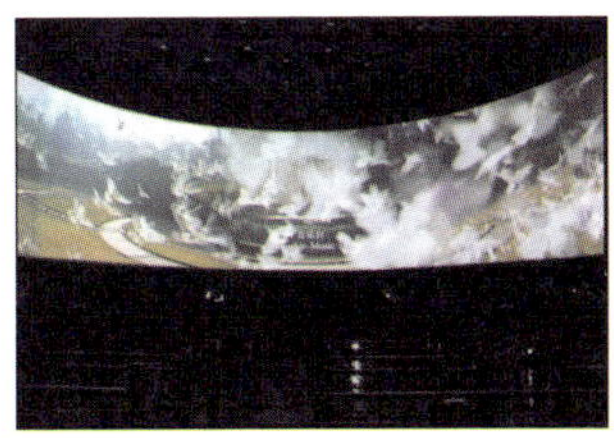
历史虚拟 互动实验 教学软件	采用虚拟现实技术展示各历史时期的代表性模型，包含地动仪、筒车、编钟、扇骨风车、四羊方尊、冶铁水排、都江堰。可以动态互动模拟模型功能，对模型进行全方位观察，同时配合文字、图片、介绍视频等素材，对模型的工作原理、出土时间、尺寸、材质、相关人物以及历史背景进行生动翔实的介绍。 （1）地动仪：利用虚拟软件介绍地动仪。采用互动演示、视频、图片多种方式、多方面讲解地动仪。介绍了地动仪的结构、原理、历史实证以及张衡本人的资料。通过互动演示亲身验震。	

续表

产品名称	规格及说明	附图
历史虚拟互动实验教学软件	（2）筒车：利用虚拟软件介绍筒车。采用互动演示、视频、图片多种方式、多方面讲解筒车。介绍了筒车的结构、原理、历史记载。通过互动演示，亲身体验影响筒车汲水量的因素。 （3）编钟模型：利用虚拟软件介绍曾侯乙编钟。采用互动演示、视频、图片多种方式、多方面讲解曾侯乙编钟。介绍了编钟的结构大小尺寸、出土地点，以及曾侯乙本人的资料。通过互动演示，亲身体验一钟双音，以及编钟的音律之美	
历史3D虚拟互动演示系统	采用3D展示方式，学生可以对演示内容360° 自由旋转、拆解。让学生对演示内容的内部结构、系统组成等有比较全面的了解，同时点击分拆开来的单独部件，可以对该部件的功能、结构、成因等内容进行详尽地解说和展示。 演示内容包含：辘轳模型、历代木犁、指南车、楼车模型、纺车模型、竹木筒、记里鼓车、地动仪、翻水车、水磨模型、筒车、三桅帆船、改良蒸汽机、京张铁路青龙桥段人字形铁路等	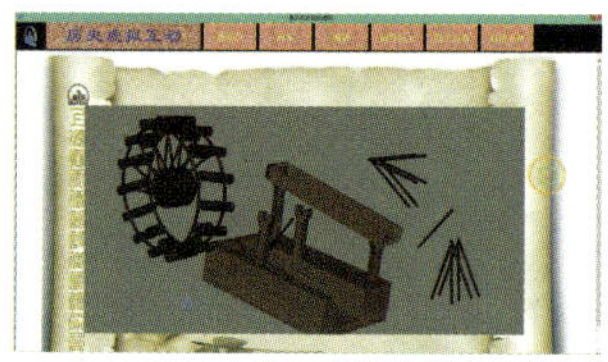
后墙宫殿式历史长河展示区	规格：6400mm × 2500mm。 （1）材质为仿古原木装饰。 （2）上部为仿古歇山式单层殿檐，中部装有可活动的历史长河彩屏共8幅，使用滑轮使其可左右活动，其内容为各历史时期中具有代表意义的事件简画。下部放置一组展柜，每个展柜内配置具代表性的仿真模型	
中国电子历史长廊	规格：4500mm × 1500mm ； 控制系统：智能移动无线控制系统； 接收处理显示系统：（1）40英寸液晶显示屏；（2）分辨率1920像素 × 1080像素； 中国历史内容（部分内容）： 先秦：青铜器、甲骨文、夏、商、西周的政治制度，都江堰；	

续表

产品名称	规格及说明	附图
中国电子历史长廊	秦汉：秦始皇与秦朝中央集权制度、兵马俑、丝绸之路； 魏晋南北朝：莫高窟； 隋唐：三省六部制、隋唐大运河、唐长安城、玄奘西游、文成公主入藏、开元盛世； 五代辽宋夏金元：宋瓷、活字印刷术、清明上河图、成吉思汗； 明清时期：明长城、明代紫禁城建设、郑和下西洋、虎门销烟	
世界电子历史长廊	规格：4500mm × 1500mm ； 控制系统：智能移动无线控制系统； 接收处理显示系统：（1）40英寸液晶显示屏；（2）分辨率1920像素 ×1080像素； 世界历史内容（部分内容）： 世界古代史：两河流域文明、希腊城邦、古埃及文明、罗马共和国、印度河文明、罗马帝国； 世界中古史：中世纪西欧社会、阿拉伯文化的形成、西欧封建国家、文艺复兴运动、新航路开辟； 世界近代史：法国启蒙运动、俄国彼得一世改革、英国工业革命、美国独立战争、法国大革命、拿破仑时代、美国内战、日本明治维新、巴黎公社、德意志统一、第一次世界大战、欧洲近代文化和艺术； 世界现代史：前苏联新经济政策和工业化、前苏联成立、资本主义经济大危机、罗斯福新政、第二次世界大战； 世界当代史：联合国成立、冷战形成、万隆会议、海湾战争	
3D投影地图	通过投影的方式将各时期地图显示出来	

续表

产品名称	规格及说明	附图
历史虚拟仿真互动	历史虚拟仿真模型	
历史3D视频资源	左右格式3D视频，1920像素×1080像素高清分辨率，采用虚实相结合的展示方式，生动翔实地展示历史要素的成因、组成、变化趋势等。演示内容包含"地动仪模型""秦明古长城""筒车""景德镇青花瓷"等	
3D电视机	能效等级：二级能效；屏幕尺寸：50英寸；屏幕分辨率：全高清（1920像素×1080像素）； 3D显示：快门式3D；亮度：400流明以下；屏幕比例：16∶9；操作系统：Andriod 4.2； 3D眼镜：34副；单屏尺寸（宽×高×厚）：1124mm×654mm×70mm	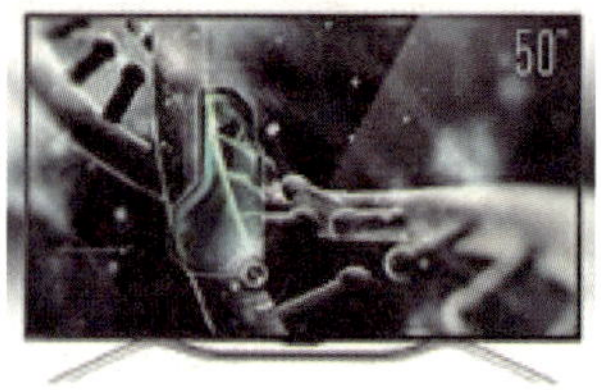

4.3 3D打印校园创客空间建设方案

4.3.1 校园创客空间

创客们以好玩为主要目的，恰恰是创客的意义所在。也是创客空间能够摩擦出无限创造原动力的主要原因。而从学校入手建设创客空间，是促使全校学生乐于动手实践创新、创意的关键手段。创客空间为怀有相同兴趣的同学找到志同道合的伙伴，促使学生从有兴趣发展成为爱好。

校园创客空间为学校里潜在的创客们提供一个富有创造活力的空间，为实现中国"万众创新、全民创业"理念打好坚实的基础，为我们的下一代实现复兴"中国制造"提供最初实践的舞台。

4.3.1.1 校园创客空间建设目标

校园创客空间的建设目标是营造能够充分支持学生进行多方面探究性学习的良好环境，激发学生设计创意的兴趣、爱设计创意的欲望，让学生亲身经历设计创意的过程、获得3D设计知识、掌握创意方法、培养创新素养。

探究性实验是在教师引导下，由学生自己设计实验步骤，并经历探究过程，自己从中得出结论。因此，创新综合实验室会提供各种各样的探究仪器、设计实现工具，创设一个面对真实事物进行探究与面对想象设计进行实现的环境。综合实验室所进行的实验活动充分体现学生的主体性，提高学生的参与度，既有利于学生基本知识、技能的形成，又有利于培养学生的动手能力与解决实际问题的能力。

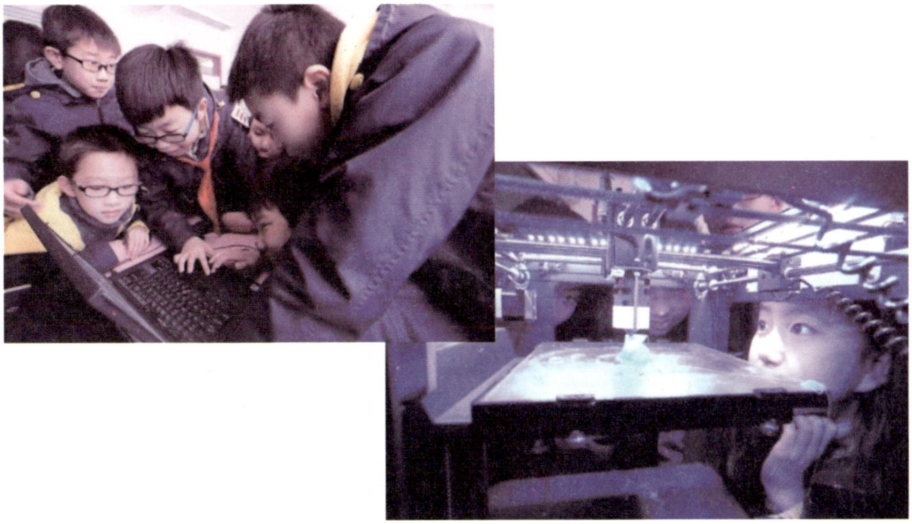

图4.4　校园创客活动

4.3.1.2　校园创客空间教学目标

（1）经过一系列任务式教学，提高学生的空间想象力、三维设计技能。

（2）通过在教学过程中合作探索与讨论实践，培养学生通过3D技术解决生活实际问题的能力。

（3）通过验证与测试3D打印作品的过程，提高学生动手能力、批判性思维能力、自我及合作探究能力。

4.3.1.3　校园创客空间区域布局

1. 课程教学空间

该区域主要为学生进行“校园创客”3D创新设计课程教学活动而设立。教学区作为学生学习的主要部分，其布局形式可分为：

（1）演讲形式；

（2）小组探究性教学形式；

（3）个人实践学习形式。

空间的课桌为可移动拼接式课桌，可组成听课型、小组实践型、个人实践型课桌布局，为组织学生进行创新实践教学提供灵活、多元化的教学方式。

该空间可根据每个实验室的面积不同单独设立或者与项目实践空间及创意共享交流区相互进行转换，以保证校园创客空间的各项活动有序地进行。

2. 项目展示区域

该区域用于展示创新设计课程及电子积木课程相关的成品作品及过往项目小组完成的项目作品。

精品作品放在玻璃展柜中，过往项目展示作品放在墙面展示柜中进行展示。由于项目展示区域与课程教学区域有以往学生作品及创新设计课程完成作品展示在区域四周的展台上，该环境可促使学生更愿意参与原本略显枯燥的演讲类课程内容。

3. 项目实践空间

该区域可进行Meetup、工作坊及日常创客空间自由项目等的小组实践。该区域可容纳不同小组在空间举行不同的项目。

该空间可根据每个实验室的面积不同单独设立或者与课程教学空间及创意共享交流区相互进行转换。保证校园创客空间的各项活动有序地进行。

4. 创意共享交流区

该区域可进行创客读书分享会、创客嘉年华、创客读书分享会等交流类活动，该区域可符合创意交流的各类方式的需要。

该空间可根据每个实验室的面积不同单独设立或者与课程教学空间及项目实践空间相互进行转换。保证校园创客空间的各项活动有序地进行。

5. 3D创新工坊

3D创新实践工作坊分别由3D打印生产区、项目工作台区、项目工作小组储物区3个部分组成。

在该区域中，学生设计的作品模型使用3D打印机进行制造；每个项目小组成员（最多可容纳6人）在项目工作台上实践设计、加工、组装作品；每次活动项目组没有完成的作品零件可放到对应各自项目小组编号的储物箱中，以免耽误项目进行。

4.3.2 3D打印校园创客空间装备方案

设备	技术参数	附图	单位	数量	说明
3D打印机	**主要技术参数和服务说明：** 成型方式：熔融沉积成型（FDM）；打印成型尺寸：240mm×215mm×215mm；运动控制：全闭环光栅控制； 打印精度：XY轴12.5μm、Z轴1.875μm；最快打印速度：180mm/s；最小打印层厚：0.05mm；最高挤出温度：300C°；炫彩LED照明：4路LED照明； 打印材料：PLA（聚乳酸酯）；温控挤出喷口直径：0.4mm； 高稳定性双轨十字轴；具有加热平台：最高加热平台温度：130C°；3D打印机微控制器：Atmel ATmega2560/ATmega164双核微控制器；电源：110V/220V，50~60Hz；X-Y行走机构：双轨十字轴；智能控制功能：断电续打技术；智能控制功能：耗材监控报警保护系统；高效率LED状态显示加热平台；全新超高效率操作系统固件	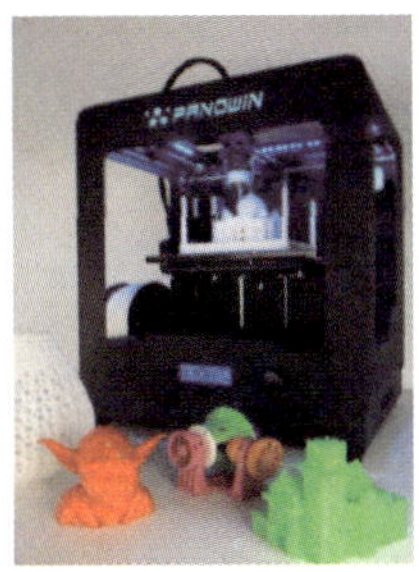	台	5	创新设计制造工具

续表

设备	技术参数	附图	单位	数量	说明
三维扫描仪	**主要技术参数和服务说明：** 纹理获取：是；3D分辨率：0.5mm；点位精度：0.5mm(平均)；3D数据精度和距离之间的关系：每30cm降低1.5%；光源：红外线；点对点距离：0.6~5mm； 最大数据获取速度：3000000点/秒；视频帧速率：30帧/秒（最优为8帧/秒）；输出格式：OBJ、STL、PLY、WRP、SAC；采集时间：0.033s；纹理清晰度：680像素×600像素； 颜色：64位真彩；工作距离范围：60~300cm；近距离扫描范围：400mm×255mm；远距离扫描范围：560mm×371mm；扫描角度范围：60°×180°；标准镜头：固定镜头；电源：12V,36W；软件：包含；数据接口：USB2.0×1；硬件需求：i5处理器；8GBRAM、nVIDIAGTX650以上显卡；操作系统：Windows7或Windows8	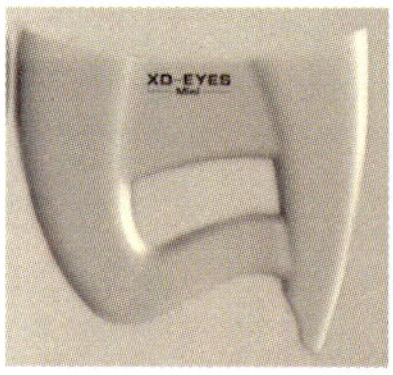	台	1	手持式3D扫描设备

续表

设备	技术参数	附图	单位	数量	说明
三维设计软件	（1）网络版，可扩容增加节点；模型数据可直接3D打印，可自动生成二维工程图（三视图），支持3~5轴CNC加工代码输出； （2）具有完全自主知识产权的国产软件，通过CMMI-I3认证，用户界面可以自由定制； （3）可以实现同一视窗内建立多个独立的零件和曲面； （4）可以快速进行三维设计，可以自定义动画功能，输出AVI格式动画视频； （5）能在同一设计环境下实现零件与装配之间的关联关系，修改三维CAD数据后，可以进行二维图纸的自动修改； （6）具有识别图片生成浮雕效果的功能，具有边学边用的功能； （7）无须第三方软件即可从三维软件中一键3D打印； （8）能够提供专门针对小学、初中、高中各年龄段特点的正式教材（正规出版社出版发行），并提供视频教程	 光盘			适合初中以上年龄段，包括高中、职教、高教

续表

设备	技术参数	附图	单位	数量	说明
简易三维设计软件	（1）实体拖放：所有的实体拖放在完成细节设置后都可以按住鼠标左键进行同层拖拽； （2）可直接拖拽元素库中的基体，随意拖拽改变基体参数，实现精确设计，也可以直接用鼠标拖拽进行粗略设计； （3）智能绘制草图：无须预先选择草图，可以在任意平面上绘制草图，可从草图库中选择所需草图元素，并直接实现三维实体建模； （4）mini-bar功能：选择不同的特征，可自动跳出悬浮功能框，并罗列出相对应的特征命令。通过该功能可更直接进行建模二次修改及编辑； （5）点变形：该功能可实现“泥捏”效果，在平面或曲面内随意进行变形； （6）可通过“弯曲”“环形弯曲”“扭转”功能来实现实体建模的异形操作； （7）视角导航：具有26种视角，可通过该功能改变任意视角，便于操作和掌握空间感； （8）一键3D打印：建模界面具备3D打印功能，无须进行格式转换，通过该功能可直接进入3D打印机的分层软件中	 光盘			适合小学、初中学段

续表

设备	技术参数	附图	单位	数量	说明
	（9）本地资源库及网络资源库：在本地及网络中具备海量零件库，即时更新，可同步中小学网络社区中的新增资源包，资源库中的造型可以直接拖拽进软件，造型可以随意更改、编辑，造型的零部件可以任意拖拽分离，可以实现整体或单独对造型的更改； （10）软件提供云存储功能，可从软件内直接将设计文件保存至软件提供的云存储空间	 光盘			适合小学、初中学段
教学课程	26个课时 创新创意设计课程需包含生活实践类教学内容、科技实践类教学内容、艺术设计类教学内容		套	1	培养学生创新、创意的基础课程
储物工具箱	储物工具箱		个	8	储存学生未完成作品的储物工具箱
精密电子卡尺	测量范围：0~200mm 分辨率：±0.01mm 误差：±0.03mm		把	5	学生制造物品时所需要的常规工具套件

续表

设备	技术参数	附图	单位	数量	说明
设计电脑	笔记本电脑		台	15	笔记本电脑便于活动，可用于开源硬件编程及3D创新设计
探究课桌	推荐尺寸： 1200mm × 520mm × 750mm	 	台	26	学生可以自由组合座椅，适合自主探究及小组合作等多种教学方式
玻璃展示柜	推荐尺寸：50cm × 50cm × 180cm		个	3	展示优秀学生作品

续表

设备	技术参数	附图	单位	数量	说明
墙面展示柜	推荐简约开放式隔板，隔板深度不低于25cm		套	3	展示课程内容实体模型及往届学生作品
带电源3D制造实验台	需带220V三眼插座6个		套	1	3D打印设备工作台
防静电工作台	推荐尺寸：200cm × 100cm × 75cm		台	1	实践3D打印作品工作台及实践开源电子设备工作台
打印材料	环保PLA耗材		卷	20	

4.3.3 创客课程教学实施纲要

实施阶段	阶段性主题	教学方法	培养目标
第一阶段	观察与模仿	任务导向引入主题，讲授式教学配合学生实践促使学生掌握基本建模技能以及空间想象力	三维建模能力、空间想象力
第二阶段	实例改造与设计	讲授式教学介绍物件原理、探究式学习培养创造力	物件原理知识、发散性思维、实际应用的创造思维

续表

实施阶段	阶段性主题	教学方法	培养目标
第三阶段	想象与设计	启发式教学提供想象素材、比赛式实践激发创造激情	想象设计能力、 解决实际问题能力、 评判与表达能力
第四阶段	主题设计	合作实践结合探究式教学	综合设计能力、 合作实践能力

第5章 3D教育困惑与展望

欲善其事，先利其器。作为信息化条件下新的基本语言、工具和平台，3D技术的研发与应用关系着中国产业结构的提升，以及在下一波世界竞争中占据怎样的位置。没有3D技术与人才的支撑，产业升级、自主创新、文化软实力打造等将无从做起，“中国创造”将成为一句空话。把3D技术渗透到工业化与信息化“两化融合”的实践中，渗透到文化创意产业创新发展的实践中，渗透到新一代创新型实用人才培养的实践中，渗透到持续推动自主创新的进程中，不仅是技术能力建设，更是国家创新能力与文化软实力建设上台阶的重要基础。

当前3D影像、VR和3D打印正逐渐在知识创新、深度学习、虚拟实验、技能训练等方面彰显优势，为教育应用创新提供新环境、新平台、新资源、新工具和新范式。然而，由于建设和使用费用较为昂贵，后续的保养、管理及维修等费用也较高，3D技术教育应用在顶层设计、技术支持、教育资源、测评标准、应用领域、人才培养等方面仍面临较多的困难。

5.1 当前的困惑

3D教学作为一种崭新的教育形式，已经在欧美等发达国家引起教育工作者的重视。3D教育装备方面，国内的相关公司相对具有产品优势，产品线也比较齐全。但是硬件企业普遍存在缺乏软件和资源支持的困境，各硬件企业之间也缺乏有效的整合，形成优势3D系统应用。国内也有相关公司跟进3D教育前沿，但由于3D教育产业在人力、物力和财力上投入巨大，相关公司大都在小规模尝试，目前3D相关产品无法形成有效应用和资源共享，企业在市场上难以获得回报。

近年来，国内相关公司在不断进行3D教学资源库的建设，但在建设过程中遇到了不少的困难，相对整体而言，成效并不明显，反而出现了一种杂乱无章的状态，主要表现在“杂”“差”“乱”三方面。

5.1.1 杂

“杂”是指学科出处多，主要是科研院所的科研结题成果展示。3D教学资源分布零散、建设重复严重。以各类院校为主体群建立的多媒体教学资源库呈现出一种小规模、相对独立而封闭的局面，大多零散地、无序地存在于一线教师或相关教学管理部门当中，缺乏统一的规范化管理，建设上存在重复，浪费了大量的人力、物力和财力，远远没有达到资源共享的目的，资源利用率低。

5.1.2 差

“差”是指片源的品质和质量不如国外，3D教育片源与建模整体需要提升。3D资源内容与形式单一，缺乏好的资源。资源在建设的内容与形式上显得十分单一，大多数只偏重于某一方面或某一类型，况且其中不少资源是为了建设而建设，注重形式和数量，缺乏真正优质、核心的资源。

5.1.3 乱

“乱”是指没能和现有教材体系结合到一起，都是零碎的知识点，不成系统，缺乏规范，不利于共建、共享。

3D教学资源偏重于3D图片、3D动画和3D影像等素材库，缺乏各学科的资源整合平台，缺乏整体资源整合平台支撑和统一的规范。虽然积累了一些3D资源，但由于缺乏兼容性和系统性，没有按统一的建设要求和标准而构建，而造成资源分类不明确、不规范，学科种类属性界定不清，内容重叠，相互包含，不利于教师使用和共享，也不利于规划、管理。

5.2 3D教育生态圈

5.2.1 3D教育相关方

3D教育相关方包括：

（1）3D教育装备供应商

3D教育装备供应商包括3D硬件供应商（投影仪、液晶电视机、球面显示器、图形工作站、桌面3D系统、3D眼镜等）、系统集成商、方案商、渠道供应商等。

（2）3D教育资源供应商

3D教育资源供应商包括生产3D影像、模型、子系统、子平台、航天传媒、中科院天文台图书馆的供应厂商。

（3）3D教学主体

3D教学主体包括大学实验室以及一些科研院所等相关单位、师范类院校、职业或3D专业院校、教师和学生、教育装备行业的专家。

5.2.2 3D教育生态圈

通过3D教育三要素合理构建与搭配，建设一个能够涵盖上述各方的公共3D教育平台，营造一个3D教育生态圈，做好相关的统筹工作，做好3D教育行业的规划和组织协调工作，制定相关政策和标准，共谋发展，有效推进3D教育行业健康发展，为我国教育教学提供有益的支撑。

3D教育生态圈建设应围绕以下几个方面进行：

（1）紧密联系一线教师和学生，了解一线用户需求，适时组建由科研型优秀教师组成的第三梯队团队。以需求为目的开展3D教学相关工作。

（2）争取各省市和地区教育装备行业的关注与支持，组建由教育装备专家组成的第二梯队团队。以装备促进教学改革，以丰富教学手段为目的开展相关的研究工作。

（3）组建以大学和科研院所的研究专家为主的第一梯队团队。站在科学研究的前沿，在政策引导、理论研究层面开展相关的研究工作。组织和召开相关研讨论坛，联络学术界及教育学科带头人，努力形成在教学应用领域的优势和影响力（包括在专业报刊、杂志刊登文章、研究成果等）。

（4）以平台建设为中心，以3D教学研讨会和3D教育应用大赛为抓手，每个参与者都有付出、有回报，打造3D教育良好的生态圈。

（5）用3D教育研讨会和3D教学应用大赛带动3D教学应用，落实3D教育进教室、进课堂。

（6）整合软件、资源和子系统供应商，打造3D教育的生态链，使各方的利益都有保障。

（7）硬件设备与芯片组供应商要在底层做好服务和技术方面的保障工作。

（8）系统集成商、各级各类代理商要在营销方面起到积极的润滑效果，把一线的需求传递给平台的主办方，把现有的技术、资源以及3D教育的最新发展状态传递给一线需求方。

（9）整合相关的职业和培训机构，利用大赛征集优秀作品。

（10）向师范类院校提出建议，开设相关课程，传道授业。

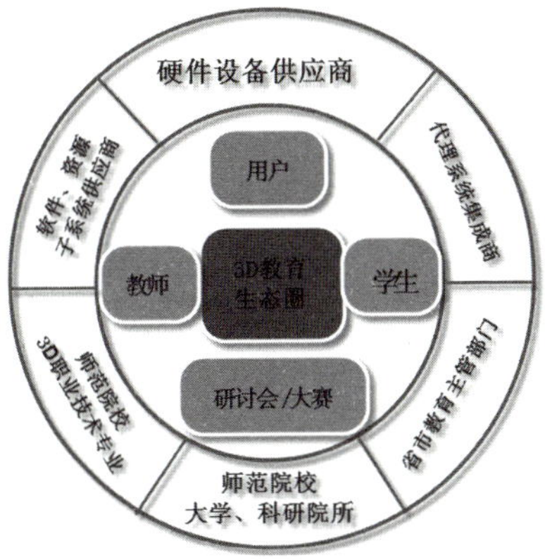

3D教育生态圈

5.3 展望

教育信息化和教育装备现代化，是教育现代化的两大重要支柱。3D教育作为一种优质教育资源，必将有利于推进教育信息化，推进教育装备现代化，进而推进整个教育现代化进程。

3D教育应用是一个教育生态系统，需要3D教育相关方共同参与，依托3D技术、资源、工具、平台、产品、人才和课程，构建教学资源、教学媒体和教学产品的设计、开发、运用、管理和评价的教育系统，需要进行理论、技术与应用的协同推进，从生态发展、产业推进、深度融合视角开展研究。在落实《教育信息化十年发展规划（2011—2020年）》之际，应将“3D技术教育应用创新”作为技术与教育“深度融合”的重要途径，构建3D教育应用生态系统环境，促进教学方式与学习方式变革，以此应对第三次工业革命带来的机遇和挑战。

根据诸多业内专家建言献策，有如下建议。

5.3.1 3D人才培养

从根本培养应用型3D人才。一方面，高等院校和职业院校在人才培养目标上应认识到当前不仅需要精英科技人才和一线操作工，更需要中间层应用型人才。不是只有博士生、硕士生才可以创新，当前企业更需要把创新付诸实践的新一代应用型3D人才；另一方面，积极实施教学内容、教学模式和教学方法的改革：一是加强教材改革，高度应用3D技术改进教学方法，同时引入企业具体案例，结合教材以改革教学模式；二是加强3D技术课和相关专业课教师的执教能力和职业素养的培训。

5.3.2 丰富3D文化活动

开展3D相关竞赛等教育文化活动，促进多方联动和教学改革。以3D教育资源和建设为中心开展3D教育生态圈建设。以3D教育研讨会和3D教学大赛为抓手，协调和调动3D教育各方的利益和积极性。

竞赛是课堂教学的延伸，是对教学成果除考试之外另一种形式的检阅。通过全国和国际范围的竞赛，将学生、老师、专家和企业都聚集在同一时间和空间范围内，展示、交流和竞争，参赛者能加深对专业知识的学习和理解，提高实际应用动手能力，开阔视野。比赛还加强了校际间、校企间沟通和交流，缓解了企业需求脱节的突出矛盾，增强了大学生就业、创业的竞争力和适应性。同时，竞赛的成果和案例可以转化为教学课件和科研成果，促进教学改革。

3D技术对于中国产业升级和经济发展、对于中国教育信息化发展和高素质应用型信息化人才培养、对于大学毕业生就业竞争力提升都具有极大的促进作用。为3D技术应用和应用型3D人才的培养搭建顺畅的成才通路，需要各方共同和持续努力。

3D教育中心就是要建设一个能够涵盖上述各方的公共3D教育平台，营造一个3D教育生态圈，做好相关的统筹工作，做好3D教育行业的规划和组织协调工作，制定相关政策和标准，共谋发展，有效推进3D教育行业健康发展，为我国的教育教学提供有益的支撑。

崭新的技术，会带给我们崭新的教育思维，解决我们以前无法解决的问题，将给我们的教育带来一系列的重大变革。亲身去经历、亲身去感受比空洞抽象的说教更具说服力。主动地去交流与被动地观看，有质的差别。

第6章 后记十问

到了“后记”章节，按常规，应该有很多感谢的话要说，也必须说，但是在说感言之前，先把3D教育当前的问题摆出来，所以有了“后记十问”。借用爱因斯坦一句名言：“提出一个问题往往比解决一个问题更重要！”

6.1 3D技术如何深度融合学科教学？

当前阶段的3D教学，如果不能与学科知识点深度融合，这样的3D教育是没有生命力、没有前途的。怎样把3D技术应用于学科教育？这是3D教育当前要解决的首要问题，希望各级教育主管部门、研究机构、教研部门、企业、学校和一线教师能够齐心协力，共同推进3D技术进校园、进教室、进课堂。

从国外已有的经验来看，建议先从物理、化学、生物、地理、历史、美术、综合实践等课程开始，3D打印可以结合当前如火如荼的创客教育开展教学探索。不建议在语文、数学学科教学中过多地使用3D影像资源。

6.2 3D教学的目标是什么？

3D教学的目标是什么？只是为了提高学习成绩吗？还是为了提高学习的效率？提高效率本质上还是提高学习成绩、提高分数。如果只是为了提高学习成绩，黑板、粉笔、现有的教育信息化设备就够了，和相对价格偏高的3D装备来说，3D教育的投入产出比显然不匹配。3D教学可以提高学习效率，从国内外的前期试验案例来看，这是事实。

除了考试分数之外，难道3D教育就没有别的用处了吗？怎样看待“3D教学激发了孩子的学习兴趣”？

如果把3D教育的重点定位在建模（数学建模和3D建模）和建模思想上，把3D教育的目标定位在学生建模思维的培养上，育人目标指向“培养学生的跨学科学习能力、团队协作能力和数字表达能力”，也许会把3D教育带入一片新天地。

6.3 3D教育何时出名师？

3D影像给我们带来了前所未有的视听震撼，同时也让我们对电影的本质多了一些思考。难道仅仅依靠3D技术就能拯救电影？好莱坞“编剧教父”罗伯特·麦基的一句话或许能给出答案——“没有故事，再好的3D也只是技术”。

3D教学活动也需要一个好的编剧，这个编剧就是老师，好的编剧就是名师。借用罗伯特·麦基的话，我们也可以说，“没有名师，再好的3D也只是技术”。

3D教育不能没有理论建设，如前所述，所以我们尝试为3D教育寻找教育理论依据，但对3D教育的研究绝不只做“学究”，3D教学活动的开展才是3D教育的抓手，是3D教育的灵魂，没有丰富多彩的3D教学活动，3D教育就无从谈起。比起专家，3D教育当前更需要名师。

那么，3D教育的名师在哪里？会在什么时候出现？这是值得我们共同期待的。希望2016“VR元年”的这次冲击波，能为3D教育名师的尽早产生带来力量。

6.4 如何解决3D资源稀缺问题？这是唯一的问题吗？

3D资源是3D教育的核心要素，不可否认，目前的3D资源是短缺的，不管是校方还是企业，3D资源的开发显然是当务之急。

但还是要再问一句：“3D资源是3D教育的唯一问题吗？”换句话说，是不是解决了3D资源的问题，3D教育的发展就可以一帆风顺、一路畅通了？3D教育会不会步入当年“电子书包”的局面？人人都知道电子书内容为王的道理，现在回看，数字教材是电子书包的唯一问题吗？

如果不是唯一问题，还有哪些因素是必须考虑的？

6.5 3D教学应坚持哪些基本原则？

关于3D和VR教学应用的利弊、得失的争论，还会持续很长一段时间，那么在一线开展具体的3D教学，需要注意哪些事项、坚持哪些基本原则呢？

（1）对于3D资源和应用，做到“能实毋虚”，就是说，凡是学生能动手实操的，坚决反对使用虚拟的方式代替，不能“为了3D而3D”。3D和VR的价值体现在非常规教学活动和实践上。

（2）支持以下学科的3D资源开发建设：物理、化学、生物、地理、历史、美术。

（3）不支持以下学科的3D化：母语教学、中小学阶段的数学教学。数学是思维的体操，3D和VR的直观呈现不利于学生抽象思维和逻辑思维的培养。语言是思维的载体，是想象力的翅膀，同样不建议使用3D或VR的方式展开语文教学。

（4）反对VR孤立化教学形式。学校除了教书，更要育人，师生关系、同学关系是学生最珍贵的财富，不建议过度使用VR营造的个人虚拟的封闭空间。

6.6 如何开展3D打印教学？

学校开展3D打印为基础的教学活动，一定要基于兴趣和爱好，不求面面俱到，目前阶段也不必要求堂堂用、天天用，没有一个万能的技术能解决所有的教学问题，3D打印也不例外。

当前3D打印教学应用还存在一些不通畅的地方，如3D打印机和耗材成本偏高、打印材料不环保和建模软件使用的繁杂等制约因素。除了上述注意事项，在具体的教学过程中希望还能注意以下两点：

1. 不唯技术论

不能为教技术而教技术，不能只把3D打印机作为机器使用，3D打印要与学科结合。2013年新媒体联盟（New Media Consortium，NMC）地平线报告（基础教育版）对3D打印教学应用作了如下引导："3D打印对于教学和学习的一项重要价值体现在：它能够更加真实地呈现特定事物，并让学生获得深刻感知体验……例如，在科学课、历史课上，学生可以制作像化石、文物之类的易碎品。通过快速原型设计和生产工具，学习化学的学生可以打印出复杂的蛋白质和其他分子模型，这些与我们看到的3D分子设计模型库中的展示十分类似。"

2. 不替代捏泥巴

从功能上来看，3D打印和捏泥巴（轻轻泥、橡皮泥、陶艺和手工课）没有本质区别，但不可相互替代。3D打印给教学带来了高效率，同时也抬高了技术门槛，低龄段的学生不具备3D建模的知识和技能，捏泥巴的方式更接近自然，但在高中阶段可能就跟不上学生能力提升的需求，也体现不了时代精神。

6.7 3D教育规模怎样扩大？

2015—2016年，众多的VR行业报告分析"未来VR影响的行业"时，VR教育显然是排名靠后的，甚至某些VR行业分析直接忽视了VR的教育应用份额。

3D教育生态圈里的重要一环就是企业，3D教育市场打不开、行业不发展，不利于3D教育事业的发展。"怎样扩大3D教育市场？"绝不仅仅是企业自己的事情，而是整个生态圈的事。

6.8 教育占VR几份额？

知萌咨询机构中国VR产业发展研究报告课题组2016年《中国VR用户行为调查》和速途研究院《2015年VR产业发展报告》显示，VR应用排名前6的行业中，教育都只排在了最后一位。图表清晰反映了VR技术发展与其他领域的关联程度，游戏领域首当其冲，社交是被一度认为继游戏之外，VR的主要契合领域。

表6.1

排名	速途研究院	知萌咨询机构
1	游戏	全景旅游
2	社交	家装
3	色情	演艺直播
4	电影	虚拟试驾
5	旅游	虚拟期房
6	教育	VR授课

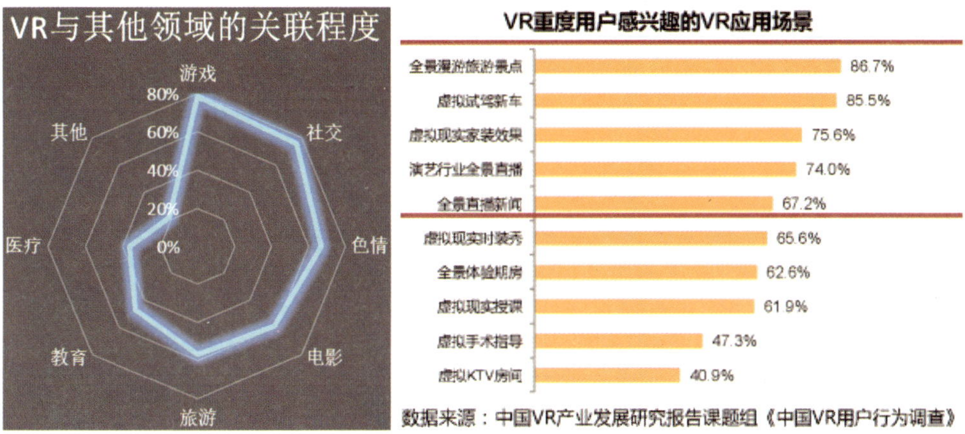

图6.1

在超星发现上分别以3D、建模、VR、AR和3D打印为关键词，进行对比分析的数据见后页。图书学术发展趋势大体上以3D和建模长期保持相对优势，AR一度在2010年达到顶峰，但又快速回落。

过去20年，学位论文在2013年达到一个顶峰期，按排名顺序依次是：3D、建模、AR、VR和3D打印。

过去10年，由3D、建模、AR和VR在报纸媒体上的学术发展趋势曲线可见，显然2009—2010年，在《阿凡达》等3D电影的带动下，3D在媒体上引起了广泛和持续的关注；3D打印从2012—2013年进入快速发展期，开源和3D打印核心专利的到来，起到了重要推动作用，媒体的关注进一步加速了3D打印进入消费类市场；2015—2016年，VR这个词进入了公众媒体视界，关注度甚至在2016年超过了3D打印。

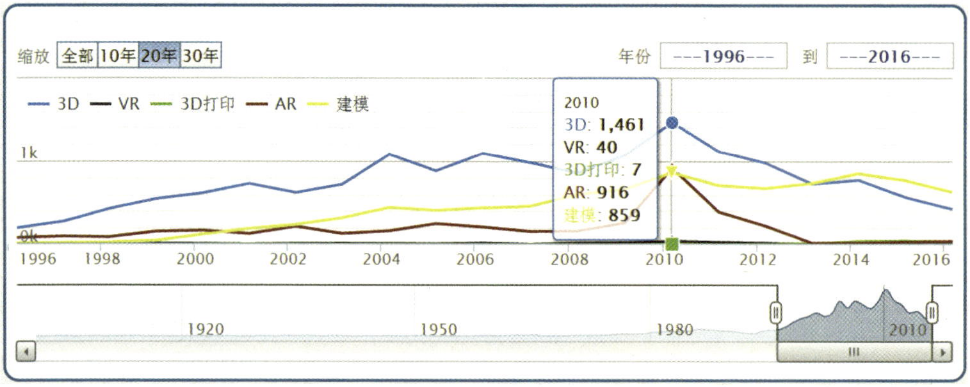

图6.2 3D、VR、3D打印、AR、建模——图书学术发展趋势曲线

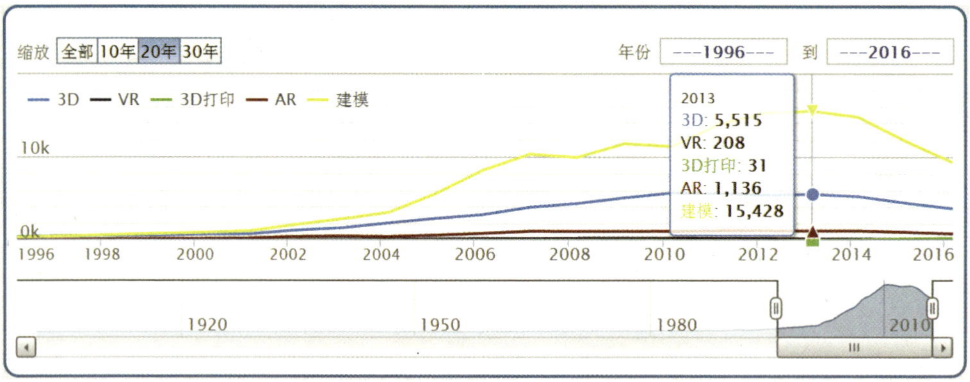

图6.3 3D、VR、3D打印、AR、建模——学位论文学术发展趋势曲线

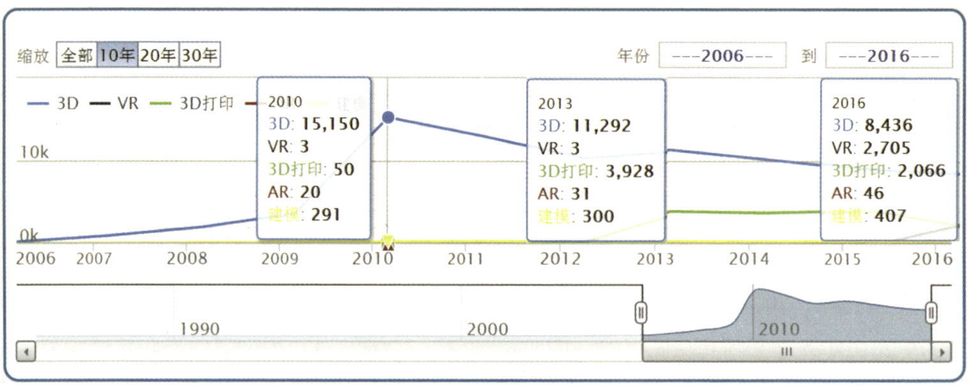

图6.4 3D、VR、3D打印、AR、建模——报纸学术发展趋势曲线

6.9 3D教育的元年何时到来？

2009年是3D元年，VR除了2016这个元年，还在20世纪60年代和90年代两次迎接过类似元年的爆发期。我们不禁要问，“3D教育的元年什么时候才能到来？”我们能为3D教育元年的到来做些什么？希望行业的领导、专家、学者，多做思考、多做尝试、共同探索。愿《3D教育蓝皮书——2016年3D与VR技术教育应用新进展》的出版能为“3D教育元年”的早日到来，尽绵薄之力。

“后记十问”是对当前3D与VR教育应用过程中的思考和疑虑，抛砖引玉，没能凑够十个问题，亦喜亦悲，喜者，3D教育的问题还没有那么多；悲者，3D教育到目前为止，还未提出高品质的问题，这不利于3D教育的发展。

本书是2015年出版发行的《3D教育典型需求分析》一书的续集，结合2016年3D与VR技术的新进展，着眼未来教育，以期进一步厘清我国3D教育现状、问题与困境，促进3D教育行业发展。撰写中，感谢与李硕、张小龙、段凯、张天舒等同志的坦诚交流。北京师范大学的吉广智和王熙淳同学共同参与了第2章以及第3章内容的编写，并在文献检索和文献梳理方面做了大量的工作，感谢教育部教育装备研究与发展中心与深圳云幻教育科技股份有限公司联合成立的3D教育研究中心提供的大力协助，在此一并感谢。

我们期待一线教师、专家与读者的批评、指教，帮助我们不断优化和修正本书内容，希望在2017年的版本中能够更好地呈现中国3D教育的现状与未来的发展趋势。

由于水平有限，书中难免有不妥之处，敬请读者、专家、学者和相关人士指正。

最后，同样以爱因斯坦的话结束这个章节：“如果给我一个小时来拯救这个世界，我会花55分钟来定义问题，然后只花5分钟找到解决方法。”

让好的“问题”为我们指引3D教育的方向。

附录I

首届3D教育与装备研讨会

为了进一步推动3D教育与装备行业健康发展，促进3D教育与装备和教研工作有序开展，加强3D教育与装备行业和各级各类学校用户的交流，搭建企业与科研单位、用户之间的沟通桥梁，由中国系统仿真学会3D教育与装备专业委员会主办的“首届3D教育与装备研讨会”于2015年12月4—5日在杭州胜利实验学校举行。此次研讨会得到了教育部教育装备中心的指导，由云幻教育科技股份有限公司具体承办。中国系统仿真学会3D教育专委会主任委员韩呼生、教育部教育装备研究与发展中心副主任刘诗海研究员以及全国各地有关部门负责人、专家、学者、中小学校长共200多人参加了这次研讨会。

会议围绕3D智能教室、3D校园与数字博物馆、3D打印与校园创客空间建设等主题展开研究和探讨。中国系统仿真学会3D教育专委会主任委员韩呼生主持了会议，并转达了中国系统仿真学会现任理事长、原教育部副部长赵沁平对本次研讨会的祝贺；教育部教育装备研究与发展中心刘诗海副主任就3D技术与创新教育作了专题报告；浙江省教育技术中心施建国主任、山东省教育技术装备服务中心冯俊华主任、教育部教育装备研究与发展中心信息化教育装备处梁森山副处长、中国电子学会现代教育技术分会创客教育专家委员会秘书长余翀、杭州胜利实验学校张浩强校长和云幻教育等有关企业代表在会上作了精彩演讲。

刘诗海副主任在3D技术与创新教育专题报告中指出：交互式3D多媒体教学系统就是利用虚拟仿真技术为难以讲解的内容构建教学场景和直观的3D模型，为学生创设一个情景化的学习环境，多维度呈现学习内容，调动学生视觉、听觉、动觉等多感官参与，让学生们在学科教学中感受到极强的逼真感，是当前全国如火如荼开展地STEAM教育和创客教育的良好的实践载体。

杭州胜利实验学校张浩强校长也在会上介绍了该校3D教育的创新实践。张校长说，让学生们“快乐学习、幸福学习”一直是他们倡导的教育理念。让学生上课时戴上3D眼镜就可以到太空里遨游，到细胞里漫步，到分子里捕捉电子……3D教学系统已成为创新教学的新抓手！

经过该校对52位老师的问卷调查发现，有82.69%的老师愿意参加3D教育的实践研究。有学生兴奋地说：“没想到现在上课学习也能像看3D电影一样”。实践证明：3D教学直观、形象、立体感强；可以充分调动学生兴趣、延长知识记忆时间；对于复杂实验代入感强。

来自北京市东城区教师进修学院课程中心的高勇老师分享了在北京五十中学分校开展3D创意课程的经验，从STEAM教育、创客教育和创新教育的角度，积极探索基于3D打印技术的课程建设，并形成了覆盖小学、初中和高中的3D打印教材。

与会专家、学者还对3D教育的发展方向进行了热烈地讨论和研究。3D教育随着教育资源的不断完善、全息3D互动技术和裸眼3D技术的成熟，必将和STEAM教育、创客教育一样在中小学教学中形成联动创新。

附录Ⅱ
山东省开展3D教育的经验
——在首届3D教育与装备论坛上的讲话

感谢中国系统仿真学会3D教育与装备专家委员会的邀请，也感谢会议的承办方做的筹备工作。下面我结合山东省开展3D教育的经验，谈谈我对3D教育的几点看法。

一、3D教学的关键点

3D教学改变和影响了整个教学方式和教育方式。过去教学通常是用黑板讲，在课下练，最后完成课后作业。而通过3D教学的生动展现，通过触觉、听觉等多方面刺激教学。3D教育的3个要素：装备、资源、教学，这三者中，资源是基础，装备是管道，教学是灵魂。如何使学生使用起来更加方便，如何能让老师能够快捷地编辑、制作相应的3D教学资源，这都是我们应该考虑的。这是其一。

其二，关于装备系统化。如果不能实时化、可视化、没有编辑功能，我们即便有一些3D资源，这些资源也没有办法在课堂上有效使用。只有想不到的事，没有做不到的技术，这是我们社会机构、企业家应该去想、去思考的。我们不需要过多地纠结于3D硬件装备——当然它必不可少——现在我们已有的3D技术应用在现今的教学环境中足以支撑现代教育，我们还是应该把更多的精力放在3D资源的建设上。

其三，教学试点。整个教育教学活动，离不开老师、学生对设备、3D资源的使用。各位老师、各位校长应该去研究课程与资源应该怎样衔接，使得资源和设备的投入能达到预期效果。这是我们在3D教育中所追求的，老师、学生和资源如何充分互动。

二、3D教学区域推进的原则

在3D教学项目推进过程中应该遵循以下几个原则：

第一个原则是政策引领。我们要充分地分析研究3D教育对整个教育事业、对创新人才的培养、对带动创新等能发挥什么作用，充分认识到它的作用之后，我们必须用政策的方式来引导教育界积极地、稳妥地开展实施。

任何一个学校的发展都离不开办学条件、师资力量、经费保障等。在3D教育的发展过程中，每一个学校都应该认真研究有没有财力去完成，研究我们的老师能不能胜任这样的发展，研究课程能不能和3D教育的设施相匹配。只有充分研究了这些问题之后，方能确定3D教育的发展方向。

第二个原则是课程为本、践行为本。任何一个教育装备的配置、推广、应用都必须紧紧围绕课程计划来实施。没有课程的支持，我们推进学校装备的改进就很困难。我们的教育工作者应该去想自身的课程是否需要引入3D课程，应该去考虑已有的信息化装备是否需要提升到3D装备层次。我们要按照实事求是、因地制宜的方针来建设3D智能教室、开展3D打印教学，推动3D教育事业发展。只有这样，按照不同的条件制定出符合自身学校发展的3D教学模式，才是教学里着重要解决的问题。

第三个原则是因地制宜、合理利用。首先，思考学校配置教育装备的目的什么？改薄、标准化学校建设、督导评估……这些大项目中教育装备和教育经费是验收的重点，这些都是硬实力。但是我们不禁反思，如果使用现代化教育装备授课教出来的学生和使用黑板、白纸授课教出来的学生在认知和学习能力上没有差别，是不是这些硬实力装备的投入并没有起到应有的作用？烟台市教育局长和我说过这样一个故事。他刚上任的时候到学校去检查，发现学校校舍配置很一般，窗口透风漏气，甚至有些地方尚未符合标准。但是教室里黑板前挂着一台触控一体机，触控一体机前是一位白发苍苍的教师。这引起了他的思考，年纪稍大的教师，他们是否会使用触控一体机等教育装备？配置好这样的教育装备后，孩子能得到什么？检查回去后，烟台市教育局长指示要把教育装备的应用当作重中之重，并开展“新技术应用”比赛，以此推动教育装备的应用。由此我们得到一个启示，我们的教育装备，从幕布投影到现在的触控一体机，再发展到3D互动教学，都需要以课堂教学实际运用为落脚点。而各地区的经济基础不同、教本不同，所以要因地制宜根据自身的情况发展3D教育。

三、山东经验

接下来，总结一下3D教育在山东的推广和使用情况。这5年当中，山东投入420亿元着重进行薄弱学校改造，投入700亿元进行大班改造。3D教育已经在经济条件宽裕、教育理念领先的地区投入使用，有几点经验跟大家交流：

第一，3D教育系统还不够完善、资源还不够丰富。整个教育的发展还不够均衡，用“一刀切”的方式来做3D教育势必会造成新的浪费。我们采取了先行试点的方式推广。目前在济南、青岛、潍坊、淄博等几个市都在3D教育方面进行了很好的尝试。比如淄博市以淄博市教育调研中心为核心积极推广3D打印。到目前为止，已经在各学校中基本开设了3D打印课程。2013年开始从教师当中培养一到两名能够承担3D打印课程教研的教师，现在基本每个学校至少有一名3D打印教师。这是难能可贵的。如何开设3D打印课程、如果制定校本课程都通过一步步的实践得来。青岛市则启动了“3D打印进校园”的活动，活动已经正式列入了中小学活动的课程计划。这和企业的积极推动密切相关。通过这些实践，学生和家长对3D教育的效果给予了肯定。

第二个方面是政策保障，为新技术的应用和推广奠定基础。今年山东省的基础教育学校办学条件纲要进行修订，把3D教育的相关内容写进标准化学校建设的标准中。这是政策引领很关键的一步。

第三，以赛促教。通过举办全省的3D打印技术大赛促进3D教育的发展。

四、问题与反思

这几年，山东在开展3D教育的过程中，也发现了一些问题。最急迫解决的问题是资源问题。资源的缺乏是一方面，整个3D系统方案的个性化定制是另一方面。第二方面，山东省把3D教育的配置写进了标准化学校建设标准当中，但如何配置、配置到什么程度还需要再探讨。第三方面，3D眼镜戴起来对视力是否有影响。

最后再说一点，我对3D教育的反思。在3D教育事业发展的过程中，企业和教育主管部门各自应该侧重哪些问题。按照3D教育三要素，教育界重要的任务是课程的设置、活动的开展、师资的培训和整个3D教育成果的评估；3D技术如何发展、显示功能如何提升、资源如何丰富是企业应该关注的问题，企业只有解决好这三者之间的关系，才能让老师好用、学生会用，使教育界人士都能自如使用。

总之，3D教育对整个教育装备的发展是积极、有利的，对人才的培养是非常好的突破，对整个教育装备的应用和管理提出了新的挑战。希望我们继续探讨3D教育装备发展的新思路，共同促进3D教育与装备发展的新未来。

附录III
3D教育需求问卷调查

我们正在进行一项3D教育产品需求的研究，现开展问卷调查活动，期待您的热情支持和帮助。为感谢您的参与，每一位参与者都可以获得一份纪念品。感谢您抽出宝贵的时间帮我们完成这张问卷。谢谢！

姓名：________联系电话：__________________联系邮箱或QQ：__________________

单位名称：________________________________单位座机：______________________

一、选择题（请在符合您情况的选项前的方框上打勾，可以多选）

1. 您目前的职位是：

□教师　□校长　□教育单位领导　□公司相关负责人

2. 您是否认为3D教育发展的前景、潜在的市场需求很大？

□认同　□不认同　□不确定　□其他________________________

3. 在本次展会之前，您是否听说过或了解过3D多媒体教育技术或它的应用？

□了解过　□不了解　□了解很少　□了解较多

4. 如果您此前了解过3D多媒体教育技术，您是在怎样的场合或凭借怎样的缘由初次接触它的？

5. 哪部分内容的讲解给您留下了深刻印象？

6. 您或您的小孩是否对3D教学很感兴趣？

□是　□不是

7. 您认为在哪些学段可以应用3D技术以提升学习效果？

□小学　□初中　□高中　□其他＿＿＿＿＿＿＿＿＿＿＿＿

8. 您认为应用3D技术可以有效地促进哪些科目的教与学？

□数学　□物理　□化学　□生物　□历史　□地理　□语文　□英语　□政治

□信息技术　□通用技术　□其他＿＿＿＿＿＿＿＿＿＿＿＿

9. 在上一题中您选择这些科目的理由是怎样的？（还请您耐心说明）

10. 您觉得我们这套3D多媒体教室方案的主要优势是：

□提高学生对学习的主动性积极性

□可以更好地帮助老师向学生授课

□全新的体验式、交互式的教学模式

□提升学生与教师和教学内容的互动

□3D教学片源使抽象的知识点更生动真实，增强学生感性认识

11. 除了我们这次展会的生物、物理、化学和数学科目之外，您还希望增加哪些科目：

□英语　□语文　□地理　□历史　□政治　□信息技术　□通用技术

□其他＿＿＿＿＿＿＿＿＿＿＿＿

12. 您对3D多媒体教室方案最关注的有哪几点：

□3D教学片源跟我国教学知识点大致匹配 □能普及到每一个教室、每一位学生

□3D教学片源及播放软件能长久使用 □软件操作要尽量友好、方便

13. 您预期整套3D多媒体教室产品合理价格是多少：

□30万元 □40万元 □50万元 □其他________________________

14. 如果学校需要采购3D多媒体教室整套产品，您建议安装的地点是：

□阶梯教室 □功能教室 □普通教室 □其他________________________

15. 您对整套3D多媒体教室方案的哪些硬件要求配置高：

□3D设备 □3D教学服务器 □3D投影仪 □专业音响

16. 您对3D教学的软件有哪些要求和建议？

17. 贵校在未来几年内会计划引进3D多媒体教学？

□一年 □两年 □三年 □四年 □五年

18. 贵校未来计划引进约多少套3D教学设备？

二、您有什么需要暂时还不能满足？您有哪些建议、想法或疑问，请写在下方，我们将最大程度地帮您解决。

参考文献

[1] 王国庆. 虚拟现实（VR）技术及其应用. 航空计算技术，1994.

[2] 约翰·布里格斯. 虚拟现实（VR）技术 [J]. 现代技能开发，1997.

[3] 朱勇. 虚拟现实的两种研究方向及其在教育中的应用. 阜阳师范学院学报（自然科学版），1999.

[4] 肖田元，张燕云，陈加栋. 系统仿真导论 [M]. 北京：清华大学出版社，2000.

[5] 单美贤. 虚拟现实与教育相结合的理论依据 [J]. 开放教育研究，2001.

[6] 王红兵. 虚拟现实技术——回顾与展望. 计算机工程与应用，2001.

[7] 申蔚，夏立文. 虚拟现实技术 [M]. 北京：希望电子出版社，2002.

[8] 邓志伟. 个性化教学论. 上海：上海教育出版社，2002.

[9] 石教英. 虚拟现实基础及实用算法 [M]. 北京：科学出版社，2002.

[10] 卢家楣. 学习心理与教学. 上海：上海教育出版社，2002.

[11] 施良方. 教学理论. 上海：华东师范大学出版社，2002.

[12] 杨卫平，吴雪黎. 虚拟现实技术的高级应用. 微计算机应用，2003.

[13] 韦有双，杨湘龙，王飞. 虚拟现实与系统仿真 [M]. 北京：国防工业出版社，2004.

[14] 单美贤，李艺. 虚拟实验原理与实验应用 [M]. 北京：教育科学出版社，2005.

[15] 汤跃明. 虚拟现实技术在教育中的应用 [M]. 北京：科学出版社，2007.

[16] 杜军. 虚拟现实技术在教学中的应用. 山东师范大学学报（自然科学版），2005.

[17] 挥如伟. 虚拟现实的教学功能探索. 第七届全球华人计算机教育应用大会论文集，2003.

[18] 戴维·乔纳森主编，郑太年等译. 学习环境的理论基础. 上海：华东师范大学出版社，2002.

[19] 王陆. 虚拟学习社区原理与应用. 北京：高等教育出版社，2004.

[20] 史铁军. 虚拟现实在教育中的应用 [D]. 东北师范大学，2008.

[21] 刘鹤. 地理信息系统在灾害教育中的应用 [D]. 东北师范大学，2011.

[22] 代咏梅. 基于Flash3D的中学生物教学资源的建设与实现 [D]. 四川师范大学，2014.

[23] 权倩楠. 高中地理自然灾害虚拟教学演示平台的设计与开发 [D]. 四川师范大学，2014.

[24] 徐一帆. 基于虚拟现实的中学物理仿真实验的设计与实现 [D]. 湖南大学，2014.

[25] 唐信其. 基于GIS技术培养中学生地理空间素养的实践研究 [D]. 华中师范大学，2014.

[26] 何淑萍. 虚拟现实技术在中学地理课件制作中的应用 [J]. 学园，2015.

[27] 李琨. 虚拟实验室在中学物理实验中的应用 [J]. 中国教育技术装备，2012.

[28] 曹蓓蓓，彭聿平，邱一华. 虚拟现实技术在生理学教学中的应用 [J]. 基础医学教育，2012.

[29] 鲁竞新. 虚拟现实在体育仿真中的应用探析 [J]. 才智，2012.

[30] 高征. 多媒体技术在中学化学课堂教学中运用的实验研究 [D]. 首都师范大学，2005.

[31] 张聪. 甘薯根系模拟及在生物教学实验中的应用 [D]. 东北师范大学，2010.

[32] 陈玖冰. 虚拟现实技术在中学化学探究型实验教学中的应用研究 [D]. 东北师范大学，2010.

[33] 杨莉. 我国虚拟旅游的发展与应用研究 [D]. 上海师范大学，2011.

[34] 郁春江. 基于虚拟现实的医疗设备演示系统开发 [D]. 复旦大学，2008.

[35] 王娜. 中学化学探究性虚拟演示实验的设计与开发 [D]. 吉林大学，2009.

[36] 刘秋月，张矛矛. 虚拟现实技术在足球运动中的应用分析 [J]. 运动，2014.

[37] 王迎. 武术套路课件的设计制作与教学效果分析 [D]. 河南大学，2011.

[38] 周敏，刘秋月. 虚拟现实技术在足球模拟训练中的应用探索 [J]. 运动，2014.

[39] 邱焘. 探析3D技术及其应用 [J]. 信息与电脑（理论版），2014.

[40] 王爽. 虚拟现实技术在体育教学和训练中的应用 [J]. 陕西教育（高教版），2012.

[41] 刘桂文. 基于虚拟现实技术的体育教学模式探究 [J]. 电子测试，2014.

[42] 孙晋. 健美操训练中虚拟现实技术的应用探讨 [J]. 电子测试，2014.

[43] 赵秀平. 虚拟制造系统及虚拟产品性能的分析评价 [D]. 四川大学，2001.

[44] 赵法茂. 生命科学史视野中的知识发生过程教学研究 [D]. 山东师范大学，2003.

[45] 田韧. 数字时代的虚拟建筑初探 [D]. 西安建筑科技大学，2004.

[46] 张姗，韩娟. 虚拟人技术的研究与在体育中的应用 [J]. 当代体育科技，2015.

[47] 孙勋荣，丁超. 现代教育技术在医学院校远程教育中的应用 [J]. 中国科技信息，2005.

[48] 余千春，杜世全. 虚拟现实技术在体育教学中的应用 [J]. 安徽体育科技，2005.

[49] 何友鸣，宋洁. 虚拟现实技术及其在教育中的应用初探 [J]. 常州轻工职业技术学院学报，2011.

[50] 董能，赵志明. 运动捕捉技术在体育领域应用及其前景分析 [J]. 山西体育科技，2006.

[51] 古耀达. 医疗过程虚拟示教系统中的行为仿真研究 [D]. 广东工业大学，2007.

[52] 张巧生. VR在教学中的应用研究 [J]. 甘肃科技，2009.

[53] 张晗. 虚拟现实技术在医学教育中的应用探讨 [J]. 西北医学教育，2010.

[54] 徐林，张军. 基于多媒体技术的中学体育课堂教学 [J]. 才智，2010.

[55] 项蔓. 系统仿真在排球多媒体课件中的应用 [J]. 科技信息，2010.

[56] 王忠孝，王忠祥. 虚拟现实技术在继续教育中的运用研究——以体育课程为例 [J]. 继续教育研究，2010.

[57] 陈坤城，张林. 基于VR的排球运动仿真辅助教材的研发 [J]. 数字技术与应用，2010.

[58] 贺昆，郭良志，朱红花，叶晓兰. 浅谈虚拟现实体育教学课件的设计原则 [J]. 体育科技文献通报，2011.

[59] 廖俊翔. 中学物理中利用虚拟现实技术进行探究式教学的研究 [D]. 四川师范大学，2012.

[60] 耿丽. 中学物理虚拟实验分析与设计 [J]. 教学仪器与实验，2012.

[61] 笪熠，陈适，潘慧，朱慧娟. 3D打印技术在医学教育的应用 [J]. 协和医学杂志，2014.

[62] 兀旦晖，赵晨飞. 3D打印技术在教学中的应用研究 [J]. 课程教育研究，2013.

[63] 万长征，赖小龙. 3D打印的原理及应用 [J]. 数字技术与应用，2014.

[64] 安妮·班福德. 3D教学引领未来学习——新兴技术在教学创新中的应用评估报告万长征 [J]. 新课程研究（上旬刊），2014.